清华大学百年校庆
TSINGHUA UNIVERSITY
CENTENARY CELEBRATION

在集体中成长

杜汇良 过 勇 主编

清华大学出版社
北京

内 容 简 介

　　本书梳理总结清华大学在集体建设方面的历史发展,展示集体建设所取得的主要成果;并在总结、展示的基础上,探索集体建设的规律方法、为高校开展集体建设提供借鉴、提出展望。本书分为三个部分:第一部分是理论与思考;第二部分是集体建设的光荣传统;第三部分是新世纪集体建设的风采。本书适合于从事高校学生思想政治教育的相关教师以及从事教育研究、教育管理的学者与研究人员学习参考,同时适合于青年学生做一般性的阅读。

图书在版编目(CIP)数据

在集体中成长/杜汇良,过勇主编. —北京:清华大学出版社,2011.4(2024.12 重印)
ISBN 978-7-302-25164-4

Ⅰ.①在…　Ⅱ.①杜…②过…　Ⅲ.①清华大学-教育建设-研究　Ⅳ.①G649.281

中国版本图书馆 CIP 数据核字(2011)第 047024 号

责任编辑:许志华
责任校对:宋玉莲
责任印制:沈　露

出版发行:清华大学出版社
　　　　网　　　址:https://www.tup.com.cn,https://www.wqxuetang.com
　　　　地　　　址:北京清华大学学研大厦 A 座　　　　邮　　编:100084
　　　　社 总 机:010-83470000　　　　邮　　购:010-62786544
　　　　投稿与读者服务:010-62776969,c-service@tup.tsinghua.edu.cn
　　　　质量反馈:010-62772015,zhiliang@tup.tsinghua.edu.cn
印 装 者:涿州市般润文化传播有限公司
经　　销:全国新华书店
开　　本:168mm×210mm　　　印　　张:22.75　　　字　　数:358 千字
版　　次:2011 年 4 月第 1 版　　　印　　次:2024 年 12 月第 4 次印刷
定　　价:65.00 元

产品编号:042268-02

《在集体中成长》
编委会

主　编：

　　杜汇良　过　勇

副主编：

　　王松涛　欧阳沁　王　磊

编　委：（以姓氏笔画为序）

　　王松涛　王　磊　王　赢　孔令昭

　　孔　睿　过　勇　刘　哲　吴敏洁

　　张远月　张俊川　张　超　纪潇聪

　　杜汇良　欧阳沁　岳　立　金　峰

　　贾　曦　高　鑫　钱　婷　常　放

序　言

　　青年学生追求全面的发展和健康的成长,注重社会价值和自我价值的完美结合。集体生活能够自然地引导青年学生思考国家、社会和人生,使其树立正确的价值观和远大的理想,最终实现个人价值和社会价值的统一,成为对社会、国家和人民有用的人。因此,培养集体主义精神对于青年学生的成长成才尤为重要。

　　班团集体制度是有社会主义特色的高等教育实践,是一种行之有效的育人方式和工作载体。实践证明,班团集体建设对于做好大学生思想政治工作、促进同学成长成才发挥了不可替代的作用。清华大学一直重视班团集体建设工作,早在1954年,学校就开展了"先进集体"评选活动,当时评选出的第一个先进集体是土木系测专四二班。随后,学校根据不同时期的集体建设重点,适时进行了"四好"集体、"甲级团支部"、"优良学风班"等优秀集体评选活动。经过几十年的建设和发展,清华园里涌现出一批批思想先进、风气优良、科研突出、身心健康、情感融洽的先进集体典型,他们不仅是学校集体建设的标杆楷模,而且其优秀经验还走出校园、走向社会,引领了时代风气。譬如化工系1977级化72班喊出"从我做起,从现在做起"的铿锵口号,很大程度上影响了那个时代青年学生的人生选择。土木系1993级结33班"以中华富强为己任,为民族经济做贡献",全班同学在校期间努力学习文化知识,成绩优秀、全面发展,毕业后投身祖国建设事业一线。进入新世纪以来,优秀集体仍然层出不穷,科研突出、成绩优异的环境系环研05班；倡导"党员是永不换届的班委"的汽车系国防班兵六班等优秀集体就是其中的优秀代表。实际上，优秀的集体都有其共性，比如他们都具有明确的目标定位、得力的骨干队伍、有效的活动载体、合理的资源整合以及良好的集体氛围；与此同时，优秀的集体也各具特色，他们在清华发展的不同阶段中体现出了鲜明的时代特色与专业特色，勾勒出一条条青春舞动的轴线。学校长期以来坚持不懈地抓集体建设工作不仅创造了这些优秀的典型集体，更可贵的是，众多同学从这些集体中得到了鼓励和滋养，并在这些充满友爱、健康向上的集体中不断成长。

今年是清华大学百年校庆，站在新的历史起点上，回顾和总结集体建设中所蕴含的清华特色教育理念，让我们感受到清华教育工作的累累硕果，也让我们备受鼓舞，充满信心。这本《在集体中成长》集结了很多优秀清华班团集体的故事，汇聚了历届学校领导和从事一线学生工作的老师对于集体建设的思考和经验，呈现了学校集体建设的发展历程和育人成果。同学们可以从中读出同龄人的成长快乐，老师们可以从中借鉴育人工作的优秀经验，广大社会公众可以从中读出清华大学作为一所百年学府所沉淀的责任和精神。

我希望本书总结的有关集体建设的理论和经验，不仅能够为新时期高校开展集体建设工作提供有益借鉴，更能激发清华广大"90后"同学的创意与激情，让他们在新的时期，去建设具有清华新百年特色的优秀集体。因为，无论时代怎样变迁，清华都要继承发扬集体主义精神。只有不断改进创新集体建设的思路和方法，才能让集体成为每一位同学心灵的港湾、成长的土壤，指引同学们全面发展、成长成才。

清华大学党委副书记　史宗恺

2010 年 10 月

目　录

第三部分　新世纪集体建设风采

第一集体

思想引导篇

专业学习篇

第二集体

个人在集体中的成长与收获篇

第一部分
理论与思考

加强集体主义教育
培养拔尖创新人才

史宗恺[①]

中国高校班集体制度是有社会主义特色的高等教育实践,是经过实践检验、符合教育规律的基本教育管理制度,是将学生思想政治教育工作落实到每一个学生的基础保证。中央 16 号文件明确提出了加强和改进大学生思想政治教育的基本原则,其中非常重要的一条,就是要坚持教育与自我教育相结合。学校教育要坚持育人为本、德育为先,把思想政治教育摆在首要位置。既要充分发挥学校教师、党团组织的教育引导作用,又要充分调动大学生的积极性和主动性,引导他们自我教育、自我管理、自我服务。而集体正是实现自我教育的最好载体,集体建设正是在学生日常生活中贯彻落实思想政治教育的关键。

清华大学有着集体主义教育的光荣传统,从五十年代就开始通过评优的方式推进班集体建设。1954 年,蒋南翔校长曾对评选先进集体这一组织形式和工作方法给予了充分肯定,并对正确建设与评选先进集体的重要原则进行了阐述;1963 年,学校提出要进一步加强学生班集体的建设,重点是加强班级团支部的领导核心作用,努力建设"思想好、学习好、劳动好、身体好"的"四好"集体;1988 年 9 月,校团委颁布了《关于对基层团支部的工作进行等级评估的决定》,通过建立团支部工作等级评估制度,来加强基层班团集体建设。

优秀集体的魅力在于她对同学的滋养和孕育,无数的清华学生因为在这些优秀的班团集体中接受了良好的集体主义教育而获得了个人的成长。在他们离开清华,走向工作岗位以后,在工作10年、20年、30年、50年之后,他们仍然会

---

① 史宗恺,男,1962 年生,研究员,现任清华大学党委副书记。

回忆起当年他们在清华,在他们那个班集体所获得的成长,所付出的努力。大学时代共同学习、共同交流、共同成长的经历对一个人性格的塑造、潜力的挖掘、能力的培养都有着重要的意义,从这个意义上说,同学们的个人发展与班团集体的建设紧密相连,班团集体对一个人的影响也将是持续一生的。总结我校开展集体主义教育的经验,我们有如下三点体会:

第一,集体主义教育是我校育人工作中的重要内容。集体主义教育是帮助学生形成和确立价值观的过程,它使同学们意识到,个人的成长和发展需要借助集体的力量,个体人生目标的确立需要同集体的目标结合起来,只有在集体目标达成的情况下,个人价值才能得到充分实现。清华文化中的集体主义精神已经深深镌刻在清华学子的心灵深处。同学们通过热爱小集体,学会热爱大集体,进而热爱祖国和人民。近年来,越来越多的清华学子选择到西部、东北等条件艰苦的基层单位和重点部门工作,自觉把个人发展同国家和社会的需要结合起来;2008年上半年,面对历史罕见的雨雪冰冻灾害和特大地震灾害,清华学子表现出了强烈的爱国奉献精神和时代责任感,谱写了感人肺腑、可歌可泣的青春乐章;在北京奥运会、残奥会的志愿服务中,三千多名清华学子为了举办一次"有特色、高水平"的奥运盛会,服从安排、不辞辛苦、坚守岗位、微笑服务,赢得了世界的认可;在国庆六十周年之际,清华师生发扬爱国主义精神,牺牲小我,服从大局,由清华师生组成的科技发展方阵和毛泽东思想标语方阵成为国庆六十周年群众游行队伍中的闪亮之星,特别是毛泽东思想标语方阵,清华大学2009级新生临危受命,担当重任,经过八天七夜的集训,最终不负众望,出色完成任务。这些正是我校集体主义教育成果的生动体现。可以说,集体主义是社会主义核心价值体系的重要内容,是社会主义精神文明的重要标志,也是百年清华文化的重要特征,并已内化为一代又一代清华人的价值取向与行为准则。

第二,班团集体建设是开展集体主义教育的主要载体。虽然培养集体主义精神的途径是多方面的,但离开集体建设来谈集体主义精神的培养是没有意义的。集体是同学全面素质培养的重要环境,集体建设可以使置身其中的每个成员相互影响与激励,进而得到更加全面的发展与成长。同学们将自己的思想行为与集体的发展和进步紧密地联系起来,在服务与支持集体发展中获得成长,在关心、帮助他人的过程中获得快乐,在团结上进、友爱和谐的集体氛围中锤炼精神品格,体验人生价值,升华理想信念。集体建设可以使同学们意识到集体的重要性,意识到建设和维护一个优秀集体的必要性,更加深刻地理解集体主义精神的内涵。正如电机系电 74 班叶聪琪同学所说,"良好的环境对于个人的成长十分重要。通过大一一年在电 74 这个集体中成长,我不仅完全适应了大学生活,还从一个内向胆小的中学生,变成了一个敢于组织班级活动的大学生;从一个课余时间无所事事的人,变成了把学习、工作、娱乐安排得井井有条的时间主人。这些积极的转变,与我所在的集体、与这个集体中的每一位成员都密不可分,因为在这个集体中每一个成员都是相互帮助、共同进步的。可以说,是电 74 这个集体培养了我,帮助我融入了大学生活,完善了自我。"应当说,集体主义教育需要班团集体建设这一重要载体来实现。

　　第三,包括团支部工作等级评估制度在内的各类集体评优制度是推进基层班团集体建设行之有效的激励机制。我校于 1988 年设立团支部工作等级评估制度,是当时清华共青团在全团基层组织建设工作中的重要制度创新。二十多年来,团支部工作等级评估制度不断完善和发展,已经深深扎根于我校团的基层组织建设工作中,并被实践证明是一项具有我校共青团工作特色的、行之有效的团支部工作激励制度,极大地促进了班团集体建设,有效服务于学校人才培养的中心工作。在每学年初,基层团支部根据校团委和院系分团委下发的等级评估细则制订工作计划,明确支部重点工作,并在实际工作中灵活及时地进行调整;在每学年末,支部全体成员一起梳理总结支部和自身的成长,并通过集中的评比环节进行工作展示;而获得甲级团支部的荣誉,既是对集体的充分肯定,又激励着集体中的每一个人更好地为集体建设贡献力量。正是这样一个良性的循环过程,确保了集体建设与集体主义教育水到渠成。我们之所以要评优,是因为优秀的班团集体能够为同学们的健康成长创造最好的环境,并使每一个同学的个性在这样一个优秀集体所创造的氛围中得到充分的施展。评优最根本的作用还在于,它能够让我们发现一些典型,通过典型总结规律,形成适当的引导,最终通过评优、示范和总结,形成一种文化。值得注意的是,这种文化已经超出了校园文化的层面,成为大学文化的一部分,并能够成为引导社会的一种引力。

　　在过去的每个历史时期,清华都涌现出了众多优秀集体的典型。最著名的例如化工系 1977 级化 72 班,在八十年代初喊出了"从我做起,从现在做起"的时代最强音,得到了全国青年热烈响应,成为了时代精神的代表。在团支部工作等级评估制度和优良学风班评比制度等评优工作的带动下,我校班团集体建设更是硕果累累,先后涌现出机械系 1989 级机 93 班、土木系 1993 级结 33 班、热能系 1997 级空 7 班、计算机系计研 4 班、环境系 2002 级环 23 班,环境系环研 5 班和水利系水研 2 班等全国先进班集体。这些优秀集体为全校班集体树立了榜样,同学们从这些集体中得到了鼓励和滋养,在这些充满友爱、健康向上的集体中不断成长。

近年来,在社会转型的大背景下,我校的集体主义教育面临很多新的课题,班团集体建设也面临着很多新的挑战。例如,在市场经济条件下,社会上流行的实用主义价值观,使同学们容易滋生功利、浮躁的心态,加入集体和参加集体活动更多地是考虑能否获得实实在在的利益;当代青年学生中独生子女比例越来越高,自我意识不断增强,过于关注个人成功和价值的实现,容易产生忽视他人和集体的倾向;各类兴趣团体和网络虚拟集体迅速发展,相比于传统的集体活动,很多青年对网络的依赖性反而更强;分散选课带来的"同班不同学"现象日益明显等诸多因素都挑战了集体主义教育的传统载体和模式。

面对不断变化的新环境和不断涌现的新问题,学校只有以改革创新的精神和求真务实的态度,努力探索新规律,总结新方法,才能不断丰富集体主义教育的内涵,才能进一步增强新时期集体主义教育的辐射力和感染力。新时期,学校在推进集体主义教育,加强班团集体建设的过程中应着重注意以下三点:

第一,要高度重视集体主义教育在新时期学校育人工作中的重要地位。分析当前国际国内的新形势,总结多年来学校开展集体主义教育的经验,我们深切地认识到,集体主义精神仍然是当今社会对人才重要的品质要求。我国改革开放已经走过了三十年的伟大历程,全面建设小康社会的历史使命已经光荣地落在新一代青年肩上。实现建设创新型国家和人力资源强国的发展战略目标,迫切需要一批掌握先进的知识和技能、能够独当一面的业务骨干,但更加需要具有团结协作精神、能担当团队骨干的高素质人才。近年来,学校提出拔尖创新人才的培养目标,拔尖创新人才的一个重要特征就是不能只会单打独斗,而是要能团结凝聚一批人;不能仅仅满足于做好自己的事情,而是要能带领大家共同前进。越是在市场经济体制建立和完善的阶段,拔尖创新人才就越要强调集体主义价值取向；越是在市场经济规则渗入到社会生活方方面面的时候，拔尖创新人才越要坚持个人利益与集体利益相一致，把个人价值的实现建立在集体目标达成的基础上。每一个清华人都应该充分认识到，个人的价值一定要建立在对集体的服务和奉献之上，个人的成功一定要建立在集体成功的基础之上。集体主义应该继续成为并将永远成为每一个清华人共同的价值取向和素质要求。

第二，要用科学发展观指导新时期的集体主义教育工作。科学发展观的第一要义是发展，核心是以人为本，基本要求是全面协调可持续，根本方法是统筹兼顾。因此需要明确集体主义教育的目的在于培养人，应以人为本，将青年的成长成才作为最终目标。因此，在开展集体主义教育时，需通过踏实有效的工作，使同学们树立集体主义价值观，在必要的时候个人利益服从集体利益，将个人的发展与集体的发展结合起来，最终实现个体的成长成才。当集体中每个人都成长为优秀的个体时，这个集体也必定是一个优秀的集体。正如自动化系自 36 班一位同学所说，"一个优秀的集体就如同一片美丽的花丛，一朵朵绽放的鲜花就是同学努力的身姿。集体能够帮助同学更快更好地发展，就如花丛在风雨中呵护着每一朵鲜花，而同学的发展也使得一个集体更加优秀，也只有朵朵鲜花簇放在一起，才会让花丛愈发夺目。"也只有基于科学发展观下的集体主义教育，才能把握好集体主义的内涵实质，才能达到集体利益与个人利益的和谐统一，才能真正在同学中得到共识，在实践中形成强有力的凝聚作用。

第三，要努力探索新时期班团集体建设的新方法，积极鼓励基层的创新。班团集体建设仍然是当前和今后一段时期我校集体主义教育最为重要的载体。在团支部工作等级评估制度实施二十周年的契机下，学校团委开展了一系列扎实、深入的调研工作，并通过召开年度班长团支书大会、"集体建设与团的基层组织建设研讨会"等活动，对新时期班团集体建设进行了深入的分析和研讨，形成了许多有价值的共识。清华一向有"基层出经验"的传统，因此基层要在集体建设方面进行更多的尝试和创新，在充分了解同学需求和特点的情况下，寻找到进行集体建设，实施集体主义教育的具体内容与有效形式，为班集体减少匹配各类教育资源，在新形势下创造性地推动集体建设的开展。

胡锦涛总书记在 2010 年全国教育工作会议上的讲话中指出，要把德育融入学校课堂教学、学生管理、学生生活全过程，创新德育观念、目标、内容、方法，充分体现时代性,准确把握规律性,大力增强实效性。总书记的这些要求,对我校深入创新集体教育的理念,加强集体建设具有鲜明的指导意义。今后,在我们的工作中,要注意把德育融入全程,让社会主义核心价值理念深入到每一个班级、支部,在同学们的日常生活中起到潜移默化的影响。要紧跟时代脉搏,抓住学生成长的规律,在集体教育中融入新媒体、新话语、新形式、新材料,让集体更生动、更鲜活,让集体教育更贴心,更温暖。

2011 年,我校即将迎来百年校庆,值此关键历史时刻,全面梳理总结我校集体主义教育的工作经验,对于在新的战略发展阶段上坚持以科学发展观为指导,进一步推进我校拔尖创新人才培养,具有十分重要的意义。十年树木,百年树人。百年清华的教育史深刻地启示我们,集体主义教育对人才培养是何等重要。新百年,新清华,需要我们以创新性的眼光、方法和手段来为集体主义教育注入新的内涵,让集体主义教育之花盛开在古老而又年轻的清华园!

集体建设的生机

张再兴^①

我校共青团的支部工作等级评估制度已经坚持了十年。在一年一度的评估活动中,总有二三百个本科生班级竞相申报甲级团支部的评选。班干部代表精神抖擞地走上校系评审会的答辩讲台,向老师和同学们历数本班集体建设的成绩,回答评委的各种提问,台下有热情的班友掌声呼应,场外有多彩的板报渲染争辉。这种传统的活动可算是清华学生工作的一大景观。应该注意到,"甲团"的评选只是一项代表性的活动,在学生集体的评优"季节"里,研究生班级,各种社团协会等都有类似的场景。这种评估活动多年坚持,不断完善,尽管还有这样那样的问题,但它确实能够综合折射出我校学生基层集体建设的特色,显示了这种集体建设工作的生机。

一、实行自我教育,自我管理的机制

在学生中评选先进集体,这是清华大学学生工作的一个创造,它始于 50 年代,延续发展至今。它源于新清华的教学改革,尔后在兄弟院校中推开。老校长蒋南翔在 1954 年 9 月的第二次代表大会上深刻阐述了评选先进集体的工作:"在教学过程中,学生工作具有重要的意义。学校培养学生,类似工厂生产成品,但也不同于工厂生产成品。工厂生产的成品没有个性,它们没有主观能动作用;相反,学校培养的学生,则是有理想,能劳动,能发展的人。因此,学校培养学生也就要运用一种不同于生产成品的、特殊的规律。培养学生,除掉先生讲授以

①　张再兴,男,1947 年生,教师,博士生导师,现任清华大学校务委员会副主任。本文是 1998 年张再兴同志担任清华大学党委副书记时在团支部工作等级评估制度实施十周年纪念大会上的讲话,编入本书时有修改。

外,还必须要学生本身主动地积极地参与相应的学习活动,双方积极合作,才能收到生产'成品'的效果。"他指出:"现在学生学习紧张,人数众多,各班的情况、日常活动和工作要求很不一致,情况很复杂。在这种情况下,要有效地贯彻全面发展的方针,充分发挥同学的主动性和创造性,学生工作除了自上而下的领导外,还必须充分地发动同学自下而上地进行配合。"为此,他充分肯定了评选先进集体是一个很好的组织形式和工作方法,而且还阐述了正确评选和建设先进集体的许多重要原则。

在这里,老校长深入浅出地提出了一个基本的教育思想:教育教学的双方必须相互推动,学生工作的方式必须上下配合。几十年来,正是基于这种思想,我校集体建设才形成了一种优良的传统。我们常常欣慰地感到学生工作在下面有基础,德育工作能落实到基层,这首先要归结为这种传统。几十年过去了,如今学校的学生规模已几倍于当时的清华,新时代的大学生也愈发富有开创精神和自主意识,坚持一贯的学生集体建设并没有显得过时或者不必要。而且,我们在实践中还总结出发动学生"自我教育、自我管理、自我服务"的许多经验。团支部工作等级评估工作和其他类似的学生先进集体评估工作就是这些经验的一种体现,成为发展"三自"活动的一种机制。实际上,"三自"的提法与前述的教育思想是一脉相承的,是对于优良传统的继承和发扬。能称之为优良的传统,在于它符合一定的规律,它可以重复、坚持,可以按新的面貌去适应时代的变化,因而具有不断发展的生机。

二、培养集体主义精神的工作载体

在分析目前学生集体建设中出现的难处或者工作方法的缺点时,往往存在着一种困惑:市场经济的条件下还要不要强调培养学生的集体主义精神?对此,我们切不可忘记,以为人民服务为核心、以集体主义为原则的社会主义道德教育正是当今中国社会精神文明建设的主旋律。集体主义之所以被立为德育的原则,就因为它是一种价值观念的基石,青年学生可以由此出发,登上爱国主义——社会主义——共产主义的三个台阶,全社会可以形成共同理想和精神支柱。我校经过一年多的教育思想大讨论,明确了"高素质、高层次、多样化、创造性的骨干人才"这一培养目标,集体主义精神应当是这种高规格人才思想道德素质的基本特征。即使在许多西方一流大学里,都在大声疾呼培养学生团队精神的重要性,以适应知识经济时代的需要,更何况我们是具有集体主义教育传统优势的社会主义大学。

那么培养学生集体主义精神应当从何做起?途径是多方面的,基本的一点是:没有集体的集体主义教育、离开集体建设来谈集体主义精神的培养是空洞的说教。因此,建设各种集体,评选集体,就必须成为开展集体主义教育的工作载体。依靠这种载体,可以使同学把自己的思想行为与集体的发展和进步紧密地联系起来,使同学增加自己对集体的责任感、义务感和荣誉感,并且关心别人,帮助别人。我们的青年学生就是要从身边的集体生活开始,适应社会公德的规范,体验人生的价值,升华自己的理想信念。

集体主义价值观的基本矛盾是集体利益与个人利益的关系:集体利益高于个人利益,二者矛盾时,个人利益要服从集体利益;另一方面,集体要维护个人利益,个人对集体的贡献应当得到承认。我们主张的集体主义原则是全面的,如果能在具体工作中准确地把握住集体主义的内涵实质,那么开展集体建设及以此为载体进行集体主义教育,就会在同学中得到共识,在实践中形成强有力的凝聚作用。

三、促进优秀人才成长的环境

学生集体建设的根本目的是帮助集体中每一个成员提高自己的全面素质,促进优秀人才的成长。一位辅导员同志对此有一个很好的概括:"集体坚强,个人成长;集体温暖,个人舒畅;集体光荣,个人向上。"先进集体就是这样一种好的育人环境。

我校土木工程系结33班是开展先进班集体建设的一个突出代表。全班团结进取,追求理想,奋发成才,全面发展。连续3年获清华大学甲级团支部、优良学风班、先进班集体;1996年获北京市红旗团支部、北京市先进班集体、北京市团支部综合素质擂台赛第一名;1997年荣获"全国先进班集体标兵的称号"。结33班坚持党课小组、团支部、班委会三位一体的核心作用,开展理论学习和爱国主义教育,组织志愿者活动,深入工地社会实践,狠抓学风建设,全班同学的综合素质随着集体的进步而不断提高;班上的各届干部之间传、帮、带,向校系输送了一批品学兼优的学生干部;大一时 6 名同学体育不及格,而后来竟 4 年蝉联系运会团体冠军;全班 32 人,5 年中都选修了不下 10 门的全校性选修课,学校 50 多个社团协会的干部半数多来自结 33 班;班上的同学参与国家重点科研项目,完成的南京长江大桥东道加宽方案设计得到了中国桥梁学会专家们的称赞;毕业时 24 名同学免试读研,3 名同学公派国外深造……这种可喜的人才"丰收"是对先进班集体建设工作意义的最好说明。

结 33 班的典型事例尤其对共性与个性关系的认识提供了生动的启示:正确的集体建设和集体主义教育要求形成良好的共性,但绝不是抹煞因人而异的个性,而是为个性的健康发展提供了有益的激励氛围,共性寓于个性之中。

结 33 班的一位同学在毕业总结中写道:"生活在这样的集体中,我可以感受到一种力量,当我远离时,她把我拉拢;当我偏离时,她帮我纠正,使集体的每一个人都朝着积极的方向发展。而集体中每一个成员又具有鲜明的个性,从每个人身上,我都能学到许多有益的东西。"

结 33 班的辅导员同志在翻阅全班的毕业总结后发出了这样的感叹:"学生呼唤集体。"这,就是我们开展集体建设工作的动力源泉。

四、新形势下的新课题

我校学生集体建设和集体主义教育的群众性活动在几十年的发展过程中经久不息,形成了一种特有的校园文化现象:几乎所有的学生课外活动都是以各种集体为单位进行的。有许多班毕业前要制作精美的同学纪念册,甚至班志光盘;校庆时会有海外同学寄款祝贺班友的聚会,已经走进中南海的校友也及时赶来看望老师,与老同学相聚;30 多年前的学生艺术团队员能返回母校,原班人马重演当时的歌舞节目……同学之情、集体之情,就是这样浓、这样真、这样深。清华文化中的集体主义精神将潜移默化地对今后的工作产生重要影响。

长期的集体建设活动还为我们提供了许多宝贵的工作经验,持续 10 年的团支部等级评估制度又推进了这项工作,明确了许多重要的思路和方法,例如:以评促建、重在建设的基本原则;宣传先进典型扶持后进集体的指导思想;在班级建立党课学习小组、团支委、班委分工合作的骨干核心的组织机制;统一布置的主流工作与有创意的特色工作相结合的活动内容;按年级分阶段制订工作计划的方法;通过文体活动增强情感氛围和凝聚力的工作方法;开设社会工作概论课培训学生干部的规范化措施;对团支部定期访谈、举办支部活动节、对申报先进集体进行公开答辩等抓点带面的措施;等等。这些来自于基层集体和广大学生干部的创造,并不囿于行政班级的范围,而对于任何学生群体的建设都具有共性的意义;也并不终止于对以往工作的认识,而对于今后的集体建设定能引导出更新鲜的经验。

近年来,校园外部的世界发生了深刻、新颖、剧烈的变革,同学身边的校园生活环境充满了发展和进步的新气象。在学生集体建设方面也出现了新的变化、新的课题、新的工作生长点。对此,我们要认真地思考,热情地实践。例如:青年学生过于强烈的成才愿望可能导致自我奋斗的误区,独生子女的心理弱点会影响同学集体的融合,向个人本位倾斜的价值观念会使同学失去对集体建设作用的信心,这些倾向首先要依靠工作成效的事实来加以克服。再如,学分制、培养模式的变革将形成一定程度的"同班不同学"现象,这样,集体建设的关键工作要在思想交流方面花工夫,而不是强求统一的活动数量,党团组织,尤其是党支部要大力发挥思想核心优势,团结同学。又如,要鼓励、提倡不同兴趣的同学参加跨班、跨系的社团协会或其他集体。在加强第二集体建设的同时,原有的班、团集体可以探索具体的办法来关心那些集体归属"多下标"的同学。另外,研究生科研群体的建设是值得试验的工作,很有希望形成新的工作经验。还有,宿舍电话、电视,尤其是计算机网络的出现将大大减轻信息传递的工作量,全新地拓宽同学之间的沟通、交流方式,一种信息网络群体的效应将叠加在通常集体组织之上,我们要科学地认识它、运用它、探索因势利导的新方法。总之,学生集体建设原本就是群众性活动在实践中的创造,我们应该相信新情况带来的一定是工作的新发展。

在今年暑期的全校学生工作研讨会上针对近年来学生工作的实际,也为了配合我校团支部工作等级评估制度实施10周年的总结活动,我们进行了"学生集体建设和集体主义教育"的专题研讨,会议收集了校系辅导员同志195篇论文,其中,自动化系团委的 7 名干部递交了题为"基层班组织建设十日谈"的 5 万多字论文,这充分反映了我校广大学生工作干部"干事业"的政治热情和"做学问"的聪明才智。会议的基本共识是:我校学生集体建设和集体主义教育是有继承有发展的优良传统,在新形势下,我们开展集体建设和集体主义教育的目标没有变,仍然是为了帮助同学全面素质的提高,只要我们加强工作、改进方法、探索新思路,这项符合青年学生根本利益的工作一定能永葆青春。

加强集体主义教育和集体建设
努力为同学全面素质提高服务

杨　岳[①]

今天我们在这里召开大会,以纪念在我校共青团工作历程中有着重要意义的"团支部工作等级评估制度"实施十周年,这项制度从1988年9月开始实施至今,对充分发挥基层团组织的积极性和创造力,促进班团集体建设起到非常重要的作用。在国家社会处于深刻变革,学校教育教学改革不断推进的新形势下,继承和发扬我校共青团工作的好传统、好经验,进一步研究新情况、解决新问题、总结新方法是摆在全校各级团组织和广大同学面前的重要课题。以今天这个大会为重点的纪念"团支部工作等级评估制度实施十周年"系列活动,其主题就是"新形势下高校集体主义教育和集体建设",它要求我们每名代表都要站在变革的时代的前列思考学校育人的新情况、新特点,探索基层班团组织建设的新经验,努力把我校共青团工作推上新台阶。

清华大学具有重视班集体建设的优良传统。早在1954年学校就已开展先进集体评选活动,明确提出优秀班集体的要求,优秀集体必须能够使集体中的绝大多数同学在政治思想上积极要求进步,贯彻党的政策方针,努力完成党的中心工作,刻苦学习唯物论和辩证法,在学习、生产、科研、政治、文体等多方面表现出色;1963年学校提出要进一步加强学生班集体的建设,重点是加强班级团支部的领导核心作用,努力建设"四好"即"思想好、学习好、劳动好、身体好"集体;1985年学校团委广泛开展优秀团支部评选工作,要求先进团支部必须有一个坚强有力的领导核心,工作开展必须有良好的风尚,必须组织生动活泼的组织生

①　杨岳,男,1968年生,副教授,现任福建省委常委、秘书长。本文是1998年杨岳同志担任清华大学团委书记时在团支部工作等级评估制度实施十周年纪念大会上的讲话。

活;1988 年 9 月我校团委颁布了《关于对基层团支部的工作进行等级评估的决定》,通过建立团支部工作等级评估制度,充分激发起基层团组织和广大团干部的创造热情,促进更多的优秀团支部脱颖而出。

在过去的每一个历史时期,学校都曾涌现出许多优秀集体的典型,如我校首批表彰的先进集体之一——测专 42 班,在新中国成立初期,为了国家建设需要,刻苦学习,不畏艰苦,投身到祖国最需要的测量工作中;又如化 72 团支部,在八十年代初喊出了"从我做起,从现在做起"的时代最强音,全国青年热烈响应,成为时代精神的代表。从 1988 年 9 月学校实施等级评估制度至今十年间,每年五六月份有学校几百个团支部参加的等级评估答辩会一直成为学校共青团工作中的一道亮丽风景,答辩会上所展现的各班争创先进的热情,全班同学的共同参与和支持,班团干部的精彩汇报以及回答评委问题所体现的睿智,无一不体现着"争创甲团"的号召力和生命力,无一不体现着清华人重视亲如一家的班级集体,珍视小家更爱大家的可贵品格。

十年来,班团集体建设硕果累累。共涌现出环 82 等 493 个班次获得"甲级团支部"称号,它们中的优秀代表 100 余个团支部荣获"北京市红旗团支部"及标兵、"首都高校先锋杯团支部"及标兵、"北京市先进集体"等称号。自 74 班、机 93 班成为"全国先进班集体",机 93、结 33 班荣获"全国先进班集体标兵"称号。这些优秀集体的典型为全校班集体树立了榜样,众多的同学在这些集体中得到了鼓励和滋养,在这些充满友爱,健康向上的集体不断成长。

总结多年来学校开展集体建设和集体主义教育的经验我们深切认识到,集体主义精神是当今社会对人才重要的素质要求,集体主义教育是学校育人工作的重要内容。在经济高度发达、人类社会即将迈入知识经济时代的今天,国家发展社会进步需要什么样的人才? 当然需要掌握先进的知识和技能,需要具备独当一面的本领,但更加需要团结协作的精神。今年学校提出培养"高素质、高层次、多样化、创造性的骨干人才"的人才培养目标,国家社会要求我们培养的人才不是只会单打一,要能团结大多数,不能仅满足于做好自己的事情,而要能带领大家共同前进。集体主义是社会主义道德教育的原则,是清华大学校园文化的重要特征,它更应该成为每名清华学子共同的价值取向和素质要求。

回顾十年来的工作,我们也深刻地体会到:班团集体是促进同学健康成长的最重要环境,是落实学校育人目标最基本的工作载体。一名同学在学校中受影响最大的是老师,是朋友,可能更多的还是朝夕相处的同学。一个班集体气氛如何,风气怎样对每一名同学成长都会有很大的影响。许多在先进集体中生活学习的同学都有同样的感慨:"集体发展我发展,集体进步我进步"。众多先进集体的成长历程也充分证明了这一点,这些集体中每名同学都愿默默为集体、为他人做着贡献,促进了集体的成长,同时良好的集体氛围,和谐友爱的空气使得每名同学受益,只有在这样的集体,个性才能与共性真正统一,用1993级土木系结33班同学的话说:"才能奏出和谐的交响。"

同时我们也需要看到基层班团工作最为关键最为重要,它是学校工作的神经末梢。学校的工作目标要依靠班级生动活泼的有效形式来落实,同学的呼声要靠班集体来传递放大。清华有着重视基层建设的优良传统,始终强调"基层出经验,基层出政策",努力服务基层,建设基层一直作为学校团工作重要指导思想和原则,我们的工作始终注重发挥基层组织的作用,依靠基层开展工作,始终强调调动基层的积极性和创造性,只有基层活跃学校整体才会生动活泼,只有班集体和同学们的热情提高了,愿意参与了,我们的一切工作才能真正具有实效,同学们才能在我们的活动中受益。

这十年间,虽然国家、社会以及学校形势有很多变化,虽然我们育人工作、班集体建设遇到许多新的问题,但全校各级团组织始终坚持继承中发展,积极探索班集体建设的新经验,不断丰富和完善我们的评估制度,使得等级评估工作不断有新的创造涌现。1997年学校团委着手制定新一轮等级评估办法,通过广泛征求各级组织和广大同学的意见,初步形成了新的实施方案并在部分系进行试点,1998年9月校团委颁发《团支部工作等级评估改进方案》(分为四步),引进了"等级申报"、"动态检查"等新思路,以期充分发挥这项制度的优越性,充分发挥其激励引导作用。将以往由"自上而下"转换为"自上而下与自下而上相结合",大力支持鼓励基层开展特色工作,以建设一个充满活力和创造性的基层。新的方案弥补了以前做法的一些不足,得到了基层组织和同学们的欢迎,比较好地实现"以评促建,重在建设"的要求。

各位同学,21世纪已向我们走来,新世纪对人才培养提出了更高要求,努力提高全面素质成为时代的需要,也成为同学们成才报国的内在动力,因此要把积极创造良好的育人环境、为同学全面素质提高服务作为学校育人工作、共青团工作的重要任务。我们要适应时代的需要,积极探索新形势下学校共青团工作的新思路,落实好《清华大学学生素质拓展规划》,努力加强学生创新精神和创新能力的培养,不断培养出一大批高素质、高层次、多样化、创造性的骨干人才;要进一步开展好先进集体评选和甲级团支部争创活动,树立优秀集体的典型,努力建设一批具有良好班风学风,能够促进同学健康成长的先进班集体。

同学们,21世纪是中华民族展示辉煌的世纪,我们重任在肩;21世纪也是清华向世界一流大学迈进的世纪,我们责无旁贷。让我们坚持清华的优良传统,从我做起,从现在做起,用我们无悔的青春去拥抱新的世纪!

对高校班集体建设的教育思考

杜汇良①

一、高校班集体建设：历史、特征与启示

1. 历史的简要回顾

在高校中按照年级和专业设立班级,并按照班级为基本单元开展教学、行政管理和思想教育,是我国高校区别于西方高校办学的一个显著特征。新中国成立后,作为培养集体主义观念的重要依托,我国高校普遍重视和加强了班集体建设。1954 年,作为在学生思想政治教育方面进行的一种积极探索,清华大学在全国高校中率先创立"先进集体"评选制度,土木工程系测专四二班被校务委员会授予"先进集体"荣誉称号,这是全国大学中的第一个"先进集体"。蒋南翔校长在 1954 年 9 月初召开的清华大学青年团第二届代表大会上指出,评奖"先进集体"是学生自己创造的"目前团结教育同学的一个很好的组织和工作方式"。它能使学生工作更加深入,能充分发挥并正确运用学生的自觉性、积极性和创造性;可以解决政治和业务、工作和学习、"干部"和群众等矛盾;可以更好地发挥同学们团结友爱的集体主义精神。蒋南翔校长的讲话,对"先进集体"制度予以了充分肯定和高度评价,从此评选"先进集体"、加强班集体建设便成为清华大学一项长期坚持的重要制度,而且在许多高校得到推广。除了评选先进班集体外,1988 年 9 月,清华大学团委颁布了《关于对基层团支部的工作进行等级评估的决定》,通过建立团支部工作等级评估制度,加强基层团支部建设。1990 年,学校设立"优良学风班"评选制度,加强班级的学风建设。"先进班集体"、"优良学风班"、"甲级团支部"、"优秀党支部"等一系列先进集体评比制度的设立,对学校

① 杜汇良,男,1974 年生,研究员,现任共青团中央全国学联办公室主任,全国学联副秘书长,曾任清华大学党委学生部部长。

基层班集体建设产生了积极的促进作用。新时期,社团协会等学生组织得到了长足的发展,网络虚拟集体也成为了一种新的集体形式,但班集体制度仍然是最主要的、最基本的集体制度,得到了不断的发展,焕发出新的活力。

2. 特征分析

我国高校的班集体建设具有以下三方面的典型特征:

一是党团组织在班集体建设中发挥重要影响。党团组织与班集体的密切结合,使得班集体既是学校教学、行政管理的基本单元,也是开展思想教育的基本载体。在清华,团支部和班集体一一对应,低年级党支部设在年级,高年级党支部设在班级,同时每一个班级都有党课学习小组,丰富多彩的党团活动,为班集体发挥思想功能打下坚实基础。特别是近年来,学校大力倡导党支部在集体建设中的思想核心和战斗堡垒作用,发挥党员的先锋模范作用,让"党员成为班级永不换届的班委"。

二是班集体建设与教师指导密切联系。教师在班集体建设中发挥着重要的引导作用,密切的师生互动是班集体建设的重要特征。清华长期重视班主任队伍和辅导员队伍两支队伍的建设,注重发挥他们各自优势,共同促进班集体建设。新时期,确立了每个班一名班主任、每两个班一名辅导员(国防定向班每班一名辅导员)的配备原则。班主任通常由年富力强的青年骨干教师担任,他们人生阅历相对丰富,专业背景强,对学生的学业发展、人生规划能给予有效指导;辅导员通常由业务突出、政治过硬的博士生、硕士生担任,他们坚持和学生吃住在一起,亦师亦友,易于发挥表率作用,可以对学生开展深入细致的思想教育。

三是班集体具有自组织、自运转、自我教育、自我服务的特性。完善的机构设置,使得班集体具备了一个组织自我运转的能力,并且通过这种自组织、自运转,再加适当配合以教师的指导、校系资源的匹配,就很容易实现集体的自我教育和自我服务。一个优秀的班集体,在自组织、自运转过程中,也会形成班级建设的主线和鲜明的特色,这也会成为这个班集体永远铭记的记忆。

3. 班集体制度的启示

通过上述内容,可以得到以下三点重要的启示:

一是高校班集体制度是有社会主义特色的高等教育实践,先进集体评选制度是有清华特征的教育理念和实践。班集体是中国大学坚持社会主义办学方向、进行人才培养工作的基本单位,班集体建设对于大学生思想政治工作而言,能够发挥不可替代的作用。

二是高校班集体制度是经过实践检验、符合教育规律的基本教育管理制度。进入新时期后,高校学生集体形式有了新的发展(如校园里丰富多彩的社团协会,号称学生培养的"第二集体"),这些新的集体形式对于培养学生"通识"能力也产生了积极作用,但值得注意的是,这些集体不可能取代"班集体"作用,尤其是班集体在对学生思想教育方面的功能。

三是在新时期新阶段,需要与时俱进地深化推进高校班集体制度。通过开展总结、调研和分析等工作,进一步深化对班集体建设的教育原理、教育内容的认识,把握规律,完善制度、匹配资源,坚持不懈地加强班集体建设。

二、班集体建设的教育原理:目标、本质与功能

1. 班集体建设的教育目标是实现学生的人格内化和责任外化

班集体是高校中影响学生个体思想和行为的最主要的组织形式,也是将学校教育工作有效覆盖全体学生的关键保障。班集体建设的出发点和落脚点是通过建立起良好的班风、学风来影响学生的思想和行为,既引导学生形成共同的符合社会主义核心价值体系的人生观和价值观,又鼓励学生个性的充分张扬,进而对学生的成长产生深远影响。

班集体建设将集体主义精神和养成教育内化为学生的人格品质。集体主义是社会主义社会所奉行的区别于资本主义社会的价值观。班集体建设能够充分凝聚学生的创造力,培养学生对集体的深厚感情,使集体主义精神深深地扎根在学生的心中。养成教育是培养学生行为习惯和健全人格的重要手段。班集体建设能够形成积极向上的良好氛围,通过养成教育使学生在优秀的集体中浸润、熏陶,更好地学习、发展,最大限度地发挥出自己的特长和优势。

班集体建设将服务、奉献外化为学生的责任意识。学生的思想和行为密切相关,班集体建设不仅影响着学生的思想品格,更促进着学生的实践行为。每一个成员都是班集体的主人,优秀班集体的建设过程需要每一个成员的共同参与和奉献,正是在这种过程中,培养起学生热爱集体、投身集体建设的责任感。

2. 班集体建设的教育本质是促进教育者与受教育者的结合与统一

班集体是学生成长的主要环境,教育者和受教育者作为教育活动的两个主体,在班集体这一环境中进行互动,发生作用。班集体建设的教育本质是通过教育者与受教育者的良性互动,促进二者的结合与统一。

班集体建设能够促进教育者与受教育者的结合。班集体建设通过集体的教育活动,构建教育者与受教育者亲密接触的环境,为教育的有效实施提供了可能。每一个班集体特色的班级环境氛围无形地影响着每位同学的思想和行为,使学生树立共同的理想追求,进而影响着他们未来成长的轨迹。集体中,教师的言传身教,学生的相互促进,能够营造团结上进的良好氛围,把个体的力量汇聚到集体中,又将集体的温暖带给每个个体。

班集体建设能够促进教育者与受教育者的统一。学生群体的自我教育,是学生成长的重要教育方式。青年学生具有见贤思齐的品质,优秀的朋辈能在身边的学生中发挥榜样模范作用。班集体建设本身能够激发一批优秀典型,将优秀学生的目标具体化、人格化。班集体建设又能够用优秀典型对学生产生朋辈影响,促进教育者与受教育者的统一,在优秀的集体中培养出一大批优秀的人才。从这个意义上说,班集体每一个成员既是受教育者,也是教育者。

3. 班集体建设的教育功能是实现学生个体素质的社会化和社会要求的个体化进程的有机统一

大学是学生进入社会之前的重要阶段,班集体是学生成长发展的重要土壤。班集体建设一方面帮助学生认识和了解社会,提升个体素质满足社会需要,另一方面将社会的要求个体化,具体到每一个学生的身上,这既是个体成长对社会的要求,又是社会发展对个体的要求,二者之间既辩证、又统一。

班集体建设能够促进个体素质的社会化进程。学生在班集体这一成长环境中,能够实现自身与集体的双向互动,适应集体、融入集体,吸收集体的文化,成为集体的一部分。"在集体中成长"、"青春在集体中绽放",学生通过班集体了解社会要求,加强通识教育,主动提升素质,适应社会变化。班集体建设能够促进学生从自然人成长为社会人,促进个体素质的社会化进程。

班集体建设能够促进社会要求的个体化进程。班集体建设使社会要求成为集体的行为规范,为个体所接受。班集体建设帮助学生学会团队合作,与集体中的其他成员协作完成集体任务;帮助学生学会关爱他人,对集体中的其他成员承担责任;帮助学生学会公益意识,对集体外的群体或者个体给予关心与爱护,等等。同时,当今社会强调的是共性与个性的协调发展,强调集体建设,也从不忽略集体中每一个个人的个性发挥,一个优秀的集体,往往也是不同个性、不同特长、不同人生发展目标的个体的有机汇合,强调的是"各按步伐、共同前进"。总之,通过班集体建设,社会要求能够具体到每个学生的身上,促进社会要求的个体化进程。

三、班集体建设的教育内涵:任务、途径与方法

1. 班集体建设的中心任务:遵循教育规律,促进学生在集体中成长

言传与身教:利用教师的言传身教和学生的朋辈影响。教育社会学中的角色理论指出,每个生活在社会中的个体都会在对理想角色进行学习的基础上,形成自己的领悟角色,并在此指导下生活实践,最终形成被他者所观察到的实践角色。在班集体建设中,优秀的班主任、辅导员和优秀同学作为"理想角色"、"榜样",会在潜移默化中影响其他同学对于优秀学生的理解。

引导与疏通:解决思想问题和解决实际问题相结合。大学四年是一个个体人生观和价值观形成的重要时期,班集体开展生动活泼的党团生活可以有效解决同学思想上的困惑,帮助同学形成正确的人生观和价值观。优秀班集体中往往具有一种相似的价值认同,形成共同的荣辱感和成才愿望,从而形成班级强大的"思想力"。

鼓励与激励:契合学生的成长需求和个性特点。班集体提供了一个稳定而持续的动力系统,能够围绕学生的成长需求,适应学生的个性特点,组织一系列的活动。通过班集体建设,让学生成为班级的主人翁,尊重学生的主体地位,激发学生的积极性和主动性。

教育与管理:促使学生进行自我教育和自我管理。苏霍姆林斯基有一个著名的论断:"真正的教育是自我教育。"班级集体作为大学生自我教育的组织载体,体现的是对主体认知能力,感知能力和道德领悟能力的尊重,在班集体建设中应充分发挥学生自觉学习、自我教育的主体潜能,激发他们学会做人、学会学

习、学会处世。

2. 班集体建设的有效途径：遵循学生成长需求规律，促进思想建设、学习建设、情感建设和队伍建设的"四位一体"建设

思想建设为魂，集体彰显"感召力"。加强班集体的思想建设，以先进的思想吸引和凝聚青年学生，集体建设才能有魂。在班集体中以党建为龙头进行思想建设，并逐步形成"党建带团建，团建促党建"的工作格局，更容易营造一种积极向上追求进步的环境氛围，形成一种集体成员认可的特色精神内核。

学风建设为根，集体富有"生命力"。学风建设是集体建设的"根"，能够满足广大同学自我完善、自我提高和自我发展的根本需求。要努力在集体里形成严谨勤奋、求实创新的良好学习风气，促进每一个成员个体的发展与成长；要将学习建设当作集体建设的生命力工程，夯实集体的基础。

感情建设为情，集体增强"凝聚力"。班集体作为由青年学生组成的群体组织，能够通过一系列班级活动为其成员提供一个广阔的、丰富的交流合作平台，满足青年学生渴望与他人交流、得到他人尊重的愿望。每个学生自然而然地得到他人在生活上的关怀和学习上的帮助，班集体的凝聚力自然形成。

队伍建设为核，集体强化"影响力"。班集体建设工作要注重对于骨干队伍的建设与培养，不断扩大其规模与影响力，让核心骨干在班集体中的"先锋"作用得到更充分的发挥，带领班集体不断发展和进步；同时，将更多的同学纳入骨干核心队伍中来，使班集体真正成为"优秀"的摇篮。

3. 班集体建设的关键方法：遵循优秀班集体成长规律，把握形成期、巩固期、凝聚期三个关键阶段，有重点、分阶段、有针对性地实施建设

形成期——解决好个体对集体的依赖性和集体氛围尚未形成的矛盾。同学们刚进入大学，在对未来生活充满憧憬的同时，也在很大程度上存在着迷茫，包括对未来紧张学习生活和激烈竞争环境过高或过低的预期，过去奋斗目标的实现和新目标尚未形成的矛盾，专业学习的困惑，对于陌生的环境和同学的认识需求，等等。这一阶段应通过感情建设促进集体内部成员的相互交流，满足同学们的交往需求；在学习方法上给予指导，以尽快适应大学的学习生活。此外，在集体中开展专业教育，促进同学对于专业的认知和了解，规划未来的发展。

同化期——解决好小集体的独立发展和大集体融合的矛盾。这一阶段（一般为大二至大三),同学们以各种第二课堂活动为载体,寻找到属于自己的小集体,班集体被一个个紧密团结的小集体相隔开,但是班集体内部可能并未形成一致的价值观和强烈的荣誉感。这一时期的特征集中地体现为大集体的氛围还没有形成,而小集体内部存在着较外部更强的向心力。这一时期将从促进交流融合着手。可以通过班级活动中打破小集体的团小组分工合作等方式,促进同学们与自发形成的小集体之外的班级同学的交流,在班级整体范围内有引导性的展开交流。

凝聚期——解决好个人独立发展和大集体需要再建设的矛盾。进入凝聚期后(一般为大三至大四),集体凝聚力基本形成,集体荣誉感普通加强,并出现了一定数量的核心群体,担当建设集体的重任。这一阶段,个人理想与现实的矛盾日显突出,支部活动应该与同学的未来规划相关联,如关注同学们对专业的疑惑,对未来的思考,对职业的规划等。这一时期将从专业职业教育方面着手,将专业职业教育与思想建设相结合,广泛的社会实践活动与专业职业教育、主题思想教育相结合,使支部的发展需求、发展方向能够和同学们的个人需求、个人发展紧密结合。

四、加强班集体建设的措施:机制、环境和资源

1. 建立加强班集体建设的长效机制

建立调研和总结机制,及时了解新时期的学生特点和集体状况。时代的快速发展使得学生和集体的特点也在快速的变化。教育者和管理者应走近学生,了解学生不同的特点和不同班级的状况,通过科学的调查研究和亲身的感受形成对学生思想准确的把握,从而更有针对性地指导集体建设。又要时常注意总结工作中有典型意义的实例和做法,从中提取新的概念和理念。

建立宣传和示范机制,为班集体建设提供良好的学习经验。要特别注意树立典型,将一些优秀的班集体的事例广为传播,激发其他班级和同学见贤思齐的想法,带动整体提高。同时,也要善于利用先进班集体评比的契机,通过"以评促建"深入挖掘先进典型的事迹,帮助全校班集体改进工作,提高水平。

完善骨干培训机制,为班集体建设培养有力的干部队伍。既要倡导人人都

是骨干,鼓励更多同学投身班级社会工作,又要从一开始就注意培养班级的核心力量。要通过培训与交流提升班级骨干的认识水平和工作能力,面向基层开设更多的社会工作培训课程,组织更多的专项交流沙龙,在促进班集体建设的同时也逐步塑造出一支有思想、有战斗力的基层组织力量。

2. 营造班集体建设良好的工作环境

强化班集体建设的重要性和针对性。从本科入学后的新生教育,到大四时的毕业教育,班集体建设贯穿大学生活的全过程。从主题团日、集体自习,到班级节日联欢,班集体建设覆盖大学生活的全方位。无论从全过程维度,还是从全方位维度上看,班集体建设内容都极为丰富,必须抓住其中的关键环节,才能很好地带动班级全面工作。

强化党团建设带动。班集体建设要从基层党团组织的建设入手。在大学班级中,团支部几乎全员覆盖,有先天的组织优势,要指导和鼓励团支部利用主题团日、志愿活动等机会促进集体形成主流思想意识。党员则要在班集体中发挥先锋模范作用,要对党员提出要求,能够在集体建设中形成示范,团结更多同学一起形成班级的核心。

引导形成以学为主的共识。抓住班集体建设的关键,还必须紧密围绕业务学习开展工作。学生以学为主,班级中需要强调相互帮助、共同进步,真正做到不要任何一位同学掉队。在学校相关部门的层面,也要加强统筹,切实引导各基层班集体向前述两个关键方面投入。

加强统筹协调,给基层减负,为班集体工作创造空间环境。作为学校和院系,也要科学设计基层班集体活动,既要有必须的规定要求,也要给班集体结合班级实际的自我运转提供空间和支持,鼓励"自上而下"与"自下而上"的有机结合。

3. 为班集体建设匹配各类教育资源

加大班集体建设中教师的投入。教师的第一责任就是育人,要通过言传身教感染同学,在潜移默化中引导同学,而不能把教师的空间限制在课堂上。学校应积极倡导全体教师投入直接的育人工作,尤其是学生班集体建设工作,同时选派骨干教师直接参与指导班集体建设。要通过调研了解教师参与集体建设的实际情况,一方面安排年富力强、有责任心的班主任和辅导员到每个班里做工作,另一方面也要了解教师参与此项工作的动力与困难,从而更好的落实政策,加强激励,彰显荣誉。

重心下移,助力基层班集体发展。除增加教师的投入外,学校也应当从财力、物力等各方面强化基层班集体建设工作,尤其要注重把经费、场地等实实在在的资源落实到每个班。落实资源匹配,也要在大学的各级管理部门和各院系所里建立强烈的班集体意识,在制定各项政策时都把班集体当作一个基本单元,经常考虑班级的需求和困难,最大限度地为班集体解决问题,疏通发展道路。

对清华大学研究生集体
建设的思考

武晓峰①

　　清华大学在人才培养工作中有着重视班集体建设的优良传统。1954 年,清华大学在全国高校中率先创立了"先进集体"评选制度,明确提出先进班集体建设的要求,从此加强班集体建设便成为清华大学在育人工作中一项长期坚持的重要制度;1963 年,学校提出建设"思想好、学习好、劳动好、身体好"的"四好班",将班集体建设工作进一步推向深入[1]。改革开放以来,随着研究生教育的不断发展,研究生培养规模不断扩大,学校的研究生班集体建设工作也日益推进,涌现出一批北京市和全国的先进班集体,在学校拔尖创新人才培养过程中发挥了重要作用。

一、研究生班集体建设的重要作用

　　研究生班集体是研究生同学生活、学习和科研的基本单位,也是落实学校拔尖创新人才培养工作的基本载体,对研究生的成长成才具有重要作用。
　　第一,班集体建设为研究生的健康成长创造良好的生活环境。好的班集体就像是一个和谐的家庭,同学们朝夕相处的过程中,共同分享喜悦、分担压力,加深彼此的了解,增进相互间的友谊,形成良好的生活环境。优秀的班集体有利于及时发现和化解个人发展中遇到的各种困难、困惑,构成同学健康成长的"防火墙"。
　　第二,班集体建设有利于促进研究生的科研创新。朋辈教育是促进研究生

---

　　①　武晓峰,清华大学党委研究生工作部部长。

科研创新的重要途径。生活在同一班集体的同学研究方向不尽相同,研究阶段也不尽一致,通过开展各种有形的科研群体建设、学术活动以及日常无形的学术讨论,可以彼此完善知识结构、启发研究灵感、促进学科间的交叉,对科研创新大有裨益。

第三,班集体建设是研究生思想政治教育的重要平台[2],加强研究生教育管理的重要载体。研究生同学的年龄层次较高,思想和生活状态的差异性较大,很多工作不适合采取一刀切的教育管理方式。这些特点决定了研究生的教育管理要充分考虑研究生的实际,调动其自身的积极性、主动性,努力推进同学的自我教育、自我管理、自我服务。

第四,班集体建设有利于形成研究生终生的精神家园。优秀的班集体不会随着同学毕业而消失,相反可以基于在学期间的相互了解、相互信任,更好地凝聚和持续下去,成为同学进入社会之后相互交流、相互支持的重要团队。同时,在校研究生对班集体的认同将有效地转化为研究生校友对母校的认同,并将依托班集体成员的密切联系来加强学校与研究生校友之间的联系。

二、我校研究生班集体建设的现状、特点和思路

1. 研究生班集体建设的现状

班集体的名称、规模和构成是其最基本的特征。清晰简洁的名称,更易于形成内部认同,也更易于为外界所了解;规模往往影响着班集体建设的组织性和有效性,适中的班集体规模能够让班集体建设的协调成本较低,班集体活动易于组织,有利于促进同学之间的交流,有利于班集体的积极发展;班集体构成则决定着班集体建设工作的开展方式。

自2008年秋季学期以来,学校组织对研究生班集体建设的情况进行了全面、细致地调研、访谈和专题研讨工作,发现研究生班集体建设存在着名称不规范、班级规模大小差异很大和班集体构成多样的问题,于2009年5月制定了《关于进一步加强研究生基层集体建设的指导意见》,对我校研究生班集体的名称、规模和构成等方面提出了具体的要求,对研究生班集体建制启动了新一轮的改革。经过一年多的努力,班集体命名进一步规范化;班集体人数规模发生显著变

化,要求对 60 人以上的大型班集体进行拆分,研究生班集体平均人数从 44.8 下降到 37.6;党团班的对应比例从 80.5% 上升至 92.7%;在班集体构成上,各院系普遍在新生中硕士生中推广横向班建制。调整前后全校研究生班集体的基本构成发生了显著的变化。

2. 基于研究生群体特征的班集体建设思路

班集体建设方式的选择需要基于研究生群体的基本特征。研究生群体的特征总体上可以用“高、散、实”来概括:

“高”是研究生的思想、知识特征。研究生的年龄层次较高,思想认识水平相对成熟,我校研究生中党员比例已经超过 53%;知识水平较高,阅历相对丰富。这使得班集体工作的开展有了较好的思想和组织基础,也使得党支部与团支部、班级需加强工作协调和整合。知识水平高的特征也对班集体工作的开展提出了更高的要求。

“散”是研究生在价值观念、时间分配和空间分布上的特征。他们来源广泛,经历差异大,社会化程度高,年龄跨度大,在以科研为主业的同时,在家庭、爱情、毕业、就业以及社会关系等方面有着多样化的目标和多重的责任,这些特征都给研究生班集体建设带来了挑战。

“实”是研究生的行为选择特征。他们学习、生活、就业压力较大,在行为选择中目标更加明确且具体。这一特点决定了研究生班集体必须牢牢把握成员的需求,精细化地做好工作规划和落实。

研究生群体“高、散、实”的基本特征,决定了研究生班集体建设要采取与之相适应的思路。具体而言,包括以下几个方面:

一是要基于科研、但不局限于科研。科研工作是研究生阶段的第一需要,研究生不同于其他类别的学生就在于他们与科学研究有紧密联系[3],因此,班集体建设可以依托科研群体或科研活动开展;另一方面,班集体建设要为学术科研营造良好的环境。此外,班集体建设还承担着提升研究生全面素质的重要功能,与其他阶段的班集体建设相比,研究生阶段的班集体建设在凸显学术科研工作的同时,同样要全面开展思想、文体、生活等方面的工作。

二是要更加凸显研究生自身的力量。研究生阶段是大学生活向社会生活过渡的阶段。一个和谐的研究生班集体包括如下基本特征:管理民主化、制度规范化、知识共享化、沟通平等化[4]。因此,研究生班集体建设要突破"管"的思维限制,更多地发挥研究生的自我教育、自我管理、自我服务功能,加强引导、提供资源、搭建平台,让研究生同学根据所在班集体的特点和需要开展工作。

三是要协调统一党团班的力量,开展党团班共建。党团班共建的思路主要基于两个背景:一是我校研究生党员比例已经超过半数;二是党团班活动在一定范围内有所重叠。发挥党支部的核心和战斗堡垒作用,可以起到"党建带团、班建,团、班建促党建"的效果,党团班形成合力,共同承担建设"又红又专"的研究生班集体的光荣职责。

四是要注重分类指导,采取相对灵活的班集体建设方式。研究生文、理、工等学科不同,同一学科的不同研究方向之间的科研活动在时间自主性、实验或调研等具体科研方法、个人研究和团队合作等科研参与模式、硕士生和博士生的培养目标等方面存在着较大的差别,这就决定了研究生班集体建设难以推行整齐划一的工作模式,必须结合各院系的实际,因地制宜地开展工作。

五是要注重良好传统的传承和不断创新的结合。研究生班集体建设有较强的工作传承。在同一个院系特别是同一个专业内部,每一级研究生选修课程、开题、中期、答辩的时间都比较固定,培养环节具有较强的阶段性,因而在一个班集体内部甚至前后届的班集体之间有利于形成良好的传统。一个班集体如果做得好,后续班集体也容易做好;反之,如果之前的班集体没能留下好的传统,就需要花费较大力气才能扭转工作局面。

三、研究生班集体建设的主要经验

研究生班集体建设,本质是一个组织的建设过程,符合相关的组织建设理论。根据组织的钻石模型[5],组织由目标、结构、参与者、技术、环境五大要素构成。目标是组织建立的目的,往往是复杂而多元的,需要良好的定位与协调;结构是指参与者关系的模式化和规范化,在组织的规范结构和行为习惯中,骨干成员及其行为、职责和作用均为重要的组成部分;参与者即参与组织的人,要形成良好的组织,形成对参与者的激励和吸引至关重要;技术是组织利用资源输入完成目标输出的方式和过程;环境是指组织发展的文化和氛围。

　　结合我校研究生班集体建设的实践,我们对研究生先进班集体建设的主要经验总结如下:

　　第一,目标定位好。目标是研究生班集体开展工作的方向。优秀的研究生班集体最大的共同特点都是将学校的育人目标和班集体成员的个体发展目标相结合,树立了明确的工作目标和工作重点,在共同的目标下引领班集体成员形成合力。例如材料系材硕09班自建立伊始,即确定了"打造一个有凝聚力、有归属感的班集体,依靠班集体的力量培养人,凭借人的力量提升班集体的整体实力"的工作目标,一年来在班集体凝聚、同学成长等方面都取得了显著的成效。

　　第二,骨干队伍好。班集体骨干作为班集体结构的组成部分,是整个班集体的"凝结核"。选拔合适的带班助理、党团班负责人等骨干是班集体建设顺利开展的重要支撑,特别是在班集体形成的初期,骨干的有效工作将奠定整个班集体后续工作的基调,为班集体注入"灵魂"。他们既系统全面地开展工作,又细致入微地关怀个别同学的特殊情况。例如,软件学院软研092班的团支书能够及时掌握同学动态,从一位同学QQ签名档的变化发现了他在心理和身体状态存在的问题,并积极协调研工组老师和导师帮助这位同学,使他得以回到正常的学习生活中。材料系材博06班紧密围绕学术科研工作,在各专业方向上均设立一名联系人动态了解同学思想状况,并通过实验室交流与宿舍交流相结合、平时谈心与集中倾诉相结合的方式,为遇到障碍情绪低落的同学排忧解难,"让班集体帮你赶走郁闷"。

　　第三,活动载体好。研究生班集体的参与者目标是多样化的,优秀的班集体往往注重打造切实满足同学需求的活动载体,根据研究生学习生活的阶段特点,在感情交流、科研学术、就业引导等方面有重点、有针对性地开展各项活动。例如生物系生博09班在新生入学前后多次开展茶话会、篮球赛等思想、文体交流活动,有效地消除了新入校同学的心理隔阂,为班集体的快速融合创造了有利条件。电机系电博08班组织同学开展就业意向调研,参与职业测评和职业生涯教练计划,在这一过程中建立起职业生涯规划的理念,准确把握自己的人生。

　　第四,资源整合好。研究生班集体建设需要整合各方资源、将资源汇聚到班集体建设的目标上来。因此要积极整合利用学校、院系及社会提供的各种资源,最大程度地发挥资源导向的作用。例如航天航空学院航博05班组织同学踊跃参加校系的就业引导活动,增强了同学对专业的了解,明确了个人发展方向;土木系土研一班通过研究所的老师联系北京建筑设计研究院等单位多次开展短期实践活动,使很多同学对设计单位有了更为深入的认识。

第五,氛围传统好。形成良好的氛围和优秀的传统对研究生班集体建设有很大帮助,因此在班集体建设过程中应注重形成良好的开端、注重好的工作方式方法的总结传承,建立长效机制,结合院系实际形成良好的氛围和文化,促使班集体进入良性发展的轨道。对常年优秀的班集体而言,"优秀是一种习惯"是对它们的最好概括。例如材料系材博 05 班从第一届党团班负责人开始就为整个班集体的运行建立了系统的工作框架,摸索出一套全面规范、行之有效的工作方法和流程,为班集体在后来几年中连续多年荣获"清华大学先进班集体"奠定了坚实基础。

四、进一步加强研究生班集体建设的思考

1. 落实和强化带班助理职责

加强带班助理(研究生辅导员)的选拔和培训。进一步落实助理带班或联系基层班集体的工作机制。系统总结带班过程中的问题和解决办法,深入挖掘富有院系和专业特色的班集体建设规律,形成一套行之有效的带班方式方法。对负责联系基层的助理开展专项上岗培训。增强对带班助理的有效激励。在助理基本职责和助理考核中明确带班工作的基本要求,在助理评优中适当优先考虑先进班集体的带班助理。

2. 班集体骨干的选拔和培养重心前移

要从校系各层面进一步加强班集体骨干的选拔和培养,重点做好首批骨干的及早选育,坚持办好新生党员骨干培训,在班集体初步形成的黄金时期,尽快促成责任感强、有热情、有能力的新生班集体骨干脱颖而出。合理调整班集体骨干的换届时间,在秋季学期开始之前面向新一任的班集体骨干开展党、团、班相关工作的系统培训。可通过党团班骨干交叉任职、转岗继任等方式,形成合理的梯队培养机制,保障班集体发展的后劲。

3. 提高班集体工作的"精细化"程度

根据班集体的构成特点,由班集体的骨干负责人牵头,或借助党群"一加一"

的载体,或设立不同专业方向的联系人,通过一对一深谈、日常交流、关注网络空间等方式,关心每位同学的思想生活。紧密围绕研究生科研学术和择业就业的实际需求,根据同学在完成课程、开题、中期、答辩、择业就业、毕业等不同阶段的特点,有针对性地开展活动。此外,还可以组建学术、文化、体育相关的兴趣小组,促进同学的相互交流。

4. 切实加强研究生新生班集体建设

着力加强新生班集体建设,为后续的班集体建设打好基础。抓住新生入学阶段班集体形成初期的有利时机,通过各类活动尽快破除研究生不同身份认同所带来的隔阂,加强认同感和凝聚力。建立有序的组织架构和制度安排,为班集体持续发展奠定基础。根据党群比例、骨干队伍情况,合理安排党支部、团支部和班级的分工合作模式;探索研究生班集体建设可以遵循的一般规范,作为模板提供给新生班集体,供其参考开展工作。

5. 创造更多生活、学习、科研的共同空间;营造良好的院系和班集体建设氛围和传统

作为特定社会文化的产物,班级的基本特性是由教育政策制定者、教育管理者、参与班级活动的师生成员,以及教育学者们共同建构出来的[6]。为了有利于研究生班集体的建设,在研究生的住宿分配、实验室安排等方面尽可能遵循“相对集中”的原则,实现研究生工作和生活空间的相对集中,为同学日常的深入交流创造基本条件。此外,还要探索其他类型的班集体建设载体和模式,重点建设以体育俱乐部、学生社团、学术团体等为代表的各类兴趣团队,作为班集体、实验室、课题组等传统集体的有益补充,扩大班集体建设的覆盖面和影响力。

在班集体建设中要有意识地形成传统、继承传统和发扬传统,并通过班集体之间的影响和带动,在整个院系内营造良好的集体建设氛围。深入挖掘和总结适合于本院系实际的研究生班集体建设规律,并通过定期的工作交流和工作研讨,在班集体骨干培养、活动载体、资源整合、工作节奏等多个方面形成好的工作传承,树立“在集体中成长”的人才培养理念。

参 考 文 献

[1] 刘惠莉. 清华大学“先进班集体”评选制度的创立——20 世纪 50、60 年代大学生思想政

治工作的一项探索[J]. 北京社会科学. 2009(6).

[2]　白立芬等. 研究生基层集体建设及其在研究生培养中的作用[J]. 清华大学学报(哲学社会科学版). 2001z(1)：65.

[3]　吕淼华等. 规模化培养条件下的研究生班级建设探索[J]. 中国高教研究. 2004(9)：30.

[4]　陈迅,马亮.高校研究生和谐班集体创建的思考与探索[J].学位与研究生教育.2008(4)：60.

[5]　Leavitt Harold J. , "Applied Organizational Change in Industry" in Handbook of Organizations.

[6]　苏尚锋.班级特性的建构与成形群体观[J].教育研究.2008(8)：67.

我校共青团基层组织建设和
基层工作的特点分析

熊　卓①

一、团的基层组织和基层工作

《团章》第五章第二十四条规定："企业、农村、机关、学校、科研院所、街道社区、社会团体、社会中介组织、人民解放军连队、人民武装警察部队中队和其他基层单位,凡是有团员三人以上的,都应当建立团的基层组织。团的基层组织,根据工作需要和团员人数,经上级团的委员会批准,分别设立团的基层委员会、总支部委员会、支部委员会。"

团的基层组织是团工作和活动的基本单位,是全团工作的基础,是团的全部活力的根本标志。在 2008 年 6 月 10 日召开的共青团第十六次代表大会上,团中央书记处第一书记陆昊同志强调:"基层组织建设决定着共青团最本质的影响力、战斗力和生命力。全团要从巩固和扩大党执政的青年群众基础的战略高度,下大力气抓好基层组织建设"。随后,在 8 月 5 日举行的全团加强基层组织建设和基层工作电视电话会议上,陆昊同志再次强调"全团要眼睛向下,重心下移,以最大的决心支持和推动基层组织建设和基层工作"。

在新时期,加强团的基层组织建设和基层工作具有重要的意义,是共青团应对新挑战、克服薄弱环节的迫切需要。团十六大报告指出:"我们面临的挑战主要来自三个方面:一是我们党的历史方位发生了变化,从革命党向执政党转变,从计划经济条件下的执政党向市场经济条件下的执政党转变;二是青年的政治

---

① 熊卓,男,1977 年生,副教授;曾任清华大学团委书记。本文是 2008 年熊卓同志担任清华大学团委书记期间在团支部工作等级评估制度实施二十周年纪念文集中的约稿,编入本书时有修改。

意识表达方式发生了新变化;三是科技进步特别是信息技术发展对青年的生活方式、行为方式、交流方式和聚集方式带来了深刻影响。"值得注意的是,不仅上述挑战在基层团组织和基层工作中表现得最为集中和直接,而且共青团建设和工作的难点和薄弱环节也往往表现在基层,因此,团的各项功能的发挥最重要的是靠全团的基层组织和基层工作。

从总体上看,团的功能体现在组织动员青年、教育引导青年、关心服务青年、代表和维护青年合法权益等各个方面。陆昊同志强调:"对于基层团组织来讲,首先担负着团结动员青年的功能。什么是团结动员?就是要对青年实现各种形式的聚集和对我们内心里的认同,就是要更好地吸引和凝聚青年。"可见,"吸引和凝聚青年"是团的基层组织建设和基层工作的重要目标。团组织吸引和凝聚青年可以由多种渠道实现。"一是靠先进思想,二是靠对青年合理利益诉求的尊重和服务,三是靠对青年特有兴趣的满足,四是靠第一线团干部的人格魅力和对青年的感情。"

高校共青团工作是青年工作的重要阵地。随着经济社会的快速发展,青年受教育年限延长,越来越多的适龄青年将接受高等教育,高校学生中的团员青年比例迅速上升,青年发展的主要问题在大学生身上凸显出来,因此切实推进高校共青团基层组织建设和基层工作在共青团工作中处于基础性战略地位。

基层组织建设和基层工作能够促进社会要求的个体化进程。基层组织使社会要求成为集体的行为规范,为个体所接受。基层组织帮助学生学会团队合作,与集体中的其他成员协作完成集体任务;帮助学生学会关爱他人,对集体中的其他成员承担责任;帮助学生学会公益意识,对集体外的群体或者个体给予关心与爱护,等等。同时,当今社会强调的是共性与个性的协调发展,强调基层集体建设,也从不忽略集体中每一个个体的个性发挥,一个优秀的集体,往往也是不同个性、不同特长、不同人生发展目标的个体的有机汇合,强调的是"各按步伐、共同前进"。

二、我校共青团基层组织建设与基层
工作的现状与特点

我校共青团的基层组织主要包括两个层面:其一,是作为团的基层细胞直

接吸引、凝聚、服务青年的团支部;其二,是各分团委和团工委。总结我校共青团工作的经验,笔者认为,加强我校基层组织建设与基层工作的重要意义主要体现在以下三个方面:

第一,我校基层团组织是动员广大团员同学的主阵地,基层团组织建制是否完善、机制是否健全、作风是否优良,直接决定了我校共青团工作的覆盖面和影响力。

第二,我校基层团组织是具体落实校团委及其他相关部门工作的基层单元,处于共青团与同学的边界上,基层团组织建设和开展各项工作的效果也直接影响我校共青团工作的质量以及对广大团员同学的吸引力。

第三,我校基层团组织肩负着培养团干部的重要职能,共青团干部队伍的先进性、稳定性、延续性会直接影响我校共青团乃至学生工作体系的凝聚力和战斗力。

2008 年暑期,清华大学团委对于全校共青团基层组织建设与基层工作的现状开展了一次大规模调研。下面,根据调研的结果,分别从基层组织情况、干部队伍情况和活动开展情况三个方面来分析我校共青团基层组织建设与基层工作的现状与特点。

(一)我校团的基层组织建设情况

1. 我校基层团组织有效覆盖全体团员青年,组织优势明显

目前,全校共有院系分团委 28 个(涵盖我校含本科生培养的全部 28 个院系),研究生团委、教工团委、后勤团委、附属中学团委、华信医院团委、玉泉医院团委、学生艺术团团工委、体育代表队团工委各 1 个。本科生支部 473 个,研究生支部 231 个。总体来看,我校的基层团组织基本覆盖了我校(含附属单位)28 周岁以下本科生、研究生及教职员工,团的组织优势明显。

2. 分团委在院系学生组织中的支柱性位置和作用显著

院系分团委是校团委面向同学开展各项工作的主要基层组织,承担着组织开展本院系团的各项工作、领导本院系各团支部、指导本院系各学生组织的重要任务,是校团委在院系层面推进团工作的坚实堡垒。目前,我校绝大部分院系分团委能够密切联系团支部,积极有效地指导并统筹院系学生会、科协及相关社团协会的工作,在院系学生组织中的支柱性位置和作用显著。

3. 团支部能有效推进重点工作,对同学具有较强的吸引力和凝聚力

团支部的支委由同学们选举产生,作为班团工作的"三驾马车"之一,九成以上的团支部、班委会和党课学习小组保持了紧密的合作关系。思想政治教育、全面素质培养、建设优良学风、增进集体感情这四项重点工作各占团支部工作总量的约四分之一,67%的支部同学能够经常积极参加团支部的活动(长期不参加支部活动的同学仅为10%,即一个班2~3名),而90%以上的支部工作被认为"非常有必要"或"比较有必要",团支部的吸引力和凝聚力普遍较强。

(二)我校团的基层干部队伍情况

1. "社会工作岗位锻炼计划"富有成效,学生广泛参与社会工作锻炼

2008届本科毕业生已经实现"90%以上的同学大学四年期间至少参与一项社会工作"这一目标,"以行求知,奉献成长"的理念深入人心。

2. 学生干部培训体系不断完善、覆盖面广、重点突出

目前,我校形成了由"新生团队训练营——社工课基础班——社工课提高班——暑期团校"构成的学生干部培训体系,覆盖所有新生、主要的基层学生干部和校系学生骨干。近年来,校团委不断加强吸引校内外优质资源的投入,对重点学生干部进行精心培养,如目前已经初步开展的"社会工作导师团计划"和"思源优秀学生培训计划"等。此外,在传统培训项目的基础上谋求创新,如"新生团队训练营"通过新颖活泼的教学形式、丰富且选择性强的教学内容,极大地满足了新生同学们适应大学生活,融入集体的需求,获得了工作队伍和工作对象的一致好评。

3. 学生干部总体负担适度,部分干部感到工作压力较大

调查显示,约60%的学生干部每周平均工作量在5小时以内(即每个工作日小于1小时),部分学生骨干周平均工作量为11.3小时,67%的学生干部认为自己的社会工作量适当。但也有部分学生干部兼职承担工作,工作压力较重。

4. 主要学生干部学业优良

调查显示,主要学生干部的平均学业成绩在年级排名的33%处,近90%的学生干部排名在前55.7%,主要学生干部的学业优良。少数学生干部学业成绩靠后,不能较好地协调学习与社会工作的关系,也对学生干部队伍的形象产生了一定负面影响。

(三)我校团的基层活动开展情况

1. 基层团组织深入开展思想教育活动和第二课堂活动,服务同学全面素质提高

2007—2008学年,围绕学校和团的重点工作,各院系分团委主动开展并协助举办了丰富多彩的各类活动。按内容划分,主要可分为思想教育、志愿服务、社会实践、文艺体育、科技创新五大类。其中,思想教育类活动占41.18%。学生人均参与13项,活动参与率为36.19%。

2. 同学们对院系分团委组织的活动参与意愿较强,评价较高

调查显示,85%的同学对院系分团委组织的各类活动感兴趣或比较感兴趣,有约四分之三的同学认为参与活动的"收获较大"。值得关注的是,同学们对思想教育类活动的参与意愿最强,平均参与率达到41.66%,超过所有活动的平均参与率(36.19%),而且认为该类活动"收获较大"的比例也超过3/4,这说明尽管新时期学生思想活动的独立性、选择性、多变性和差异性增强,但只要找准切入点,提高思想教育活动的质量,青年同学愿意通过活动深入思考,从中获得成长。

3. 同学们参与活动存在分布不均衡现象,参与活动数量随年级升高而减少,不同群体的参与程度也差别较大

调查显示,2007—2008学年,大一人均参与院系分团委组织的活动15项;大二为15项;大三为11项;大四为9项,学生参与课外活动数量随年级升高而减少,尤其大三以后,活动参与率显著降低。此外,一部分参与活动较多的群体与参与活动较少的群体参与的活动数量差别较大,不均衡现象比较突出。

三、结   语

我校共青团工作有着光荣的历史和优良的传统,通过扎实的组织建设、高素质的干部队伍、丰富的课外活动,较好地实现了基层团组织"吸引和凝聚青年"的功能,在我校的人才培养工作中也发挥了重要的作用。

　　团的十六大对推进团的基层组织建设和基层工作提出了新的更高的要求,在基层组织建设和基层工作已有成果基础上,我们应进一步关注尚存的工作难点。例如,团的思想教育工作中还存在着一定的形式主义和创新不足等问题;在基层团支部中,存在团支部书记工作负担较重,压力较大,支委工作定位不明,不能有效发挥作用的现象;大一新生的负担比较重,而大四毕业生工作缺乏有力的组织和抓手。我们必须与时俱进、不断创新,推进团的基层组织建设,提高基层工作水平,更好地"吸引和凝聚青年",服务青年同学的成长成才。

团支部，青年成长的沃土

过　勇①

　　灯光聚在舞台上，几位"1977 级的化 72 学生"正在激烈地争辩着：1978 年，当一段历史过去，满目疮痍，站在历史的十字路口上，我们应该怎么办？另一边，几位 2007 级化 72 的学生正在热烈地讨论着：2008 年，在改革开放三十周年的今天，面对正在崛起的祖国，作为青年学生，我们又应该如何担当起历史的责任？

　　这正是化工系 2007 级化 72 团支部的主题团日"跨越三十年的对话"，动情的表演、丰富的创意、激烈的讨论、深刻的思考，展现了青年学生在团支部这一集体中成长成才的风貌。一年又一年，一个又一个优秀的团支部，回顾清华团支部的成长历程，结合当今青年的特点，我深深地感受到，团支部是团员青年成长的一片沃土。

一、历史的积淀

　　清华的基层团支部建设有着悠久的历史和优良的传统。新中国成立以后，我校团委就一直将团支部建在行政班上，并紧跟时代的脚步，开展团支部集体的建设活动，逐渐涌现出一大批优秀的团支部。早在 20 世纪五十年代中期，便有以测专四二为代表的优秀团支部，他们在当时的条件下，注重抓住契机，结合时代精神教育同学，开展了生动而丰富的思想教育活动，告诉同学要有理想、有抱负、眼光远大，要能够把今天的学习与未来祖国的建设结合起来。

　　改革开放以后，清华共青团时刻把握时代的脉搏，引导团支部根据时代青年的特点，适时开展各种活动引导教育青年，当年1977级化工系化72团支部便是

---

① 过勇，男，1977 年生，副教授，现任清华大学党委学生部部长，团委书记。

典型的代表。在经历了"文革"十年之后，面对思想的空白，化 72 团支部开展了一次针对思想状况讨论的组织生活上，也正是在那次组织生活上，化 72 团支部喊出了"从我做起，从现在做起"的口号，成为时代最强音。

　　为更好地推广优秀集体建设经验，引导团支部建设，1988 年 9 月，清华大学团委颁布了《关于对基层团支部的工作进行等级评估的决定》，建立了团支部工作等级评估制度。通过在思想建设、学风建设等方面指标化的评价体系，引导全校基层团支部的建设。在此之后，校团委和各院系分团委不断在实践中总结经验，改进不足，修改团支部工作等级评估的指标，从 1988 年 9 月开始实施至今，已历经 22 个春秋。实践证明，这项制度对充分发挥基层团组织的积极性和创造力，促进班团集体建设起到了非常重要的作用。这项制度也促使一大批优秀的团支部脱颖而出：有作为高校代表参加"北京市团支部综合素质擂台赛"并取得第一名成绩的 1993 级土木系结 33 团支部，也有获得"全国五四红旗团支部"称号的 2003 级精仪系制 35 团支部；有积极倡导并认真实践"党员是永不换届的班委"的 2006 级国防班兵六团支部，也有提出"不孤单，不落单，不简单"的 2006 级自动化系自 64 团支部；有才华横溢、志向坚定的 2000 级美术学院 01 史论团支部，也有科研突出、成绩优异的环境系环研五团支部。

　　优秀的集体造就优秀的个人。这其中，有接续父辈理想，许下为国防科研事业献身宏愿的"全国三好学生标兵"、"2006 中国大学生年度人物"谷振丰（航天航空学院 2002 级本科），也有扎根基层、奉献青春的"首届中国十佳大学生村官"周倍良（法学院 2002 级本科），有受命承担起培养清华第一届文科国防班重任，而后携笔从戎的"军中绿花"、"北京市十佳辅导员"袁丽萍（新闻学院 2004 级本科），也有支援西部、投身志愿的"中国百名志愿者"候选人许昊（法学院 2010 级硕士生），有投身科研、成果丰硕、在全国"挑战杯"上斩获佳绩的科研新锐李超（数学系 2006 级本科），也有秉承清华精神、追求卓越品质，实现体学双馨、全面发展的体育健将吴添（汽车系 2007 级本科生）。这些新时期的清华青年榜样，无一例外都是在优秀的集体中成长起来的。他们推动了集体的发展，集体也促进了他们的成长。

　　回首历史，我清楚看到，团支部这一集体带给青年学生的成长，也深深被同学为集体的无私奉献而打动。今后，团支部一直培养集体主义教育的载体，将一直是青年成长成才的沃土。

二、看今朝青年

青年学生是社会中最活跃、最富想象力、最具学习能力和创新精神的人群。时代在变化,青年学生则始终是变革时代的先锋,要服务于青年学生的成长成才,必须鲜明地把握他们的时代特点。

当代青年学生的追求更加多元。当代青年学生热爱祖国,拥护中国共产党领导,对中国特色社会主义事业充满信心,具有强烈的民族自信心和自豪感;特别是在一些重大历史事件中方向正确、立场坚定,坚决维护国家利益和民族尊严,发出了理性而振奋人心的呼声。同时,我们也注意到,当代青年学生具有更加独立的价值判断、更加开放的思想观念、更加多样的人生追求和更加个性的生活方式。如何改进共青团思想引领工作的方式方法,同时引导当代青年正确看待指导思想一元化与思想文化多元化的关系,还需要进一步探索。

当代青年学生的眼光更加务实。当代青年学生胸怀建功立业的远大志向,勇于追求事业的成功,以更加务实的眼光看待个人的成长,以更加实际的角度进行大学生活的规划,希望通过做一些立即有所成效的事情来实现理想,希望能从参与的每一个组织和活动能获得实实在在的帮助。如何使共青团的工作更加贴近同学的实际需要,同时引导同学们把"脚踏实地"与"仰望星空"结合起来,把现实主义的理性与理想主义的激情结合起来,还需要进一步探索。

当代青年学生的意识更加自主。当代青年学生关心他人、热爱集体,具有强烈的责任感和奉献精神,愿意发挥自己的才干,为他人、集体和社会服务,在奉献中成长成才。同时,当代青年学生更加重视自我,希望有充足的时间做自己想做的事情,有充分的舞台发挥自己的才干。如何在团组织中更好地发挥青年的主动性和创造性,同时引导当代青年学生更加全面地看待个人与集体的关系、奉献与成就的关系,还需要进一步探索。

当代青年学生的观念更加平等。当代青年学生具有较强的民主意识、平等意识、维权意识和参与意识,希望平等地参与到各项事务中,喜欢待人坦诚、作风民主、温和亲切的老师和学生干部,喜欢温馨、活泼、时尚和充满乐趣的活动,不喜欢空洞、严肃或刻板的说教，不能接受高高在上、好说空话、不顾他们个人感受的沟通方式。如何用青年喜欢的动员方式和工作方法开展团的工作，同时引导青年更加辩证地看待共青团传统的组织模式，还需要进一步探索。

当代青年鲜明的时代特征，给新时期共青团工作、特别是基层团支部的工作，带来了前所未有的机遇和挑战。创新、适变、发展，永远是基层团支部工作不变的主题。

三、团支部：新时代青年成长的沃土

树苗的成长需要肥沃的土地。清华大学将团支部建立行政班级上所形成的班团集体，便是新时代青年成长的沃土。对于团支部如何服务新时代青年学生的成长成才，可以用这样四个比喻概括：思想引领的先遣队，团队意识的大熔炉，学习科研的助推器，全面发展的试金石。

（一）思想引领的先遣队

团支部思想政治教育方面覆盖面广，创新性强，对广大青年学生有较强吸引力，主题团日将深刻的理论与多样的形式相结合，使青年学生对社会主义核心价值体系形成潜移默化的思想认同。在思想教育开展上，团支部总是站在第一线，当同学出现困惑迷茫时，团支部总是第一时间发现。所以，团支部是思想引领的先遣队。

这支先遣队以先进的思想吸引和凝聚青年。以 2006 级机械工程系机 62 团支部为例，他们坚持思想引领为先，积极倡导并实践"关注社会热点，聚焦国内外时事，培养国家主人翁意识"。采取周负责制，每周由党课小组成员轮流制作《一周国内外新闻集萃》，发给班级每个同学。一位同学在后来谈道："我在这一活动中了解了社会动态，间接参政议政，感受到共和国的脉搏；我与祖国同呼吸共命运，逐渐明白作为当代青年人的历史使命，那就是以中华富强为己任。"

这支先遣队中，党员发挥着核心作用。党员群体一方面在日常的学习生活中以言行带动普通同学向党靠拢，也带头开展的党团活动，成为集体建设的思想核心和战斗堡垒。譬如 2007 级计 70 团支部与计 72 团支部的党员，带动党课学习小组,以理论学习、热点讨论、组内辩论、支教实践为载体,号召两个支部的同学做一个有理想、有责任的青年。又如2006级国防班兵六团支部党员,他们在党的十七大召开期间,特意请来人大代表青海大学副校长格日力教授与全校同学进行面对面交流。大家从格日力教授的成长经历中,被他对党、对国家、对人民的热爱和感激之情打动。

这支先遣队为同学解除迷茫,排解郁闷。青年时代是人生成长的不稳定期,学习科研的压力、对未来选择的迷茫都会给同学造成郁闷的情绪。在不良情绪出现的第一时间,集体中的成员便通过互相倾诉,或寻求班主任、带班辅导员的帮助来解除迷茫,排解郁闷。材料系材博08就不定期举办的"说出你的郁闷"活动,让同学们诉说烦恼,大家一起分担,帮助他们甩掉思想包袱,回归自我。用他们自己的话说,就是只要我们怀着真诚的心,依靠有效的组织,运用得当的工作方法,就能够帮助集体中的每一个人战胜困难、摆脱彷徨。

(二)团队意识的大熔炉

在团支部中,青年学生进行着最基本的人际交往,完成对自己的重新认识与定位,获得自身的锻炼和成长。团支部中,由同学共同努力形成的集体文化能够带给同学集体归属感和自豪感,同学在其中感受集体对于个人的关怀和帮助,形成集体主义精神和大局观念,形成团队意识,并锻炼培养自身团队合作能力。

这只大熔炉给予同学家的温馨。对于大部分青年大学生,大学是他们第一次离开家的怀抱,来到一个陌生的环境学习生活,困惑、失落、孤独总是不可避免的。团支部能够成为他们交流、依靠的"家",给予身在其中的每一个同学温馨与真情。2006级工61团支部的班级日记就非常具有代表性,在班级日志中,有同学的病情报告,也有同学的学习心得,有同学在班级出游后的欢乐,也有同学在男女生节中的感动,有同学受挫时的难过,也有同学成功答辩后的喜悦,一本小小的日志,却显现出工61团支部家的温馨。

这只大熔炉培养同学的团队意识,锻炼同学的合作能力,培养同学的集体主义精神。班级活动需要大家的共同组织和参与,集体的构建需要大家的共同付出,正是在这种共同组织、共同参与、共同付出当中,支部成员增强了团队合作意识和集体主义精神。

（三）学习科研的助推器

学生以学习为本，有强烈的学习知识需求。团支部中，成员间的互相激励、互相影响，支部采取的学风建设措施，以及优秀同学的带动作用、对落后的同学帮助等，对青年学生的学习起到了良好的促进作用。

这个助推器能够自发形成优良学风的约束。以环境系环82团支部为例，他们成立学习小组，每周定期组织集体自习，进行组内讨论，总结当周所学内容，并由学委汇总；制定个人自习时间表，每周统计个人自习时间并在班内公布；建立了一套学风预警机制，当同学出现学习状态欠佳时，及时与之沟通，共同为其分析原因，时刻保持每一个同学良好的学习状态，不让任何一个同学掉队。

这个助推器为专业学习匹配各类学习资源。团支部能够帮助成员更好地共享学习资料，实现学习资源的高效配置。例如2008级精81团支部定期开展学习交流会上，班委邀请老师、助教、学长一起来分享经验、答疑解惑、探讨专业问题，及时地帮助同学们解决出现的问题；课代表牵头收集参考资料，发放全班同学。

这个助推器还体现为成员间的互相激励、互相帮助、先进带后进。例如自64团支部，每一个成绩较差的同学都有一个成绩较好的同学做帮手，在《计算机语言与程序设计》的期中考试中，有些同学没能及格，成绩较好的同学马上为他们进行补习，给他们专门讲解编程中最难的Debug操作，帮他们检查作业。期末考试时，这些同学的成绩提高了很多。有一名女生由于空间想象能力不强，《工程图学基础》学得不太好，同寝室的其他几名女生就将火腿肠切成一个个的模型，帮助她理解空间结构。

（四）全面发展的试金石

当代青年学生注重自身全面素质的培养。以团支部为载体的文艺活动、体育活动、实践教育、志愿服务、社工锻炼为同学全面素质的培养提供丰富的资源，服务同学的成长成才。很多同学在团支部里第一次参与课外活动，很多同学在团支部里最早发现了自己的特长。

这块试金石带给同学兴趣的发现。班团活动是清华学生接触最多的活动，而丰富多彩的班团活动带给同学发现自身兴趣的机会。有一名校辩论队的同学这样告诉我："我在高中的时候很内向,我的第一次辩论就是在大学参加团支部的一次团日,还是被动员了很久才上的,没想到那次我发现了自己原来很喜欢在辩论中获取思想的碰撞,后来一步一步,成为了校辩论队的选手。"

这块试金石带给同学能力的培养。兵六团支部汪博炜同学在入校时很腼腆,不善于言谈。但在大三时,他担任班长,承担起了不少奖项的答辩活动。于是,同学们会经常看见博炜在宿舍客厅一遍遍排练 PPT,掐时间、控语速、并配合音乐调整自己的语调,一次次地练习,一次次地提高,到后来,每次答辩都能取得优异的成绩,同学也见证了一个"沉默男孩"向一个"答辩高手"的转变,甚至送给了他"答辩小王子"的绰号。

四、展望未来,我们信心满怀

"从我做起,从现在做起"——这是三十年前的化 72 喊出的时代最强音,"未来有我,请祖国放心",这是现在的化 72 喊出的真实心声。我的思绪又回到了舞台上,这是一个团支部为我们展示着他们的风采,更是现在清华整个团支部、整个青年学生的风采。清华同学热爱他们的班团集体,奉献他们的集体,他们在集体中成长成才。

回首昨天的辉煌,我们依然激情澎湃;展望明天的荣光,我们更加信心满怀。思想引领的先遣队、团队意识的大熔炉、学习科研的助推器、全面发展的试金石。团支部过去是、现在是、将来也一定是青年学生成长的沃土。我坚定地相信,在大家共同的努力下,我校的团支部建设一定能够再上新的台阶,更多的青年学生能够在这个集体中成长成才。

创建优良学风集体，深入持久地
营造优良学风

——优良学风班建设 20 年回顾

顾　佩　李向荣[①]

　　班级是学校的"基本细胞"，只有培养好这个基本细胞，整个学校才会有健康的机体。以班级为单位，通过集体的作用营造优良学风，并在校园里开展创建"优良学风班"活动，从而将学风建设的工作落实到了班级。这一活动调动了学生内在的积极性，取得了良好的效果。

一、学风建设以班集体建设为主

　　创建"优良学风班"是清华大学于 1990 年在全国率先提出的。

　　1985 年前后，由于"读书无用"论、"60 分万岁"、"厌学"等一些不良风气和思想的冲击，学风滑坡问题严重困扰着高等学校。在这种情况下，学校适时采取了一些措施加强教学管理，稳定教学秩序，虽取得了一定成效，但是被动防范的局面没有彻底改变，找到一种调动学生自身积极性促进优良学风的好办法的需求迫在眉睫。

　　1990 年起，全国上下加强社会主义精神文明建设，社会风气日益好转。全国大气候的改善给学校的学风建设带来了新的机遇。学校抓住契机，因势利导地推动学风建设，于 1990 年在全校范围内表彰了 20 个学风比较好的班级。

　　作为学校的四项基本建设之一，学风建设的关键是要落实到每个班级。在创建"优良学风班"活动中，学校进一步明确了全校学风建设工作的指导思想：

[①]　顾佩，清华大学教务处副处长；李向荣，清华大学教务处教师。

第一，要重视学风建设。培养优良学风是一门没有列入教学计划的"必修课程"，这门课程不及格就不能算是一个合格的毕业生。"知识、能力、学风"对学生今后事业的成功和健康成长具有不可分割的重要意义，因此培养优良学风应该成为学校教育教学工作的基本要求。学校的教学工作要一手抓"教"，一手抓"学"，通过课程建设抓"教"，通过学风建设抓"学"。

第二，学风建设要落实到班级。学风是一种氛围，是一种群体行为。一个班集体的风气，对世界观正处于形成过程中的青年学生有着潜移默化的影响力。只有一个集体有了良好的班风和学风，集体中的每个个人才能确立正确的学习目的、端正的学习态度和严谨、勤奋的学习风气。

第三，学风要重在建设，特别是重在思想建设。学风建设的思路要从以"管"为主转变为以"建"为主，充分调动广大学生的内在积极性。

1990年1月，在化学工程系、电机工程系试点的基础上，学校学生工作指导委员会正式决定，在全校范围内开展建设和评选"优良学风班"活动，强调学风建设要落实到班，以评促建、重在建设，要调动学生自身积极性，自下而上，人人争相为学风建设作贡献，班班为争取优良学风班而努力，构建强大的舆论和抵制不良风气的自我约束机制。

二、班级建设骨干带头，人人争先、共同进步

学风建设要着眼于班级的整体建设。班级学风建设能够最大限度地发挥组织优势，依托班集体的影响力，使全体同学有一个共同的奋斗目标，大家相互关心、相互督促、相互帮助。有的班级提出"集体带个人，团队磨精品"，通过"一帮一"的方式更好地关心和帮助学习成绩较差的同学。有的班级针对个别同学存在上课迟到、抄袭作业的不良现象，采取了一些行之有效的措施。如新闻学院新闻61班成立了由班长、团支书、学习委员等班级骨干组成的学风监督小组，并制定了《清华大学新闻61班学风建设公约》，《公约》包括课堂、自习、电脑、宿舍、信息披露等内容，详细规定了杜绝迟到早退、合理作息、理性面对网络、自习最佳时间等具体细则，班级每个同学都在《公约》上签名。对违反公约的同学，采取口头指出等方式督促其及时改正；对屡犯者重点说服，帮助其解决困难。

　　班级建设也离不开班级骨干的带头作用。有的班级将"精益求精、追求卓越"作为班级学风建设的"桨"，班级同学在学习委员等干部的组织带动下，形成了对学业不懈追求、携手并肩、共同进步的班级学习风貌。

　　"依靠集体力量不让一个人掉队"，不少班级在班级学风建设中喊出了这样的誓言。学习的路上，任何人都需要伙伴。当你为某个难题疑惑时，会有人主动与你讨论探索；当你暂时迷恋于网络时，会有人站出来提醒督促；当你为成绩的不如意而唉声叹气时，会有人给你支持鼓励。"在求学的道路上，不会让任何一个班级成员掉队"电子系国防班无61班就是这样的班级。他们在班主任——学校优秀班主任奖获得者王侠老师的带领下，通过班级每个同学的不懈努力，用实际行动践行着自己的誓言。同学们在学习的过程中，逐渐养成了不怕吃苦的学习心态，一丝不苟的学习精神。班里同学的平均学习成绩也从全年级十个班的最后一位上升到了前三名，连续两年被评为校级优良学风班。

　　学分制的推行使同学们"同班不同堂"，班级学风建设需要新的推进器。为了做好学分制下的学风建设，学校大幅减少课程学分数的要求，给同学更多选课、选专业和自主安排学业的空间。同学自主学习空间的增加使学校的各种科技赛事更加丰富多彩。很多班级抓住了这个契机，将科技创新作为班级"凝结核"，通过多样化的科技创新活动，让有共同兴趣爱好的同学组成各具特色的小组，大家一起求同存异，充分地交流分享，在共同进步的同时，每个人又得到了个性化的发展。实践证明，这种在集体建设时使每个人的特长得到充分发挥的做法，非但没有使集体受到削弱，反而进一步促进了整个班级的发展。

三、评建结合，以评促建，重在建设

　　学校建设和评选优良学风班的决定在全校学生中引起了广泛的响应，广大同学认为"学校开展建设和评选优良学风班的活动与我们的愿望相符"。如计算机系在1990年年底提出"创建优良学风年级"，并向全校发出倡议，希望全体同学将"创优"活动深入持久地开展下去，以优异的成绩和优良的学风向建校80周年献礼。

　　学校的优良学风班建设已形成了"申请——建设——评选"的规范化制度。

虽然评选过程也是促进优良学风的一项有力措施,但关键是班集体的建设。在班级学风建设过程中,需要注意处理好评选与建设的关系,把评选作为建设中的一环,通过评选这个手段让学生在这一过程中进行自我教育、自我建设。一些班级以抓思想建设为主,通过解决思想问题,帮助同学树立正确的世界观、人生观、价值观。正如不少班干部说:正确的学习目的是培养人的根本,没有端正的学习目的,学风建设不能持久,学习动力就会不足。各院系也通过制定本院系学风建设规划、建立系主任和党委书记联系班级制度、开展班级年级竞赛、班班制定优良学风班建设计划、花大力气抓差班的工作等举措扎扎实实推进班级学风建设。

2000年11月,学校召开第21次教育工作讨论会,确立了教育教学改革的思路,提出构筑世界一流大学的人才培养体系,在本科阶段实施"通识教育基础上的宽口径专业教育",本科总学分调整为170学分,在院一级设立基础平台课程……学分制的进一步完善使学生选课自由度继续增大,一人一张课表,这在客观上要求班级学风建设需要工作重心下移。"离课不离班",将班级学风培养贯穿在各项活动中,加强低年级的班级建设成为工作重点。在评选上,更加注重班级学风整体水平和对班级学生参与程度及效果的考察,提出更加明确的评选指标——"一学年内无一人违纪受处分、无抄袭作业情况、基本没有掉队同学、学习效果显著,不及格人数不超过班级人数的7%"。2002年4月,顾秉林副校长作了《促"优良学风班"的建设让"严谨、勤奋、求实、创新"学风发扬光大》的报告。2002年8月校务会议讨论通过的《清华大学2001—2005年教育改革与发展纲要》提出:加强思想道德教育、把校风和学风建设纳入世界一流大学建设,将学校的学风建设推向了新的高度。

经过20年坚持不懈的班级学风建设,截至2010年,全校共涌现出校级优良学风班1107个,学风进步显著班69个。这些班级为弘扬清华大学的优良学风、校风做出了突出贡献。校"优良学风班"精仪系光6班对班级学风建设的总结道出了优良学风班成长的共同特点:由于学习目的抓了一个"明"字,学习态度抓了一个"正"字,学习纪律抓了一个"严"字,学习效果才体现了一个"好"字。

清华大学 "先进集体" 评选制度的历史发展

——20 世纪五六十年代大学生思想政治工作的一项探索

刘惠莉①

　　"先进集体"评选制度是清华大学于 1954 年首创的一项学生班集体奖励制度。实践证明,它对培养学生德、智、体全面发展,培养学生的集体主义精神和爱国主义精神,培育良好的学风、校风,都发挥了积极作用。评选、表彰"先进集体"是高校加强学生管理、开展思想政治教育的一项行之有效的制度,已经成为各高校的一项常规奖励制度。本文拟通过对 50 多年前清华大学创建"先进集体"评选制度以及这一制度发展历程的考察,揭示新中国成立初期清华大学为贯彻党的教育方针,在学生思想政治教育工作方面进行的积极探索,以期为新时期的学生思想政治工作提供启示。

一、"先进集体"评选制度的创立与推广

　　1952 年 ,全国高等院校调整以后,清华大学由一所综合性大学调整为多科性工业大学。为了适应国家大规模经济建设的需要,实现为国家培养"才德兼备、体魄强健"的全面发展人才的目标,清华大学贯彻党中央关于学习苏联教育先进经验的方针,根据"学习苏联先进经验并与中国实际相结合"的原则,以教学改 革作为全校各项工作的重心,在教学制度、内容、方法和组织等方面进行了一

---

　　①　刘惠莉,清华大学校史研究室教师。

系列的改革和探索。

"先进集体"评选制度,就是清华大学团委和学校行政在学生思想政治教育方面进行的一种积极探索。1954年1月,清华校团委对于半年来在围绕争取"三好"、各方面表现突出的测专四二班、建五班等四个支部开展思想政治教育工作的经验进行了总结,认为经验典型,宜于在全校推广。2月,在二三年级团支部干部学习会上予以介绍。与此同,学校行政公布了1954年度下学期《学生政治工作计划》。该计划提出:要使"思想教育工作更加广泛和深入,并应注意积累经验,培养骨干,使各班工作发展渐趋平衡",并确定了本学期应着重在爱国主义、热爱劳动、集体主义方面进行教育,同时还提出研究建立奖惩等制度,进一步"巩固与提高学习的自觉性"。此后,评选"先进集体"成为清华大学组织、动员学生的重要措施,并逐渐形成了一项长期坚持的重要制度,而且在许多高校得到推广。这一制度从最初的倡议到大规模的推广经历了三个阶段。

1. 第一个"先进集体"的产生

据当时的材料介绍,由于测专四二班在半年多来,"按照毛主席'身体好、学习好、工作好'的指示","在学习、体育文化活动、政治工作方面都获得了优秀的成绩,使全班成为一个全面发展的、先进的集体",1954年3月8日,在校团委的建议下,清华校务委员会通过了表扬测专四二班的决议,决定授予该班"先进集体"称号。这是清华大学学生中评选出来的第一个"先进集体",在全校学生中引起极大反响。3月9日,校报《新清华》发表社评《学习测专同学争取成为先进的集体》,并专版介绍测专四二班的事迹和成长过程。在随后召开的清华大学第十届学代会上,对测专四二班予以专门表彰。自3月23日起,《新清华》开辟"争取成为先进的集体"专栏,开始"经常报道各班学习测专四二争取成为先进集体的情况,集体生活中的新事物,或存在的问题与缺点等"。

在学校行政的肯定与支持下,在校团委的大力提倡与推动下,清华大学掀起学习测专四二班、争取成为"先进集体"的热潮,动员、带领全班同学争取成为"先进集体"成为许多班级团支部深入开展工作的一个突破口。

2. 表彰"先进集体"制度化

1954年5月4日,《清华大学优秀学生奖励办法》在《新清华》正式公布。该办法把奖励分为个人与集体两项,并提出了各项奖励的具体标准。其中个人奖励有:学习优良奖状、优秀学生奖学金、优秀毕业生及体育锻炼单项奖励。这些奖项对个人学习成绩、体育锻炼达标都定出了明确指标;集体奖励有:授予"先进集体"称号,对全班同学学习成绩、劳卫制测验达标、各项群众性活动等方面有较高的要求,但未设立具体指标。新出台的《奖励办法》要求严格,标准灵活,兼顾个人优秀与集体先进,应该说,是一项考虑比较全面的奖励制度。对此,《新清华》社论指出:"《优秀学生奖励办法》具体地贯彻了培养全面发展的社会主义工业建设干部的方针,体现了毛主席'三好'指示的原则精神。"

同年 8 月 22 日,清华大学第一次在毕业典礼上对优秀毕业生和"先进集体"进行奖励,有 8 个毕业班获得"先进集体"称号(包括第一个"先进集体"测专四二班)。在隆重的毕业典礼和颁奖仪式上,校领导号召全校同学向这些优秀班集体和个人学习,并争取自己班级成为先进的集体。8 月 25 日,《新清华》社论发出《大家都争取成为先进集体》的倡议,希望"青年团的每个支部,应当把争取本班成为先进的集体视为青年团工作的重要任务。要明确认识先进的集体是一种有力的组织形式:通过它来充分发挥广大同学的主动积极热情,加强集体的荣誉感和责任感,更好地贯彻毛主席'三好'的指示,培养全班同学成为全面发展的社会主义的建设干部"。9 月 27 日,在新学年第一次校务委员会上通过优秀学生奖励名单,其中又有 8 个班获得"先进集体"称号。

1954 年 9 月初召开的清华大学青年团第二届代表大会,把"全校青年动员起来保证教学任务争取成为先进集体"醒目的标语悬挂在会场。在会上,校长蒋南翔作了长篇讲话,对"先进集体"制度予以充分肯定和高度评价,对这次会议的决议产生了重大影响。在这次会议通过的关于今后青年团工作的决议中写道:"创造和推广了'争取成为先进集体'这一经验,这是全面推动团的工作前进的重要环节,应在今后抓紧进一步地推广。"

1955 年 3 月 8 日,清华大学校务委员会通过决议,授予 41 个班"先进集体"的称号,并且决定在图书馆入门处设立光荣台,将 41 个先进集体班的名称发表在光荣台上,并在随后召开的第 11 届学生代表大会上进行了表彰。

1956 年 2 月 16 日,青年团清华大学第三次代表大会召开。这次大会恰逢党中央提出"向科学进军"的号召不久,因此它确定了今后"团的工作"的努力方向是:"应该把教育和帮助同学向科学进军,提高学习质量和加强社会主义思想教育、把先进集体水平提高一步作为今后工作的中心,并把二者密切结合起来。"
4月3日,清华大学校务委员会扩大会议修正通过了《清华大学优秀学生及班级
奖励办法》。除了对优秀学生进行奖励外,对于班集体奖励分为"一级先进集体、
二级先进集体、优秀毕业班"等称号。修改后的《奖励办法》,对政治、业务和体育
锻炼等标准都比两年前《奖励办法》有了显著的提高。虽然没有具体的指标,但
在学习方面,不但要求成绩较好,而且更加强调全班"形成良好的风气";在体育
锻炼方面,更加强调"注意提高运动水平";在社会活动方面,强调在积极参加重
要社会活动的同时,要"能帮助同学做到全面发展和培养个性特长"。

　　从以上论述中可以看出,自1954年3月校务委员会表扬第一个"先进集体"
到正式颁布《清华大学优秀学生奖励办法》,再到1956年重新修订颁布《清华大
学优秀学生及班级奖励办法》,评选、奖励"先进集体"已经形成比较完善的制度。
在这两年的时间里,清华大学党委、行政、团委,都把动员、号召全校同学争取成
为"先进集体"作为进行学生思想政治工作的一个重要方法和组织形式。"先进
集体"奖励制度在鼓励同学积极向上、争取先进、努力做到全面发展方面取得了
明显的效果。

3. 作为经验走出校门

　　清华大学评选"先进集体"的做法,很快引起了上级部门和社会各界的反响
与重视。1954年11月,为了进一步了解清华大学的具体情况,总结和交流工作
经验,帮助改进工作,高等教育部组成检查工作组,以教学工作及教学工作的组
织领导为重点,对清华大学的行政、科研、教学、师资培养、政治教育及学生工作
等方面进行了全面检查。其中对于清华大学对学生进行思想政治教育的方式、
方法尤为重视,重点研究了"先进集体"奖励办法的经验。从后来反馈回来的《高
教部关于检查清华大学工作的报告》中可以看出,高教部对于清华大学在学生工
作方面取得的成绩表示肯定,认为清华大学"注意了贯彻'三好'和培养学生成为
全面发展的具有较高科学水平及共产主义觉悟的工程师的方针";能够"着重总
结典型经验,用种种个人和集体奖励与表扬的办法,鼓励大家积极向上。特别是
表扬'先进集体'的方法在学生中起了较好的作用","目前除发现个别落后同学
感到有些压力,个别班有形式主义的毛病外,一般效果是好的"。

　　与此同时,青年团北京市委对清华大学评选"先进集体"的做法表示了浓厚

的兴趣,积极支持和推广这一新颖的工作方式。1954 年12 月,团市委常委会决定派专人协助清华大学团委进一步总结"先进集体"的工作经验。1955 年 1 月29 日,青年团北京市委以清华大学建立"先进集体"制度为范例,向中共北京市委和团中央提出《青年团北京市委关于在高等学校学生中建立"先进集体"的请示报告》。在请示报告中,团市委介绍了清华大学建立"先进集体"制度的经过和效果,指出:"经验证明,'建立先进集体'是团组织在学生工作中的一项很好的工作方法和组织形式,是以先进带动落后、领导与群众相结合的重要方式。清华大学的这个经验我们认为是成功的。"鉴于北京大学在1954 年 5 月已表扬过两个模范班,起了很好的作用;还有一些高校正在准备表扬一些先进的班级,并且由校行政颁布了奖励先进班条例,因此,该报告提出"建立'先进集体'的经验是可以逐步在全市各高等学校中推广"的建议。

为了进一步推广清华大学的经验,在 1955 年 4 月高教部召开的高等工业院校、综合大学院校长座谈会上,清华大学校长蒋南翔作了《清华大学怎样执行"培养学生全面发展"的教育方针》的发言,其中专门介绍了清华大学在学生工作中,"'先进集体'的产生以及这一组织形式对于同学们所产生的巨大的自我教育作用"。

正是在清华大学的示范作用和上级主管部门的倡导下,1954 年上半年,随着清华、北大相继表彰"先进集体"班级以后,北京市和全国其他一些高校也开始实行奖励"先进集体"的制度,专门制订了相关的奖励条例,奖励的班级数量也在不断增加。据不完全统计,截止到1955 年 8 月,全国共有四十多所高校实行了这种奖励制度。

二、对"先进集体"评选制度的讨论与完善

对于新中国成立初期的中国高等教育界来说,如何建立适合中国国情的高等教育体系,如何更快更好地为国家培养和输送德、智、体全面发展的建设人才,一切都在探索之中。不断探索、修正、再探索,是 20 世纪 50 年代中国高等教育体系在建立过程中的普遍特点。同样,学生思想政治工作也是一项全新的课题。在当时,各高校还没有设立专门从事学生工作的机构,学生工作是在学校党委和

政治辅导处领导下,主要由青年团承担。随着学校规模的日益扩大,团组织的规模也在日益扩大。面对全校一两百个班级和团支部,他们要在正常的政治课堂教育以外,结合青年学生的特点,承担起思想政治工作,其工作量之大、难度之大是前所未有的。开展评选"先进集体"活动,是广泛调动学生自觉性、主动性,促进学生积极向上、努力进步、争取先进的组织活动形式,为学生思想政治教育找到了一种有效的方式、方法。像所有新生事物一样,"先进集体"评选制度在具体实施、操作过程中也出现了一些缺点和问题。这些缺点和问题,由于和当时教学改革过程中产生的一些问题纠结在一起而被放大,以致引发了1956年在教育界,主要是高教领域,对于在高校中是否应该实行"先进集体"奖励制度的大讨论。

事实上,在清华大学和一些高校实行"先进集体"奖励制度不久,这种争论就已出现。由于当时尚在开始推广的初期,其中利弊得失还有待观察,反对和争论的意见只在局部范围有所反映。从1955年下半年起,这种争论和反对的意见日趋激烈,终于在1956年引起了全国范围内的讨论,"先进集体"制度是否影响了学生个性的发展、是否违背了教育规律,在高校中是否该继续推行"先进集体"制度,成为争论的焦点。一些重要报刊,如《人民日报》、《光明日报》、《北京日报》参与、组织了这场讨论。中宣部学校教育处、团中央、高教部、青年团北京市委等相关上级主管部门对此问题的争论也很激烈。

应当说,各大报刊围绕"先进集体"制度问题展开的热烈讨论,也是当时教育主管部门不同意见的反映。几乎与报刊媒体讨论的同时,高教部、中宣部、团中央、青年团北京市委等一些上级主管部门,针对这一问题,组织高等院校领导、青年团负责人开会讨论,研究对策。而在讨论中,各部门之间也出现了一些激烈的争论。

对于推广"先进集体"制度,上级主管部门的基本态度是:高教部政治教育司、中宣部学校教育处等持否定和反对的态度;北京市委、北京团市委则一直持肯定和支持的态度。

北京团市委早在1955年1月,在向北京市委、团中央提出的《请示报告》中建议"逐步在全市高等学校中推广先进集体"的评选;而在推广过程中,面对反对和质疑的声音,它又于1955年12月再次向北京市委和团中央提交了《青年团北京市委关于北京市高等学校表扬"先进班"工作的报告》,认为"表扬'先进班'的工作是学校行政贯彻执行毛主席'三好'指示,推动学生全面发展的重要方法",

对"改进班级团支部工作方面起了显著的作用",并在报告中对进一步完善此项制度提出许多具体的、建设性意见。

1956年,随着在全国范围高教领域内开展对评选"先进集体"制度的讨论,反对"先进集体"制度的意见也日益增多,为此,1956年7月初高教部、团中央作出了《关于高等学校评奖"先进集体"制度问题的调查报告》(修正稿);7月4日,团中央书记处召开扩大会议,专门讨论此项报告,高教部政教司、北京团市委列席参加了此次讨论。该报告指出:"从评选'先进集体'的根本性质来看,它实质上是一种包括学习、思想政治教育、社会活动、身体锻炼等各个方面的全面的和集体的竞争制度。它本身违反了在学习上和思想政治教育上不能开展集体竞赛的客观规律;违反了教育学原理,平均主义地要求学生先进。"因此,弊端很多,"建议予以停止实行"。同时,鉴于评选"先进集体"制度在群众中已有广泛的影响,为了不引起思想上的混乱、打击群众的积极性,建议"一方面在步骤上要采取逐步收缩的方针;另一方面,还应该通过各种方式继续加强学生的思想政治教育,并用其他多种分工作奖励的办法,来逐步取代'先进集体'制度"。

对此意见,列席参加讨论的北京团市委并不赞同,提出了如下意见:第一,目前学校中的主要问题并不是先进班的问题。某些教学制度不合理、教育思想不明确等,才是迫切需要解决的主要问题。第二,表扬先进班是一种工作方法,并不是方针原则问题,也不能在先进班和"全面竞赛制度"、"学习竞赛"之间画一个等号。第三,对先进班的作用和缺点要有客观、公正的分析,要有历史观点,而"把一切缺点都归罪先进班,把本来不是先进班的罪过也硬加在它的身上是不公平的,对工作也是不利的"。第四,提出解决办法:对错误的要批判,对缺点要改正,对积极的保留和发扬。希望能够积极正面引导,允许各校按实际情况来决定;但不宜简单地宣布一律"予以停止实行"。

同年8月3日,在中共北京市第二次党代会上,蒋南翔、杨述、宋硕在会上作了《关于高等教育工作中的几个问题》的发言,在谈到加强学生工作时,专门谈到"先进集体"制度的问题,再次重申了上述观点,并提出:既有不同的认识,不必忙于作出结论,可以留待以后再行研究解决,并认为"实践是检验真理的最高标准",对"先进集体"制度也应如此。

从上面所引材料即可看出,身为清华大学校长的蒋南翔并不赞同否定和停止"先进集体"评选制度。他的这种态度,一定程度上主导和决定了当时清华大学对评选"先进集体"制度所采取的积极措施与政策。

当时,媒体关于"先进集体"制度问题展开的热烈讨论,也引起了清华大学师生的极大关注。为了全面认识"先进集体"的利弊得失,评判其有无存在的必要,校报《新清华》自 7 月 10 日开始,连续刊登讨论文章,希望通过师生们的自由讨论,进一步改进和提高学校的学生工作。据统计,在七八月间(中间放暑假),《新清华》集中刊登了 18 篇讨论文章。参与讨论的有校、系级团干部,有曾当选过"先进集体"班级的成员,也有普通学生,还有参加工作不久的助教。从观点来看,基本上分为赞成、坚决反对、希望随着形势的发展进一步改进三种情况。这些不同意见,都是作者从亲身感受和实际经历中得出的结论。综合起来看,除少数观点偏激者外,不论是赞成者,还是反对者、希望改进者,大家都承认"先进集体"制度在培养学生集体主义观念、增强集体荣誉感、增强组织性、纪律性、激发学习热情方面发挥过积极作用,认为集体主义精神仍应该继续发扬,好的集体仍可以奖励;也都承认在执行的过程中,它也有许多值得改进的地方,如固定的、制度化的评选标准、一些班级在课外活动上过分强调集体、工作方法不够细致、形式主义倾向等。

作为首创和最先实行"先进集体"制度的学校,面对全国高教领域开展的激烈争论,以及一些上级部门的反对和全盘否定意见,清华大学行政部门和党委对"先进集体"制度始终有一个基本的认识,即它在学生思想政治教育方面能够发挥重要作用,是学生工作的重要内容之一;它的一些缺点,属于方法性问题,而非原则性错误,这些缺点在实践中是能够纠正和克服的。9 月 14 日,校党委召开学生干部座谈会,校长蒋南翔在会上提到了如何看待"先进集体"制度以及围绕它展开的争论。他认为,这个制度有缺点,要修改;但可以先不作结论,还是由实践来考察。对于这场讨论,他希望清华大学的团干部一方面能冷静分析是非,另一方面也要有虚心接受的态度,以利于继续发扬"先进集体"制度的优点,克服缺点,改进学生工作。他提出清华大学仍然可以独立实践,有错误可以不断改正。

正是基于这样的认识,清华大学没有停止评选"先进集体"的做法,而是继续坚持和保留了这一制度。据考察,除 1957 年因受反右运动影响未评选外,从 1958 年开始,清华大学每学年仍然定期评选"先进集体",奖励各项优秀学生。

同时,在后来的历年评选中,注意吸取了 1956 年讨论中提出的一些批评与改进的意见,逐渐淡化或避免了制订硬性指标、追求运动式的轰轰烈烈效果等缺点,在实践中逐渐完善了"先进集体"评选制度。

1963 年 4 月举行的共青团清华大学第七次代表大会上,清华大学团委又提出了全校同学争创新的"先进集体"——四好班"思想好、学习好、劳动好、身体好"的号召。校团委副书记方惠坚、谭浩强作了《总结经验,学习先进,为创造更多的"四好班"而努力》的讲话。他们强调在争创"四好班"过程中应该遵循的一些基本原则:"创造'四好'班是一个长期的、经常的、点点滴滴的、艰苦细致的工作过程。必须从班级实际情况出发,发挥团支部的核心作用,团结好全班同学,脚踏实地地、循序渐进地做好工作。在工作中一定要注意一些问题,例如:不要形式模仿,搞形式主义的活动;不要搞评比、竞赛、挑战、应战;不要搞学习成绩竞赛及搞分数指标评比;不要评比党、团员比例和申请入党入团人数;不要在课外文体、民兵等活动中比指标和事事集体、强求一律;不要乱提新口号;不要以创造'四好'班为名,给同学扣帽子;不要歧视班上思想、学习、身体较差的同学;不要浮夸吹牛,隐瞒缺点,假报成绩;不要简单化硬性规定人人争取,班班争取。"在闭幕会上,校长蒋南翔也强调指出:"搞'四好班',不能采取突击方式,而是持续不断、长期努力的过程","我们应该承认同学的兴趣和爱好是有差异的,要允许他们在各方面充分得到发展。"不难看出,对于在 1956 年讨论中大家曾经指出和批评的一些缺点,在这次团代会主题报告中一一列为必须注意避免的基本原则。可见,在实践和不断探中,"先进集体"评选制度得到了不断的完善和发展。这一制度在不同形势下被不断赋予新的内容和新的形式,今天,在清华大学的学生思想政治教育方面仍继续发挥着重要作用。

三、"先进集体"评选制度的历史作用和意义

"先进集体"评选制度从创立、推广、质疑到坚持下来的过程,反映了20世纪五六十年代清华大学在学生思想政治工作方面进行的有益探索。新中国社会主义建设对"才德兼备、体魄强健"人才的急切需求以及毛泽东对青年提出的"三好"指示,是这一制度产生的内在动因。如何对学生进行爱国主义、集体主义教

育,以及确立为社会主义建设而学习的正确态度,是清华大学青年团思想政治工作所面对的全新课题。为此,清华大学通过广泛发动全校学生争取成为"先进集体"作为思想工作的突破口,并取得了积极显明的效果。"先进集体"评选制度,已成为清华大学学生思想政治工作的重要内容和组织形式,并得到上级主管部门的肯定,在全国一些高校得以推广。但是,如同任何新生事物一样,"先进集体"评选制度在推广过程中,各校由于缺乏经验,或急于求成,或采取简单化、形式主义的方法,或过高地估计了其意义,因而出现了一些偏差,产生了一些副作用。这些偏差和副作用与当时教学改革中遇到的其他问题纠结在一起,成为学校学生思想教育和管理工作中矛盾和冲突的焦点,从而引发了人们对这一制度本身的质疑和反思,并产生了激烈的争论。

在 20 世纪五六十年代,清华大学面对批评和反对意见 ,从自身实践出发,认为评选"先进集体"过程中出现的问题属于方法问题而非原则性问题,坚持不断探索与改进,通过不断反思存在的问题,总结其实施以来的经验与教训,从评选内容、评选形式和评选标准等多方面加以改进和完善,并把"先进集体"评选制度长期坚持了下来。这一制度对培养学生德、智、体全面发展,培养学生的集体主义精神和爱国主义精神,培育良好的学风、校风,都发挥了积极作用,不仅在当时产生了广泛的影响,而且对清华大学后来形成其独特的办学特色与人才培养模式,形成新的清华传统,具有深远的意义。

今天,在新的条件下,胡锦涛总书记要求学校"育人为本,德育为先"、"以理想信念教育为核心"、"以爱国主义教育为重点",中共中央、国务院《关于进一步加强和改进大学生思想政治教育的意见》,也明确要求在充分发挥课堂教学在大学生思想政治教育中的主导作用的同时,应"努力拓展新形势下大学生思想政治教育的有效途径"、"充分发挥党团组织在大学生思想政治教育中的重要作用",认为"班级是大学生的基本组织形式,是大学生自我教育、自我管理、自我服务的主要组织载体",应"着力加强班级集体建设,组织开展丰富多彩的主题班会等活动,发挥团结学生、组织学生、教育学生的职能"。应该说,党中央的这些指示是对包括清华大学在内的高校和有关组织机构长期以来在大学生思想政治工作方面探索的肯定和支持。清华大学长期以来坚持的办学思想和长期探索的这些宝贵经验,对我们加强和改进大学生思想政治工作仍将提供有益的借鉴和启迪。

班集体对个体影响的
心理机制探讨

李　焰①

清华大学有着悠久的集体建设历史。党委副书记史宗恺老师曾说,"集体主义教育是我校育人工作中的重要内容,是帮助学生形成和确立价值观的过程,是让同学们意识到:个人的成长和发展需要借助集体的力量,个体人生目标的确立需要同集体的目标结合起来,只有在集体目标达成的情况下,个人的价值才能得到充分的实现。"史宗恺老师的观点充分表明了集体中的个体目标与集体目标之间的关系。可见,集体对个体有教化的作用。集体由人组成,但并非由人组成的都称为集体。集体是由有着相互影响的人组成,而一旦被称为集体,则意味着这个群体有领袖,有成员,有共同价值,有共同目标,有共同活动,有相互影响。那么集体的共同价值、共同目标是如何形成的,集体又是通过怎样的途径或方式达到了对个体教化的目标的呢?

一、班集体的心理特征

关于班集体心理特征有诸多研究。张明明[1]认为,优秀班集体有五大特征,分别是:领导核心;长远建设规划;政治热情;集体荣誉感;规章制度。陈志沛[2]谈道,班集体有四大心理功能,分别为:心理感染功能;行为导向功能;内聚和激励功能;调整自身目标或行为的功能。李亦明[3]认为班集体的建设应该包括以下几个方面:以集体主义精神凝聚人;以正确的集体舆论引导人;以和谐的人际关系陶冶人;以科学的班级管理规范人;以干部的核心作用团结人;以班主任的

①　李焰,清华大学心理咨询中心主任。

自身形象感召人。

我们抽离出上述研究的共同要素后发现,班集体的心理特征包括:凝聚力:班级对人的吸引;归属感:人对班级的认同;共同目标:全体成员共同认同的努力方向;人际学习:集体中的成员有相似性、差异性,他们有自发的相互学习和相互影响的倾向。对四个要素解读如下:

集体的凝聚力:是指集体对其成员的吸引和成员之间的相互吸引。凝聚力是优秀集体的先决条件。如果没有了凝聚力,集体就会四分五裂,成员无法感受到充分的安全,就会有很强的防御心理,使集体工作流于表面。一个高凝聚力的团体,成员的认同感强,有强烈的归属感、责任感、荣誉感、自豪感,而且集体成员之间关系融洽和谐,有密切的情感联系,内部成员也能遵循集体的规范与目标。集体凝聚力产生于个体坦诚相待并敢于冒险,能真诚表露深藏的个人体验和苦恼,成员们经由在别人身上看到自己并认同别人而连结在一起[4]。

个体的归属感:是指个体对集体的认同,个体愿意承认自己是某个集体的成员,愿意看到集体的优点,愿意看到集体的进步,有集体的自豪感、责任感和荣誉感,愿意为集体的目标达成贡献自己的力量。个体的归属感是在集体的凝聚力产生之后出现的。

共同目标:是指集体中个体有共同认同的努力方向。当集体有了凝聚力和归属感后,个体之间会彼此开放、自由分享、互相关照,个体之间就有了一种成员之间的爱,有了一种紧密的个人关系,有了一种个体对集体的忠诚。个体之间愿意和能够达成一致,共同认定组织的目标并为之努力。

人际学习:是指在集体中个体之间相互学习的能力。人有天然的学习能力,能够使自己迅速融入一个环境。我们都听说过"入乡随俗",由此看出环境对个体的影响和制约。在一个有较强凝聚力的集体中,人们更愿意接受和认同来自其他个体的影响,人际之间的学习更容易发生,结果使个体的行为趋同。

二、影响集体形成的因素分析

人们都渴望生活在一个充满了凝聚力的集体中,但并不是每个集体建设都如人们预期的一样有凝聚力、有归属感,个体愿意为一个共同目标奋斗。是什么因素使集体建设呈现了差异呢？

集体中的领袖人物的影响。集体中的领袖人物是指集体中地位较高、影响较大的人，如班主任、辅导员、学生干部。他们的人格特质、思想境界、沟通能力会对集体建设发生重大影响。领袖人物的优秀人格特质包括有勇气，善于关爱他人，开放胸怀，对人宽厚，充满活力，有较好的自我觉察，幽默，有创造力等[5]。

集体中个体的价值观与人格特点。如果个体的价值感与领袖人物趋同或彼此之间趋同，有较高的合作意愿，喜欢、信任与尊敬集体中的领袖人物，这个集体就更容易形成。如果有个体比较沉默、不合作、攻击性比较强，或者对集体不投入，或者过多地喜欢引人注意等，集体形成相对困难。

集体的规模。集体要有个体之间的互动，所以人数众多的集体难以形成个体之间有效的连接。规模越小越容易形成高凝聚力的集体。

共同参与的重大活动。一方面，重大活动可以理解为是一种外部压力，外部压力在一定程度上会促进集体凝聚力的提高；另一方面，重大活动可以成为集体的定向，成为共同目标。每个个体分别承担一定的任务，这也会促进个体之间的交流，形成集体的责任感、荣誉感、成就感。

三、集体对个体影响的心理机制分析

跨文化的研究表明，不同文化对民众的个体道德、宗教信仰、人格发展、心理健康都有影响。企业非常重视企业文化的形成，认为企业文化对员工的心理状态有熏陶的作用。可见，环境对个体的心理影响是自然的。

华生、斯金纳、班杜拉是心理学研究中行为主义的代表，他们认为儿童的心理发展取决于客观环境的影响。华生认为人的行为和情绪是后来学习的结果，主要通过条件反射完成，教育与环境是行为发展的唯一条件；斯金纳认为人的行为形成与塑造是积极强化的结果；班杜拉认为人的行为是社会学习的结果[6]。他们理论共同的特点是否认人的意识的存在，只承认人的行为是与外界环境互动的结果。尽管弗洛伊德的精神分析理论、科尔伯格的道德阶段论、皮亚杰的心理发展观等心理学理论有不同于行为主义的对人类行为形成与发展的阐述，但是行为主义环境影响个体、个体从观察中学习的观点仍然被广泛认同。这是我们理解集体对个体心理影响的心理学理论基础。

集体不同于一般的团体或者人群环境。应该说,集体对个体的影响会更大。目前,尚没有集体对个体心理影响的直接研究。不过心理学中团体辅导的研究结果可以被借鉴到对集体的研究中。团体辅导的心理学研究相当于用实验的方式创造了一个集体。在这样的实验中,我们可以看到集体如何被形成、被发展,以及个体的行为如何改变。因此关于团体辅导的研究就可以成为我们理解集体对个体影响的重要线索。

团体辅导是在团体情境下进行的一种心理咨询形式,它是通过团体的人际交互作用,促使个体在交往中通过观察、学习、体验、认识自我、探讨自我、接纳自我,调整改善与他人的关系,学习新的态度和行为方式,以发展良好适应的助人过程。团体辅导的特点在于形成团体动力,培养成员的信任感与归属感,这与建立集体有异曲同工之妙。

多个研究表明,团体辅导(人本主义、认知行为、催眠治疗、积极心理治疗、叙事治疗等取向)能改善成员的心理健康水平,如降低焦虑、抑郁水平、提高自我接纳等、增加人际关系能力[7~10]。

亚龙(Irvin D. Yalom)在《团体治疗理论与实务》中,认为团体中存在 11 种治疗因素[11]:即找到生活的希望、将问题普遍化、传递有用的信息、帮助别人、修正自己的情感体验、获得社交技巧、体验人与人的亲密关系、人际学习、团体的凝聚、情绪宣泄、为自己的存在负责。

樊富珉的研究发现[12],团体互动的影响机制有四种。鉴于团体咨询与集体建设的共同与差异性。笔者认为如下机制可以解释集体对个体产生的影响。

成员在团体中获得感情支持。首先,情绪得到抒泄。团体辅导创造了一种被保护的环境、被理解的场所,团体成员可以将内心隐抑的消极情绪发泄出来,不但不会受到批评嘲笑,反而会得到关心与安慰。其次,成员在团体中被接纳。团队对成员表现出一种支持,使参与者感到自己是团体的一分子而感到安心、踏实、温暖、归属。

成员在团体中尝试积极的体验。首先,成员享受到亲密感。团体的凝聚力和归属感使成员之间会形成很亲密的关系,可以体会到相互关心、相互爱护、互相帮助的友好情谊,体验到亲密感。其次,增强归属感和认同感。成员明确意识到自己是团体的一员,要保持与团体一致的认识和评价,以团体为荣,爱护和保护团体的荣誉与形象。

在团体中发展适应性行为。首先,相互学习或交换经验。在团体中,成员可以近距离地观察其他成员的行为经验,彼此传递有关资料,交换各自成功的经验,提出直接的忠告与劝导。其次,尝试模仿积极行为。团体有巨大感染力,使成员的心理朝向积极方向认同。积极行为容易成为模仿的对象。最后,学习社会交往技巧。团体为成员提供了机会,让他们试验和发现自己与别人交往的能力,评价个人的人际关系情况,学习对别人的信任和对别人关爱。

四、团体辅导的心理学研究对集体建设的启示

笔者认为,能够发挥团体对个体影响的最重要的要素是团体主持人与成员一起建立了真诚、开放、多元、聆听、接纳、安全、温暖、开放、关怀的气氛。这是团体具有凝聚力和使团员有归属感的根本要素,也是集体对个体施加影响最根本的原因。这是团体辅导的心理学实验研究所给予集体建设的重要启发之一。而能够达到这样团体氛围,团体主持人需要有珍惜的、多元的、倾听的、支持的、好奇的、不价值评判的态度。这是团体辅导的心理学实验研究所给予集体建设的重要启发之二。

参 考 文 献

[1] 张明明.高校的细胞——班集体建设 ABC ,学校思想教育,1994,(6):22-23.

[2] 陈志沛.优秀班集体建设的心理学思考;现代教育科学,2007,(4):82-85.

[3] 李亦明.关于建设优秀班集体的实践与思考,南昌教育学院学报,2004,19(4):34-36.

[4] 樊富珉.团体心理咨询.北京:高等教育出版社.2005.

[5] 樊富珉.团体心理咨询.北京:高等教育出版社,2005.

[6] 王惠萍,孙宏伟.儿童发展心理学.北京:科学出版社,2010.

[7] 郑凯,何元庆.团体心理辅导改善大学生人际关系的实验研究.中国健康心理学杂志,2009,17(8):985-986.

[8] 胡义秋,谢光荣.综合性团体心理干预对大学生心理健康的影响.中国临床心理学杂志,2007,15(6):662-663.

［9］ 尚云等.人际交往团体辅导改善大学生心理健康水平的研究.中国健康心理学杂志，2005,13(5):369-371.

［10］ 陆东伟等.团体心理辅导对改善班级状况的研究.中国健康心理学杂志,2009,17(12):1459-1460.

［11］ 林孟平.小组辅导与心理治疗.上海：上海教育出版社。2005：112-161.

［12］ 樊富珉.团体咨询.北京：北京大学医学出版社.2007：39-43.

第二部分
集体建设的光荣传统

优秀集体风采展示

清华历史上第一个优秀班集体

——记清华五十年代测专四二班集体

　　他们是清华历史上第一个优秀班集体；他们按照毛主席"身体好、学习好、工作好"的指示，在学习、体育文化活动、政治工作方面都取得了优秀的成绩，使全班成为一个全面发展的优秀集体；他们在毕业后，奔赴祖国大西北二十万平方公里的黄土高原，奉献在祖国的测量事业上，他们便是清华大学五十年代涌现出的先进班集体——测专四二班。

我们是建设福音的传播者

　　测专四二团支部，在当时的条件下，注重抓住契机，以共产主义精神教育同学，开展了生动而丰富的思想教育活动。在学期开学初，他们针对班上学习高涨的热情，提醒了同学们不要光扎在书本中，国家需要的不仅仅是认真工作精密计算的干部，更是对国家测量专业有理想、有抱负、眼光远大，能把今天的学习与未来祖国的建设结合起来的干部。支部经过充分策划与准备，进行了两次组织生活。第一次谈"对测量事业的认识"。支部会决定通过苏联小说《一个伟大建设的开端》来启发大家，会前发动同志们一起准备，把这本书上有关测量员工作的段落都找出来编成一篇文章，在这次会上首先朗诵了他们的这篇"创作"。它告诉同学们：测量工作人员到一个地方时，都受到了当地人民的欢迎，因为他们总是一些新事业的先驱，是建设福音的传播者，他们的出现就意味着一座电力站、一座新城市或是一条运河建设的开始。测量员要有丰富的想象力，能够预料到未来的工厂、牧场、城市与村落；测量员要有勇敢、坚定、友爱的品质，独立工作的能力，更重要的要培养自己艰苦劳作不怕困难的品质，能够为了工作徒步走过山川河流。"建设福音的传播者"，这让同学很受启发，有同学谈道"这条路是光荣的，但只有克服了困难，对祖国有贡献时，才是最光荣的"。接下来的一次组织生活请了一名老师谈他们参加水库工程及防护林带工程测量工作的体会,老师谈到了测量员要不怕艰苦劳动,没有路要靠自己走出来;要安于平凡细小的工作;也谈到测量工作是互助的集体劳动,在工作上生活上要互相关心帮助。两次组织生活让同学们认识到测量事业和测量员应该具备的品质,增进了他们对专业的热爱,学习更起劲了,但不只是注意读书本,而是自觉地从各方面来培养自己,积极参加各种活动,蓬勃的气氛也从此充满在他们的班集体中。

这是一个温暖而严肃的集体

测专四二这个集体既温暖又严肃。他们很早就建立了团小组日记制度,记录每天团支部发生的点点事迹,也留给大家一份珍存的回忆。但有一次,这个本子上出现了一篇针对某同学的带有攻击性的批评,而且写这篇日记的同学,是一位平日与同学距离较远,不太关心支部的人。他所以这样写,是因为对方曾经在团小组日记上批评了他的缺点。支部分析了这个问题的性质和意义,并继续在团小组日记上进行展开讨论。在讨论中了解到这种对待批评与自我批评的不正确态度还是具有相当普遍性的。支部就决定结合那时学校团委会关于"青年团的性质与任务"的团课,谈一次什么是同志友谊和如何正确地对待批评与自我批评。会前让同学们读了两本书,一本是《苏联青年的革命友谊与同志爱》,一本是《把一切献给党》。会上并没有要犯错误的同学先检讨,而是先让大家弄清楚,什么是同志友谊,什么是正确的对待批评与自我批评的态度。在这里大家谈到"同志是战友,是为了共同目标而奋斗的,应该互相关心","同志的帮助是克服困难的源泉","不仅要求别人给自己友谊,而且要主动给别人友谊"。谈到同志之间是要互帮互助,相互友爱,但也要有原则、正直地对待周围同志的一言一行。这些,让那位同学认识到了自己的错误,主动自我检讨,也得到了大家真诚的帮助。通过这次组织生活,测专四二更加团结,也更加温暖。

他们热爱学习也热爱生活

每当谈到祖国的前途,谈到祖国的每一个成就时,测专四二班的同学们总是会联系到自己的学习。他们能想到,今天测量员艰苦劳动的地方,明天就会出现巨大的水库和工厂,给人民带来无限的幸福。学习的好坏直接会影响着祖国社会主义事业建设的好坏。当年的王黎学长觉得平板测量学学得不够踏实,就利用暑期的休息时间重新复习了一遍,他说:"功课学不好,将来怎么担负起祖国交给自己的重大任务?一个新中国的大学毕业生应该是能够完全独立工作的。"正是这样的精神,使得同学们热爱着学习,执着地钻研学习中的每一个问题。在最小二乘法的学习当中,王四顺同学不放过每一个困惑,不迷信书本,自己反复推演,证明书上的讲法是错误的。最小二乘法习题计算中,同学都计算两遍、三遍,因为他们知道在将来的测量工作中,错一点就会给国家带来重大的损失。

测专四二的同学不仅热爱学习,也热爱生活,用他们的话说"在今天这样一个时代里,有什么不可快乐的呢?我们的祖国有着无限美好的未来,而我们便是光荣的水手"。阅读文艺小说在测专四二已经形成了一种风气,差不多每一位同学手里都有一本小说或诗集。《远离莫斯科的地方》《金星英雄》《把一切献给党》等是他们最喜爱的读物。许多同学把小说中最爱好的章节或诗句都抄下来,时时朗诵,而朗诵也成了联欢会、组织生活中最精彩的节目。许多同学都写了很多热情的诗篇来歌颂自己的专业、生活和远大的理想。在一次联欢会上,王四顺同学朗诵了他的诗作《我是一名测量员了》,博得大家的赞赏。

这就是测专四二,一个充满理想,温暖而严肃,热爱学习热爱生活的集体。在毕业后,他们奔赴祖国大西北二十万平方公里的黄土高原,为祖国的测量事业挥洒着青春和热血。他们把自己的学习、生活、工作与祖国的命运联系在一起,践行着清华人"爱国、成才、奉献"的精神,为后来的清华人、清华班集体树立了优秀的榜样。

从我做起，从现在做起

——记 1977 级化工系化 72 班

1980 年 3 月,1977 级化 72 班同学(按习惯称为化 72 班)提出了"从我做起,从现在做起"的口号,号召青年走出迷茫与困惑,为国家现代化建设作出贡献。这个口号迅速传遍大江南北和各行各业,80 年代的新一辈开始用坚实的脚步丈量梦想和现实之间的距离。即使在今天,这句口号仍不断被人用以自勉。

历史的回忆

"这个口号是在我们读大二的时候提出来的。"清华化学工程系教授、博士生导师李继定回忆说。

这个由 35 人组织的班集体所喊出的口号,首先在清华得到共鸣,继而被《中国青年报》报道。邓小平同志看到这一口号后,在一次讲话中予以了高度肯定,由此逐渐影响了一代人。

李继定老师回忆道,那时,我们刚刚经历了"文革"十年,国门一打开,很多人发现了理想与现实的巨大差距,思想出现了空白,有一种找不到方向的感觉。"为了给大家鼓劲,辅导员谢新优和团委书记贾成玉组织了大家讨论,谈论得挺实在,也没什么高调。大家都在说困惑、说没干劲。"后来班里来自安徽的同学王文一站起来说:"总是灰心、没劲也不是办法,对大家也没任何好处,我们换一个角度,过去的都过去了,该琢磨的是现在该怎么办。"随后,王文一提出了"从我做起,从现在做起"的想法。

王文一的提议,得到了班上同学的积极响应,于是讨论的思路沿着王文一的提议继续下去,团支部也据此提出"从我做起,从现在做起,为社会主义现代化建设多作贡献"的口号,并拟定了十一条具体措施。在大家的共同努力下,化 72 班逐渐成长,获得了全国优秀班集体荣誉称号,还受到了小平同志的亲切接见。

这个口号的提出有着重要的意义。它是一个标志,标志着中国一代青年从幼稚走向了成熟;它是一个分水岭,表明中国一代精英从迷茫走向了坚定;它更是一个青春诺言,讲述30年的人生奋斗,勾画出一个人生壮歌般的图景。在这一口号的指导下,化72班的35名同学从抽象的人生思辨走向了人生实践,从课堂天地走向了自我价值和社会价值的同一化,在社会实践中去选择自我的位置,走出了不平凡的人生。

毕业分布均衡,如今成就突出

化72班与其他77、78级班级一个明显的区别在于,这个班级中同学出国的比例是最少的。在清华化工系77级的同学中,出国定居的有一半以上,而化72班的35名同学中,如今定居国外的仅有6名。自1982年毕业后,化72班的同学走出了各自不同的道路。据调查,35名同学在各行业和各区域均呈现出均衡的特征:在高校和科研机构工作的有10名,在政府机关工作的有10名,有9名在企业工作;国内的29名同学中,北京、上海的10名,其他城市的19名;出国定居的同学中,都在国外获得了博士学位。

如同社会上的认识,"文革"后的第一代大学生在各行各业都走向了领导或骨干岗位。毕业之后,他们有留校科研任教的,有出国深造的,有办公司的;他们当中,有汽车公司的一级专家,也有关税局的局长,甚至还有警督……他们从事着不同的职业,最后都在自己的岗位上干出了不平凡的业绩——在化72班,国内外的90%以上同学都当上了单位或部门的主要领导,而在研究领域的,其科研成果亦颇为丰硕。

继往开来写新篇

在"从我做起,从现在做起"口号的引领下,一代清华学子倾爱国之情,走成才之路,兴奉献之风,把"小我"融入"大我",与群众相结合,与实践相结合,以求在服务大众、奉献社会中经风历雨,成长成才。这是一种求真务实的精神,一种不唯书、不唯上、不唯他、不唯洋,只唯实,一切从实际出发,按照客观规律办事的理念。相信会有更多的清华人成为新一代的实干家,在青年时期就把自己的奋斗与国家、民族、人民的最大利益联结在一起,在孜孜实践中实现自己的人生追求,谱写清华学子"爱国、成才、奉献"的新篇章!

集体铸就的辉煌

——记 1977—1978 级建筑学院建 82 班

这是一份令所有建筑人都骄傲的辉煌！

作为建筑学院恢复高考后的第一届大学生，他们用汗水和智慧谱写出一曲动人的青春之歌，取得了令所有清华建筑人都为之骄傲与自豪的成就，在祖国的各行各业上奉献着自己的力量。建 82 班 30 多名同学来自全国 20 多个省（市、自治区），现如今大多数都在各自的岗位上担任着重要的领导角色，成为社会主义现代化建设的中坚力量。其中既有走上地方领导岗位、现任中共云浮市委书记的王蒙徽学长，又有建筑设计本专业领域的领头人、北京市建筑设计研究院第七设计所所长徐游高级工程师，也有选择留校任教、投身建筑育人行业的于学文、吕舟、徐卫国等老师。回忆起当年团支部对自己成长的影响时，曾任清华大学建筑学院学生会主席、现于建筑学院城市规划系任教的于学文老师说，清华五年的本科学习时光，是自己人生历程中极为重要的一个阶段，在建 82 团支部这个温暖、团结、向上的集体中，不仅结识了许多一生的挚友，自己的人生观和价值观也都有了很大提升。正是得益于班里每一位同学的共同努力，建筑学院 78 级二班在建筑学院的历史上留下了光辉的一页。

砖连砖成墙，瓦连瓦成房

"建筑始于两块砖被仔细地连接在一起"，这是建筑界一位鼻祖的至理名言，也是建 82 班刚入学的一次班会上，班主任老师用来形容集体力量时说的一句至今令许多人都记忆犹新的话。一块砖离开了房屋这个整体，只能成为一块砖，只有当他与其他砖瓦紧紧的咬合在一起时，才能建筑令人瞩目的高楼大厦。大学五年以来，班里大大小小无数次活动中，流淌的是同学之间真挚的感情，深入细致的情感成为团支部建设的力量之源。作为"文革"后恢复高考的第一届统招班,建 82 班是一个带有特殊历史印记的集体。建 78 级二班实际是由 1977 年入学和 1978 年入学的两届学生共同组成,由于是清华恢复正常招生后的首届学生,班里同学的年龄差异和经历也相差较大,班里最大的同学有三十岁,最小的只有十五岁。但这并没有对大家的感情建设产生影响,丰富多彩的活动点缀了82 班生活的每一天。

"为祖国健康工作五十年"是一句让每一个清华人自入校起就会牢记在心的话,也深深的印刻在 82 班同学的心里,督促大家坚持体育锻炼,积极参与体育活动。结合学校每天下午的课外锻炼时间要求,82 班从大一开始就制订了详尽的班级体育锻炼计划和奖励机制,通过集体中的相互鼓励来形成良好的热爱运动的氛围。那时,同学们除了参加学校和院里组织的体育赛事外,班里也会自发组织一些比赛活动。篮球赛、排球赛、长跑计划等参与性强的赛事和运动形式,不仅增强了大家的体质和意志力,而且也增加了班级的凝聚力,西操成为大家繁忙课业外放松身心的好去处。入学时,班里有些体质较弱的男同学,由于不爱锻炼身体而经常生病、影响了学业,班里其他同学看在眼里、急在心上,为了能够帮助他们尽快地提高身体素质,班里的其他男生在打球时都会主动叫上他们,耐心地指导动作、帮助他们树立起锻炼的信心;每逢班里举办体育赛事,班上的几名女同学一定会来加油助威,体育运动成为男女生之间共同的话题。

除了体育赛事,形式多样的文艺活动也是建 82 班同学所津津乐道的。于学文老师回忆说,那个年代由于"文革"刚结束,校园里的思想还比较保守,尤其当时的清华还是一所纯工科的大学,现在的人文学院、美术学院等文科院系都还没有兴建,尤其是当时的男女比例极为不协调,校园的人文气氛较为缺乏。建筑系由于自身艺术与科学结合的特点,思想较为活跃,积极组织了许多相关的文化活动,在一定程度上起到了提升校园文化氛围的作用。与专业结合紧密的香山写生出游活动,业务性较强的参观木材厂、三合板厂、器械加工厂等实践活动,既加深了同学们对专业学习的了解,又增进了集体内部的感情。班里的活动也不仅限于生日聚会、集体出游等形式,在那个年代还属于很前卫的班级舞会也被同学们引进来,大家在设备相对今天简陋得多的十四食堂里一起学习舞蹈、感受艺术的熏陶。

聚是一团火,散作满天星

情感建设作为班级建设的基础使建 82 班走到一起,而共同的思想追求使大家紧紧团结在党的周围。大家虽来自五湖四海，却有着共同的理想，为百废待兴的中华贡献自己的力量成为大家不约而同的理想。那时国家刚经历过十年动乱，还处在一个刚刚实施改革开放、百业待兴的发展起步阶段，人才十分匮乏，在与城市化进程密切相关的建筑业，表现得更为明显。"首要的问题是帮助同学们树立起求知成才的理想，培养爱国奉献精神，为党、国家、人民奉献自我"。20 多名党课小组成员成为班级思想建设和组织建设的核心。

由于是高考后的第一届学生，建 78 级的辅导员是从同年的 78 级同学中选拔担任的，于学文老师就是其中的一位。于老师回忆说，当时的党课小组每月都有定期的学习讨论时间，小组成员们一起学习党章、讨论时政，提高了成员们的理论知识水平。此外，课外参观历史博物馆回顾新中国成立历史的活动，使党课小组的成员们对今日来之不易的校园生活有了更深刻的理解。在一次团支部组织的香山出行活动中，建 82 班的同学们遇到了一群身着喇叭裤、听着录音机的年轻人，这样一身在今天看来平常的打扮在三十年前看却是极其古怪和不合群的，关于鼓励还是限制这种行为，同学们的意见出现了分歧，党课小组就此组织了一次讨论活动，结合当时社会上涌现的新现象大家展开了深入的探讨，看到了社会发展带给人们观念的冲击和时代的进步。

作为亲历改革开放最初时期的历史见证者，建 82 班的同学们也深受国家改革开放政策的激励。在寒暑假等时间里，除了参加学校统一组织的专业实习外，班里许多同学还到北京建筑设计院和中国建筑设计研究院中去实习，深入工地去了解建筑建造的全过程，虚心向师傅请教构造作法和施工图画法，由一开始的生疏到能独当一面，赢得了设计院的建筑师们对清华人的赞誉。聚是一团火，散是满天星，当三十名同学们毕业时，纷纷选择投身于祖国一线建设的设计行业，在祖国最需要的地方去奉献力量，在平实的工作中践行着一名清华人的本色，也在各自岗位上成就着自我。优秀集体塑造了一批优秀的人，也成就了一批优秀的事业，榜样的力量是无穷的，建 82 班不仅在建筑学院院史写下了重要一页，更成为学弟学妹们引以为豪的模范集体，那一个个优秀的学长经历被口口相传，汇聚成一汪海洋。建 82 班的学长们，用集体的力量诠释了入学时的承诺：班就是家。

在青春的家园里成长

——记 1987 级自动化系自 74 班

　　一转眼 1987 级自 74 班离开清华园已经 16 个春秋,这个曾书写辉煌历史的集体至今时常能被后继者提起,被刚入校的新同学当作榜样来学习。在自 74 五年的历史中,曾经收获北京市优良学风标兵班、清华大学甲级团支部、清华大学优良学风班、清华大学社会实践金奖等多项荣誉。而今,当年那群踌躇满志的年轻人已经在各自的领域大展宏图,他们中既涌现出专注科研的学者教授,也走出了带领企业实现跨越式发展的行业精英。每当提及今日取得的成绩,自 74 的老同学们都将其中很大一部分归功于当年在集体中学习生活的经历。让我们跟随两位自 74 人的回忆(王京春,现任自动化系副系主任;叶昊,现任自动化系过程控制研究所所长),重新领略这个无比温馨、积极向上的集体的风采。

缘来一家人,凝聚你我心

　　八十年代的自动化系本科分自动化、过程控制和检测仪表三个专业,自 74 班对应过程控制专业,来自祖国二十余个省区的 32 名同学在这个集体中共同度过了五年的光阴。自 74 班自入学以来就以其温馨的氛围让每一个集体成员充分体味到了家的感觉。集体行动、休戚与共是自 74 班最大的特色:一起爬香山,一起看电影,一起锻炼,一起献血,也一起去看北京亚运会。那个年代的生活简单质朴,大家经常面对面地沟通,心与心地交流,少了浮躁,多了真情。感情建设是自 74 班一以贯之的工作重点,班里经常组织同学们在学习之余进行各种有益身心的活动。以宿舍为单位的男生篮球联赛如火如荼,青春的汗水伴着激情挥洒。假期同学们骑着老旧的自行车去周口店,三日骑行两百公里,体验一把"自信人生两百年,会当水击三千里"的豪迈。自 74 班的同学们亲如一家,无论哪位同学遇到困难,大家都会尽其所能伸出援手。叶昊有一次忘记了一场重要的答辩,而那时还没有即时通信的工具,全班同学就分头行动满清华地找他,最后当面通知了他答辩的事情。同学们的关爱直到今天依旧镌刻在叶昊的心头。女生工作是自74班感情建设的一大亮点。在这个只有两名女生的集体中,全体男同学都尽自己最大的努力给女生全方位的关心。平时班干部主动去女生宿舍,同她们进行交流,也帮她们解决思想上、学习上的困难;而女生也定期到男生宿舍检查卫生,帮助小伙子们改掉懒惰的毛病。一名女生过18岁生日,全体男生开动脑筋,终于想出了"荒岛庆生"这一绝妙的点子,那个宁静的夜晚不仅让她收获了自己的成年礼,更收获了一份来自集体的关爱。男女生之间纯洁的友谊最终也结出了爱情的硕果,两名女生都在班级之中找到了自己人生的另一半。毕业的时候,没有人不为这个曾经带给他们无限快乐与感动的集体而眷恋,正如自74的毕业纪念册中所写:"让我们去努力、去奋斗,干出一番事业来,可不要辜负了这个温暖的'家'啊!""自七四,我幸福的家,我永远爱你,我的心也将永远和你在一起!"

严谨勤奋,求实创新

在班级建设的各项工作中,学风建设向来是最基本也是最重要的一个方面,自74班在这方面做得尤其突出。因为过程控制专业在自动化系各专业中招生分数较低,自74的同学们在学科基础上要逊于同年级其他班级,针对自身劣势,自74班在学风上更加严谨,奋起直追。强大的集体凝聚力和融洽的班级氛围,为自74的同学们提供了一个良好的学习环境。大家集体上自习,互相探讨学习中的困惑,彼此激励学习的积极性。在全班同学的一致努力下,自74班的学习成绩一步一个台阶,由刚入学时的最后一名跃升到年级前列。在这个过程中,班干部也付出了无数的辛劳。在大四的时候,打牌在清华校园内曾大为风行,一度几乎达到了失控的地步,严重影响了同学们的学习。班长和支书发现了问题的严重性,与全班同学积极沟通交流,并达成"君子协定",最终遏制住了这一不良苗头的发展,自74班的学习生活又步入了正轨。从大三开始,同学们开始尝试科研活动。在整个班级勤学、上进的大环境之中,班级主要干部带头联系系里各教研组的老师,同学们纷纷走进实验室,满怀激情投入到科研活动中。在当时,实验室的硬件设施远不如现在,用于科研的计算机机时还需要争取,但资源的短缺丝毫不能阻挡同学们勇于探索、积极实践的脚步。大四暑假,自74班有同学留在过程控制实验室里做了两个月水箱控制的实验,水箱阀门需要气控,空气压缩机经常发出刺耳的响声,同学们却陶醉在实验中乐此不疲。不懈的努力终于结出了丰硕的成果。本科毕业时,自74班的32名同学中有4名同学免试直博,总计22人读硕或读博,占到全班人数的70%,为全年级最高。

又红又专,全面发展

自74班不仅是一个感情深厚、学风端正的班级,更是一个不断追求思想进步的班级。他们深知,清华人不仅要有扎实的专业知识,更要有崇高的思想追求,唯此才能成为社会之栋梁,民族之希望。自74班的党员同学作为班集体的核心和骨干,在思想建设方面起到了良好的模范带头作用。他们站在思想的制高点,带领同学在各种思潮的冲击下做出正确的选择。他们身体力行,用实际行动体现党员应有的思想觉悟。大一、大二时任团支书的王京春就是班级最早的党员之一。八十年代末,高校学生中开始出现自由化的思潮,王京春从马克思主义的科学性出发,经常到同学宿舍一对一地开展思想工作。为了让一些思想迷惘的同学尽快找到正确的方向,几位党员要对班级同学反映出的问题逐一讨论解决。这样的讨论会往往持续很长时间,甚至要在不熄灯的水房交谈到深夜一两点。班级骨干在工作中深入思考,不断成长,在社会工作这个服务奉献的舞台上取得了长足的发展。自74班首任班长苏辉历任自动化系学生会主席、清华大学学生会主席,作为排球特长生的他德智体全面发展,是一位心系同学的优秀干部。首任团支书王京春历任自动化系团委副书记、常务副书记,留校后又担任系党委学生组组长、系党委副书记,长期工作在自动化系学生工作的第一线。自74班的党课小组也发挥了很大的作用。无论业务学习怎样紧张,他们都保证每周召开一次畅所欲言的民主生活会。参加会议的有党员、积极分子和班级其他骨干同学,这个队伍五年里不断壮大。他们在一起既探讨班级工作的实际情况,也学习交流党的理论,既讨论人生的理想与追求,也分享各自的困惑。他们做到每开一次会就有一次收获,每一个人都能有所进步。

　　同学们的思想进步不仅仅体现在党课小组的活动中,抱着"爱国,成才,奉献"的共同追求,他们珍惜每一个可以学习与提高的机会。他们不满足于党课小组会议上的理论学习,就充分利用图书馆及各方面资源,进一步提高理论水平;他们不停留于说与想,而是积极行动起来,走在时代青年的前列,组织多次社会实践和生产实习,践行"行胜于言"。到毕业时全年级新发展的 9 名党员中 7 名来自自 74 班。1992 年 7 月,时任自动化系系主任的王森教授曾寄语即将毕业的自74 班:"一个好的集体就像一面旗帜,在实践者的行列中体现着当代青年发展的方向。"当辉煌已成往事,当岁月带走芳华,自 74 班 32 名同学永远不能忘记一起学习生活的 5 年大学时光,他们也没有辜负老系主任对他们的殷切期望。毕业后的自 74 班人秉承自强不息、厚德载物的清华精神,秉承自 74 班集体的光荣传统,在祖国社会主义建设的洪流中挥洒青春。我们也期待在今日的清华、今日的自动化能够涌现出更多的像自 74 班一样的先进班级,将清华集体建设的旗帜代代相传。

在集体的引领下全面发展

——记 1989 级机械系 93 班

　　这是一个满载荣誉的集体：优良学风班、甲级团支部、连续两年北京市先进班集体，并在大中小学 800 个班级参加的全国先进班集体评选中脱颖而出，独占鳌头。同时他们还创造了大学本科五年无一人不及格的记录。这些荣誉缔造出了一个后来者难以逾越的高峰，它就是机械系 1989 级 93 班。如今正值清华大学在班级建设方面积极探索之际，我们采访了机 93 班的一位杰出系友——机械系的吴任东副教授，通过他的叙述了解这个优秀集体的成功经验。

集体荣誉，高于一切

　　回忆起自己的班级，吴老师首先说道："我们班级取得这样的成绩，与班级同学的集体责任感有关。"在大一上学期第一次期中考试的时候，机 93 班全班无一人挂科，这令同学们十分高兴，在班主任和辅导员的引导下，他们开始思考如何才能保持这样的成绩，还专门开会进行了讨论，大家的集体意识从那时起便生根发芽。

　　有了这样的基础，大家再接再厉，更加紧密地团结在了一起。同学互相监督，基本都能做到几个"同步"：一起睡觉，一起起床，上课时结伴同行，自习时成群结队。吴老师笑谈当时要找 93 班的同学，既难也容易，难的是寝室里空无一人，容易的是只要找到了大家所在的自习室，机 93 班同学就一个不缺。在作业方面，课代表也都是提前催交，保证无人拖沓，不搞突击。机 93 班从此之后更加没有任何迟到、缺课现象。当时所有的任课老师对机 93 班都十分满意，以至于到后来点名都不点机 93 班的同学，因为向来是全勤。大家就这样一起努力，把零挂科的荣誉保持了五年，在机械系传为一段佳话。

　　学习上大家对集体荣誉的看重也慢慢渗入了日常的生活。在这种集体荣誉感的引领下,机93班的同学们无论做什么事,首先都会想到是否会对班级造成影响,即使有不自觉的同学,也会被这种氛围带动。机93班的体育比赛个人项目不是很强,这与同学的基本素质和先天条件有关,但是集体比赛项目却总能取得优异的成绩,因为是集体的荣誉,大家就能做到心往一处想,劲往一处使,这就是集体的力量!

回想当时,对比现在,吴老师说道:"一个集体还是需要一定的组织性和纪律性,我们是工科,要让大家知道工程不是靠个人的力量就能完成的,要靠集体的协作才能做好。集体荣誉感就是把大家吸在一起的磁石。"

兼容并包,全面发展

机93班的同学现在发展也都很好,无论身在何种岗位,都能够脚踏实地,勤勤恳恳地工作。全班毕业至今基本上没有人换过工作,这与班级整体沉稳、踏实的风气是密不可分的。吴老师回忆,机93班有个同学,毕业后选择在中关村工作,加入了当时刚刚起步的汉王集团,十几年过去了,汉王的人换了一批又一批,但是这位同学仍然踏踏实实地工作,不断攀升,现在成为了汉王集团主要领导。

然而,班级内也并不都是"沉稳型"的,像吴老师就是个特例。吴老师是360MN大型垂直挤压机研发工程的主要负责人,这项工程打破了世界上大口径厚壁钢管垂直挤压生产工艺的垄断局面,意义十分重大。吴老师说,这个工程当初接手时还处于探索阶段,风险很大,但是吴老师敢于尝试创新的个性使他毅然接下了这个项目并通过艰苦的研究,几年的努力终于顺利完成。机93班的风气是以团结集体为重的,但是在这种风气之下,班级仍然会坚持发展同学的各种个性,并且做到了互不干扰共同发展,做到了兼容并包,这才是机93班卓越的地方。

探索未来,明晰方向

吴老师回忆班级的诸多荣誉时,也冷静的分析了一些在班级建设中值得改进的地方,他尤其提到的便是要促进同学们对未来的思考与人生目标的确立。吴老师说,当年的93班良好的集体氛围与学习风气固然使大家在工作中更加脚踏实地,富有学习精神,但若再辅以良好的目标意识的培养,必将锦上添花。

这些话确实不无道理,有一段时期清华毕业生出现的随波逐流,扎堆现象越来越严重,导致成才率严重下降。但近几年来随着学校培养方式的转变和"入主流,上大舞台,干大事业"的号召,使得一些立大志的同学能够投身基层及国家重点领域,扎根事业,任劳任怨,成绩斐然。而集体意识与个人理想其实是对立的统一,把班级荣誉感推广到对国家民族的认同和热爱,这就是兼济天下的雄心,这也是清华大学人才培养的必备素质。

通过对吴老师的采访,当年的机 93 神话变得更加具体深刻。一个严谨却又拥有众多个性的集体,一个踏实却又创造无限奇迹的集体,他们秉承着清华大学"严谨、勤奋、求实、创新"的学风,为后来的班级树立了榜样。百年校庆临近,让我们一起用实际行动建设好班级,为百年清华增光添彩吧!

奉上一份优秀的答卷

——记 1993 级土木系结 33 班

这是一份优秀的答卷!

面对新世纪的挑战,面对哺育他们成长的父老乡亲,结 33 班全体同学用青春和智慧谱写了一曲动人的乐章,在人生的黄金岁月里奉上了一份可圈可点的完美答卷。全班 32 位同学来自 22 个省(市、自治区),在即将完成五年学业前夕,16 位同学获本校免试读研资格,9 位同学获本校外系读研资格。丁辉同学去中国科学院自动化研究所师从著名专家、中科院院士直读博士。远在江苏、即将赴英国做研究课题的刘卫华同学接到这一喜人的消息,全班同学轮流与他在电话里分享这一成功的喜悦,激动得热泪盈眶。这是幸福的泪水,是青年大学生选择人生喜悦的泪水!

一花独放不是春,万紫千红春满园

32=1,这个在数学上绝对错误的命题,然而在结 33 班却是不争的事实。深入细致的情感建设是班级建设力量之源。4 年前,32 位朝气蓬勃的热血青年从祖国的四面八方荟萃清华园,组成了土木工程系的结 33 班。如何让陌生的同学相识、相知并组成一个具有活力和凝聚力的集体? 翻开结 33 班的相册,那丰富多彩的活动令人好生羡慕。入学后,第一个中秋节"月亮代表我的心"班级晚会上,能歌善舞的王开健让所有人大吃一惊,绘声绘色的小品逗得大伙前俯后仰,精彩的节目一下子使 32 颗纯真的心靠拢起来,热闹的情景令到会的时任系党委书记史其信教授至今记忆犹新。新生运动会上,结 33 班活跃在操场上,场上场下的结 33 人只有一个共同的心愿:为集体争光、为结 33 班的荣誉而战!

情感建设不是活动的简单堆砌,而是心心相融,亲如一家。国家一级运动员周双杰至今尚清晰地记得大三那年暑假的 119 个日日夜夜。在高强度的训练中,他不慎受伤而住进了北医三院。经过检查,医生说必须做手术。从没动过手术的周双杰不敢告诉家里,怕父母担心,更怕影响自己的体育生涯。更巧的是,手术那天正好是周双杰 21 岁生日。回到病房一看,全班 31 个同学都来了。蛋糕、鲜花,簇拥在小小的病房成了节日的乐园。周双杰回忆起来说,真是从没有过那样激动的时刻。开始住院的时候,远在哈尔滨的父母不知道,都是同学照顾我。天天都有人来陪我,帮我补课,改作业。中秋节也是全班陪着一块儿在病房过的,同学带来了手机,让我给父母打电话,告诉他们一切很好。同病房的济南泰山足球队队员李斌和世界武术锦标赛金牌得主郎荣标羡慕地说:“你们这个集体真好。”

“我是一个小分子,集体是大分母。”结 33 人深深地懂得这一道理,并身体力行竭尽全力为集体做贡献。1996 年 12 月,结 33 班作为高校代表参加“北京市团支部综合素质擂台赛”。当时正值期末考试前的紧张复习期间,每天自习后全班同学苦练跳绳、俯卧撑;为查资料跑遍了图书馆和“一二·一”图书室。厚厚的《中国青年百科全书》,愣是被参赛同学一页一页啃下来;参赛那天,汪洋高烧 39℃,脸都白了,在台上依然笑容灿烂;而且,在台上台下的“一、二、一”助威声中,他们竟然战胜了同场竞技的武警官兵。当主持人宣布“第一名:清华大学结 33 班”时,全班欢腾了!回学校的路上,全班同学高歌《团结就是力量》。的确,团结就是力量!

翻开他们的班日志,“能够生活在这样的班里真是一种幸福”,“一个班级如此团结,每个人都真心相待,值得我今后一生去珍惜这份感情”。就是这样的集体,在你成功时为你喝彩,在你虚弱时给你支持;就是这样的集体,已经深深融进你的内心,无须掩饰和隐藏。就是这样的集体,给年轻的大学生提供成长的沃土,与之一同奋斗,为之哭为之笑。

问渠哪得清如许,为有源头活水来

情感建设作为班级建设的基础使结 33 班走在一起,而共同的思想追求使得 32 位青年紧紧团结在党的周围,“首要的问题是帮助大家树立求知成才的理想,培养爱国奉献的精神。爱国、成才、奉献是我们的共同理想”。21 名党课小组成员成为班级思想建设和组织建设的核心。党员和积极分子作为班集体建设的核心和骨干,及时组织理论学习,严格要求自己,带动全班同学自觉提高思想素质。一次党课小组理论学习会上,班里第一个党员、系团委书记李楠同学因其他工作迟到了五分钟。会后,党课小组组长曹新宇对她说:"大姐,今天我要对不起你了,可该说的咱还得说。你是党员,迟到了。"李楠诚恳地向大家道歉,当天晚上还交了份认认真真的检讨。也正是因为旁听了党课学习,一直自称"逍遥派"的张宇颇受感动,主动要求加入党课小组。经过认真学习和反复思考,他郑重向党组织递交了第一份入党申请书。

　　结33班的党课小组认为,青年大学生就是应该走在时代的前列。早在团中央发起"青年志愿者活动"号召之前,党课小组就开始带动全班开展志愿者活动,组织学有余力的同学到清华附中辅导中学生的外语,向他们介绍学习方法和学习经验,实行一帮一结对辅导。一年后,接受辅导的同学百分之百考上了大学,大部分同学至今还和他们保持着联系。1996年的全校义务献血中,百分之五十的同学是无偿献血,党员全部是无偿献血;全班同学省吃俭用为希望工程捐款2 000余元,其中包括学校发给"优良学风班"的800元奖金。入党积极分子、来自江苏教师家庭的李民伟同学虽然每月生活费不足100元,却悄悄"克扣"出一些,捐给福建南屏县的失学儿童。

　　大二开学初,党课小组请来了"国家攀登计划"首席科学家、系主任刘西拉教授与大家座谈,结合当代大学生肩负的责任、报国成才等热点问题展开讨论。随后,党课小组组织大家根据各自实际情况制定"我的五年规划"。党课小组当时请来了全国人大代表、校党委书记方惠坚与大家谈党员在新时期社会主义市场经济下的作用,勉励结33班的同学不要为"商潮"所动,要踏踏实实学习真本领,为将来的一飞冲天积蓄力量,方老师语重心长地说:"今天的学习是为了明天更好的工作,年轻人要沉得住气。"

　　"行胜于言"。清华人在80年代初喊出的时代最强音。"从我做起,从现在做起"始终激励着结33班的同学,到社会主义现代化建设的伟大实践中去受教育、长才干、做贡献。党课小组充分发挥社会实践的教育功能,1995年的社会实践中,根据调查统计得知,中国目前建成三十余座超高层建筑中,90％以上是外国设计,而且大部分采用的是外国钢材。原因是中国的钢材品种单一,质量也难以满足较高的要求。这一调查让大家感受到空谈绝对不能承担民族振兴的历史重任,只有认真练好基本功,掌握领先世界的科学技术,才能担负起伟大使命,无愧于国家和人民对清华学子的殷殷期盼。带着这一想法,入党积极分子李民伟同学只身前往长江三峡,亲身感受了 20 世纪中国乃至世界的最伟大的工程,在工地上,他和工人师傅们同吃同住,在最基层从一些最基本的工作干起,工地师傅对他跷大拇指,"不愧为清华人,实干!"实实在在的社会大学的教育撞击着年轻的心灵,被激发的爱国热忱和创造热情成为学习中不竭的动力。爱国成才,结 33 班的同学就是这样从实践中学习知识,又将知识应用于实践,接受实践的检验,从社会中吸取知识,又利用知识为社会服务。这也正是现代青年知识分子所应遵循的一条成长之路。人生漫漫,选择什么样的道路?结 33 的同学不会忘记今天这个集体给他们的起点,并以实际行动做出了自己的抉择。

自强不息,厚德载物

这是一种精神,一种蓬勃向上的精神,一种不屈不挠的精神,它激励着一代代清华人在社会发展中不断开拓进取。"严谨、勤奋、求实、创新"的学风成为清华园里一道亮丽的风景。"以前在家时最爱的是江南的晓风垂柳,到这儿以后我爱上了清华园里冲天向上的挺拔刚健的白杨。那白杨促使我积极地生活",来自江南水乡的董晓静这样说。求学,首先要有对专业的热爱和投入,要有对自己未来职业的使命感和责任感。在结 33 班,每个人都能跟你把"土木"侃得头头是道:桥梁结构、建筑施工、高层建筑,计算机在土木工程中的运用……去年,为配合系庆 70 周年,班里承办了土木工程大型图片展。32 位同学跑遍了图书馆、各教研组和校外的设计院、交通部、市政局、建筑公司,查找图片 2 000 余幅,精心制作出 15 块全面反映我国土木工程发展与成就的展板。刘钺强说:"现在更深刻地体会到祖国的土木工程事业需要我们去奋斗。"

求学,是永不以课本知识为满足,求的是分析综合和独立思考、协同合作的能力。重视实践和科研是结 33 班学风建设的特色。结构设计大奖赛是清华园中的一个特色节目,旨在培养同学的动手能力和创造能力。结 33 班成为这项活动的积极参与者,历届比赛都有二十几位同学参加,他们三五人一组,分工协作,用普通的图纸制作出一个个构思新颖、别具匠心的桥梁模型。其中,王勃等同学捧回一等奖和特别创意奖。在基础课、专业课学习连续四年全年级第一的基础上,他们提出"到实验室去,到工地去,到教研组去"。

"SRT"(student research training)计划是清华独具特色的学生培养环节,全班共有二十余人参加了近十个课题的开发,有国家重点攻关项目,有国际上待开发的技术前沿的课题,也有与人民生活密切相关的实际工程。所有这些工作,培养了同学们结合专业学习从事科学研究、处理实际问题的能力和严谨求实的科学作风。边干边学,为此他们比别人付出了多几倍的精力:曹新宇、李伟同学加入了工程结构教研室,在郭彦林教授的指导下,进行空间网架方面的科研工作,经常是废寝忘食,不知"今夕是何年"。功夫不负有心人,同学们的辛勤劳动得到了回报,所到之处,得到了教研组老师的一致好评。郭彦林教授高兴地说:"这些学生是我的得力助手!"

今年一月,中国土木工程师协会招收首批学生会员,全国总共28名学生会员中,就有10名是结33班的同学。作为见面礼,会员张宇等同学精心准备,拿出了南京长江大桥四车道改六车道加宽工程的方案设计,得到中国桥梁学会理事长范立础教授、铁道科学研究院院长程庆国院士等著名专家的好评。

学以致用,是求学的根本。暑假是工程实践的大好机会,同学们主动联系,参加了厦门海沧大桥工程、南京市国税大厦工程、上海广播大厦工程等十来个重大工程项目的设计。在工地上,同学们孜孜以求;拿着图纸和资料追着有经验的工程师、工人师傅问,回去再翻书查资料,好学和虚心精神让工人师傅感动不已。在工程实践的过程中,同学们的能力和特长也得到了发挥。张宇同学在清华学研楼工地实习,看到工地上技术人员在进行模板设计时,仍然采用手算,甚为不便,主动提出编制一个模板设计的程序。这个几千行的程序至今还在工地上运行着,有时张宇还会抽出课余时间做些维护工作。在工地上,中建二局的领导对王开健等同学的实际工作能力赏识不已,多次邀请其毕业后去那儿工作。

求学,未来的建设者需要有更宽广的专业面和综合能力,结33人对自己提出了更高的要求。5名同学在课余攻读了计算机、自动化、经管的双学位课程,3名同学拿到了计算机、经管学院的辅修学位证书。丁辉同学发挥自己自动化双学位的优势,在王际芝教授的指导下,进行了一项预应力钢筋的应力测试与停机的单片机系统设计,毕业将被直接保送到中科院自动化研究所模式识别与人工智能专业,由中科院院士直接指导,清华与中科院联合培养。经管双学位的郑毓煌同学利用课余进行多项企业管理调查分析,其论文《住房,把青年推向市场》刊登于《房地产世界》(国家核心学术刊物)、《房地产报》等报纸杂志,并获清华世纪房地产奖学金一等奖。在 1996 年的北京国际 STS(智能交通系统)学术会议中,董晓静同学凭借其一口流利的英语和日语以及熟练的专业知识,为东芝等日本大公司的总裁出任口译,获得电子部、交通部官员的称赞。

这群年轻人,他们所求的,所学的,是永远也不会停顿和满足的。

计算机对于工科学生,就像文字对于文科的学生,计算机语言成为工科学生的表达工具。结 33 班,每位同学至少懂得 5 门计算机语言,而对于计算机语言更是如数家珍:C,FORTRAN,PASCAL,C++,VISUAL BASIC,JAVA,HTML,MDL,ADS,AUTOLISP,PROLOG,COBOL……

以求学为本,结 33 人求得实在,求得认真,求得圆满。

长风破浪会有时,直挂云帆济沧海

世纪的呼唤:21 世纪需要高素质的人,我们该如何去做?

刘卫华等三位同学前往江苏参加江阴大桥(我国目前第一大桥)的设计工程时,有限的行李中装着宋词和唐诗。他说:这是五年在这个集体中的收获之一。

借鉴水木清华的"槛外山光历春夏秋冬万千变幻都非凡境,窗中云影任东西南北去来潆荡洵是仙居"和大礼堂的"人文日新",结 33 班提出了"不做机器的奴隶,做一个真正的清华人"的口号。

作为一所以理工科为主的综合性大学,清华园有着深厚的文化积淀,也一直有着浓郁的人文气氛。美丽可爱的清华园,曾经聚集了无数可歌可泣的爱国人士,学富五车才高八斗的文学硕儒,为中华腾飞刻苦钻研的科学巨匠。清华的爱国主义传统和严谨求实的学风无时无刻不在影响着每位清华学子。同学们站在三教前施滉烈士的遗像前,全身有一种热血沸腾的激动;默立在图书馆内清华校友中的一百多位院士像前,细数其中的土木工程专家、桥梁专家,体会出心头那份沉甸甸的使命感和责任感。在闻亭前驻足,静听闻一多先生的心声"诗人的天赋是爱,爱他的祖国,爱他的人民",不禁浮想联翩,清华人的责任是什么?

"以中华富强为己任,为民族经济做贡献"!受这种气氛的感召,更是因为深刻地感受到自身成才的需要,结33人不满足于专业知识的学习,他们有着更为丰富的精神追求。翻翻他们的选修课表,每个人在五年中都选学了不下10门的全校性人文类选修课,涉及哲学、美学、文学、心理学等诸多领域,其中丁辉、时黎卿同学选修的课程超过16门,包括《西方现代哲学》、《中国古代思想史》、《美学讲座》、《周易哲学与易文化》等。全班32人在五年中竟选修了三百多门次的人文类课程。《邓小平文选》、《中国复兴与世界未来》、《人间词话》、《牛虻》、《平凡的世界》、《红与黑》这些著作在结33班中广为传阅,一场一场的讨论以此展开。

邱月同学一边攻读计算机双学位,一边将厚厚的《全汉赋》一页页读完,还挑出其中的精彩篇目与同学共读。丁辉最崇拜的是清华大学国学院四大导师,常在宿舍扼腕而叹人文精神的失落与复兴。大二时,丁辉在班里开了一个读歌讲座,讲解自己对一些诗歌的独到理解,形成了一个小小的诗歌沙龙。当时,全班人人枕边都有一本《唐诗三百首》。

兴趣的积累引发了才华的外展,同学们纷纷到校内外寻求发挥自己才华的土壤。清华林林总总50余个社团协会,结33班同学在其中担任过会长副会长超过一半。

王开健一进校就考入了学生艺术团的军乐队,参加了诸如45周年国庆的天安门欢庆等重大活动。在这支全国高校中艺术水平最高的学生艺术团体中,他一步一个脚印,从艺通社副社长干到校团委文化部副部长,成为这支队伍的佼佼者。更为难得的是,在这样繁重的社会工作中,他的四年学习成绩始终保持全年级第一。

从广西壮族自治区柳州地区一个偏远山村来的韦宝同学,家乡至今还未通电。性格坚韧的他,五年来靠勤工俭学解决了自己的全部生活费。在这样的艰苦的条件下,他依然过得丰富而快乐:踢球很棒,是柳州地区高中联队的队长;写一手好字,系、校学生会宣传部都有他工作的身影。去年寒假他在北京打工没回家,春节全村竟然没贴上对联。

每天下午4:30,伴随着校广播台"走出宿舍,走出教室,去参加体育锻炼,争取为祖国健康工作五十年"的清脆的播音,和着铿锵有力节奏欢快的运动员进行曲,结 33 人走出来了,他们跑着、跳着汇入清华学子体育锻炼的洪流。周双杰同学利用自己的特长,组织起班里体育"困难生",进行系统的课外锻炼,用科学的锻炼方法帮助同学提高成绩。连续四年的系运会,结 33 班都以绝对优势夺得男女团体冠军。

21 世纪需要什么样的人? 结 33 人不断地问自己、问社会,不断去寻求精神世界的丰富,寻求才能和技能的发展。全班有 10 名同学选修了二外日语、10 名选修了二外德语。有 6 名同学利用课余学驾驶,先后拿到了正式驾照。现在班里谁的家长来北京,大家都可以骄傲地派出"专车"接送。"21 世纪人才"的含义有多么深远,全班同学谁都不敢轻易下定论,然而大家都在努力,努力使自己更完美、更全面。结 33 班用自己的青春谱写着大学成才奏鸣曲,32 个年轻人充满信心走向未来,在他们的心里,荡漾着这样一个理想:振兴中华,从我做起!

集体、荣誉、成才

——记 1997 级热能系空 7 班

有这样一个集体,它是北京市"五四"红旗团支部、北京市先进班集体、首都高校"先锋杯"优秀团支部,并且连续两年获得清华大学先进班集体、清华大学甲级团支部的荣誉,连续三年被评为清华大学优良学风班。如此多的荣誉都属于这样一个光荣的名字——空 7 支部(大一至大三隶属热能系,大四时转至建筑学院)。

以学为本,学以致用

一个集体的优秀首先表现在他们在学生本职工作——学习上的出色表现,空 7 支部连续三年获得清华大学优良学风班是最好的说明。

在临近毕业时,作为全院唯一一个参评的毕业班,空 7 班参加了建筑学院优良学风班的评比,大学四年辉煌的历程赢得了满堂喝彩。建筑学院的老师说:"很高兴有你们这样一个优秀集体加入到我们中间来,你们的加入犹如为建筑学院注入了新鲜的血液,将会给我们带来新的思想和进步。"如此高的评价是对空 7 支部最好的肯定和激励。

万丈高楼平地起,空 7 支部能够取得如此优异的成绩都得益于他们在学风建设上采取的一系列措施,将细致有效的工作融入到同学们日常的学习生活中。

采取课代表考勤制度,将课代表的作用最大化,从简单的收发作业转变为课程的引领者,让同学们在课代表的督促下获得进步;营造良好的寝室讨论气氛,充分利用宿舍在同学学习生活中的重要地位,有效借助宿舍中轻松友好的氛围营造一个交流讨论的空间,让同学们在宿舍中能够随时相互沟通,将讨论问题变成一种生活的常态;学到知识固然是学习的宗旨,但如何应对知识的检验、如何在检验中正常发挥还是需要一些准备的,不能让同学在考试中出现问题,因而每学期末的考前动员是空7支部考试事半功倍的助推器。

同时,作为工科专业的学生,如何将所学到的知识应用到实际操作中,让知识鲜活起来也是学习很重要的一个方面。空7支部在科创工作方面的努力取得了显著的成效。支部同学都积极参与到空调实验室的工作中来。从搭建冷却吊顶试验台、编制图书管理系统,到编写财务管理程序、CFD 计算软件应用界面开发、进行新型散热器设计开发,空7支部的同学将自己专业领域的知识应用于实际工作中。空7支部还依托素质拓展规划项目,进行了一个以实际测量为主的素拓项目,一方面帮助同学熟悉仪器的使用,一方面也加强对热舒适部分的了解,也是对科研方向的初步尝试。支部同学几乎都参与到了这个项目中,拿着仪器在清华里面到处去测二氧化碳浓度,大家做得非常开心,可以说是一次非常好的尝试。

空7班集体在科创方面的努力也取得了显著地成果,在挑战杯展望新世纪主题设计大赛上,空7班的同学所组成的"二十一世纪绿色空调"队获得一等奖,"植物能源环境"队获得最佳创意小组第一名,"阳光灿烂的日子"队获得最佳展示小组第二名。这样的成绩是对空7班支部科创工作最好的鼓舞。

潜移默化,注重实效

思想建设成效是决定一个集体最终发展的关键性因素,空7支部在思想建设上有自己一套独到的做法,坚持将思想的熏陶融入具体的活动中,让同学在亲身参与之下获得潜移默化的影响。

爱心敬老是空调专业一贯保持的传统,空7支部也将敬老活动作为集体思想建设很重要的方面。清华园社区服务中心曾给空7同学留言:继承优良传统,服务社区群众,奉献真诚爱心,共建精神文明。这二十四个字高度概括了空7同学一以贯之的敬老精神。他们将敬老系列活动称作"朝花夕拾相映红",定期分组探访,了解老人的情况,分享老人的人生经历;请老人为党课小组讲党课,老人丰富的人生阅历中包含的思想和哲理让同学感触良多;他们还结合"99 国际老年人年"做敬老宣传,呼吁大家给老人更多的关注,让更多的人加入到关爱老人的爱心队伍中。

空 7 同学一直以来都有一种心怀天下的社会责任感,"关注社会热点,探讨时事问题"是他们自行策划的专题研讨活动。通过在支部同学之间进行分享和讨论,进行思想的碰撞,产生智慧的火花,通过对社会热点的讨论,引发同学们对热点问题的思考,在讨论中明确自己的社会责任。因为依托于真实的大家感兴趣的社会事件,所以同学参与热情很高,取得了很好的效果。

读万卷书,行万里路。空 7 支部积极投身社会实践,通过富有专业特色的社会实践,实现让同学们"受教育、长才干、做贡献"的宗旨。其中空 7 支部的社会实践"寻找清华空调人"实现了深入的专业教育,通过采访专业泰斗、中青年精英,追踪毕业生近况等一系列方式,深入了解了自己专业的发展趋势以及就业方面的基本情况,对于同学选择科研方向以及择业都产生了重要的影响。

自助助人,饮水思源。作为享受了国家集中优质资源的清华学子,空 7 支部心怀感恩,时刻不忘将集体的爱心播撒出去,从而帮助社会上有需要的人。空 7 支部的同学们在大一期间就进行了一次希望工程集体募捐,全班同学都积极参与其中,自己动手制作海报,张贴在各个楼道里。经过几个星期的努力,最后募捐到了三千多元的爱心款,全数捐给了希望工程捐助中心。支部同学们还与被捐助的孩子们建立起了联系,给他们寄送了衣物、文具,等等。可以说在这样一次集体行动中,全班同学所表现出的高度的积极性和凝聚力,对于整个大学阶段支部思想建设都起到了深远的影响。

团结友爱,亲如一家

感情建设是维系一个集体最根本的力量。空 7 集体之所以能取得如此多的成绩,与班级内部温馨、团结的感情氛围有密不可分的联系。

集体的感情建设方式自然离不开集体出游。四年来,空 7 同学们一起,走过了许多地方:上长城,下北海,入黑龙潭,游颐和园,远征泰山、济南,齐赴黄花城、内蒙古,空 7 支部的集体出游,事先进行精心的组织,同学们热情高涨的参与,每次都成为了同学难忘的记忆,形成了一个良性的循环。

空 7 班的同学生日那天始终是最快乐的,班里的每个同学都会送上一份生日祝福,感受到的是家的温馨。男女生节更是集中进行感情建设的机会,每年精心组织的男女生节活动都让同学们记忆犹新、难于忘怀。

空 7 班支部还形成了自己的集体文化,通过"空 7 冲击波"班级主页和班刊"水月镜花",搭建了同学实时、深入交流的平台。

依托体育精神,凝聚集体人心也是空 7 支部在感情建设方面非常有成效的做法。空 7 支部的"五环风采"体育活动是值得一提的,这是空 7 支部自发组织的系列体育赛事,包括了"健康之杯"男女生混合排球赛、"友谊之杯"男女生混合篮球赛、"进取之杯"羽毛球混合团体赛、"团结之杯"乒乓球混合团体赛、"智慧之杯"元旦趣味体育联欢,这样一系列的体育活动极大地激发了同学参加体育活动的热情,将体育变成了生活中常规化的一项内容,形成了科学的、规律的体育锻炼。在班级其他的很多活动,也经常依托体育的形式进行,在东操刚建成体能训练场的时候,空 7 就进行了一次集体的体能训练,还有一次在期中考试之后,在西操大家一起丢沙包,体验儿时的快乐。这些新颖的活动形式很好的保持了同学们对体育的热情。

秉承着从同学全面发展的需要出发的宗旨,创造温馨、团结、向上的氛围,走集体成材之路的集体理念,空 7 支部走过了辉煌而温馨的大学旅程,而今空 7 班的同学们活跃在各个关键领域和岗位上,继续发扬空 7 的精神,将他们在集体中所获得的能力和信念奉献给社会和国家。

老学长谈个人在集体中的成长和收获

同一个梦，同一个追梦的舞台

——谭浩强老师回忆大学集体生活

受访者简介：谭浩强，男，1934年出生，教授，享受政府特殊津贴专家，北京市有突出贡献专家，全国高校计算机基础教育研究会会长。1958年清华大学自动控制系毕业，曾任清华大学绵阳分校党委常委、清华大学分校副校长、北京联合大学自动化工程学院副院长，现任北京联合大学教授。在校学习期间曾担任清华大学学生会主席、北京市学联副主席、全国学联执行委员、北京市人民代表。

同一片天空，飞翔的可以是不同的鸟儿，但鸟的目标全是要在天空寻找生命的高度，所以它们拼命地捍卫天空的尊严与圣洁；同一片大海，潜藏的可以是各类的游鱼，但鱼的目标全是要在大海里寻找生命的自由，于是它们会团结起来，会在海洋里构建一个自由的国度；同一个社会的舞台，每个人都在上面扮演不同的角色，但我们清楚，要把这个角色演得成功，我们需要的不仅是自己的努力，更有集体的力量！

突然间有人打电话说要我谈一谈大学的集体生活对我人生的影响，当时真的不知道该怎么回答，以至于有拒绝这次"回顾"的想法。但同时我又深感有必要对我们的青年大学生说点什么。虽然大家处的时代不同，但集体观念、爱国观念是需要一代代地延续并光大下去的。

我是1953年进入清华学习的。提起那个年代，现在的孩子也许只能从故意拍得很老旧的电影以及历史教材上看到一些残存的记录，大家的思想里总是会不自觉地把它和极度的贫困以及极端艰苦的生活联系起来，印象里似乎除了黑白没有其他的颜色。事实上，生活上的艰苦确实如此，但是我们同样活得很好，因为时代给了我们一个追求的目标，为了这个目标大家团结在一起、战斗在一起，共同在清华探索真理、求真知！

每一个时代都有自己的特征，也都有自己的使命。当时我们面临的形势是怎样的呢？外有美帝国主义为代表的西方反华势力对中国的遏制，内有国民党残余的反动分子在祖国的四境之内作乱，年轻的国家又没有足够的能力以自己想要的速度强大起来。当时我们的想法都很简单，大家的心里就是盼着国家能够再强大一点、再富足一点。为了这个目标，那一代的清华人都在做着努力！记得当时我们宿舍上的牌子就贴着"红色工程师之家"，每一次看到这牌子大家都会想起自己不仅是在为自己而活，同时也是在为祖国的革命而活，为祖国的富强而活！

也许就是这个现实的需要和自己心中对于国家的那份情感吧，当时我们的集体充满着朝气。青年人，有着一番敢为天下先的壮志和浪遏飞舟的豪情，凭着胸中的这份才情和激情我们都团结在了一起。实际上我们的集体生活并不枯燥。很多人可能听说当时学生的思想政治工作搞得非常频繁，但是那绝对不全是空洞的说教。记得当时我们经常要搞团日活动，当时大家约好一起做些有意义的事。有时候是去八宝山，在那里朗诵革命先烈的诗歌。每一次朗诵我们都是热血沸腾，毫不夸张地说，大家心里很震撼，有的甚至会顾不得"男儿有泪不轻弹"这一古训，真的就会伴随着那铿锵的朗诵流出泪来。彼时彼刻我们心里追随着先烈的豪情，立下的誓言就是要延续他们的光辉足迹走下去。有时候用不着出校门，大家就在水木清华小聚一下，在那里"激扬文字"。不仅是团员党员会来，一些积极的入团入党分子也会积极地加入到我们的活动当中，大家共同寻求进步。

每一年的新年班会也都特别有意义。这个时间除了有一些常规的音乐舞蹈等文娱活动之外，还会加上一个特别的自我总结环节。大家都轮流上台总结自己这一年是否进步，进步在哪些方面，以及进步的程度是多大，怎样取得的这些进步，等等。平时可能一直以为自己日子过得很混沌、迷茫的人站在台上一想：原来我已经进步了这么多了！我想当时的每一个人都会在心里欣赏自己，更爱自己的人生，也会对自己未来能为祖国的富强贡献更大的力量而无比自豪！

当时我们的政治价值取向很一致，大家有共同的理想和目标。团员、党员会自觉发挥模范带头作用。大家形成的是一个互帮互助的集体，在这样的集体当中我们走的每一步都伴随着他人的关心与帮助。来清华后，我最初在班里担任了两年团支部书记,我们班是清华大学第一批 8 个先进集体之一。后来到系团总支工作,在大三时,被选为清华大学学生会主席,干了三年。学生会当时不仅要组织课外文体活动,也会开展丰富多彩的思想教育活动。每一个人都积极争取做社会工作,团员或是党员不仅是光荣,而更重要的是责任和使命。班上积极地展开一对一的互帮互学活动,既锻炼了自己,也形成了集体团结向上的风气。

一个集体因为有共同的价值观念和共同的理想而团结在一起、奋斗在一起!集体的力量既体现在大家对彼此生活学习上的帮助和关心,也更重要地体现在对同学精神的鼓舞上面。

"团结就是力量",所以要"团结一切可以团结的力量"。1950 年抗美援朝,全国青年积极申请上前线;1956 年抗议英法侵略埃及,清华数千学子又自发地投入到抗议洪流中,到英国驻京代办处抗议示威。感觉时代是一股滔滔洪流,我们的呐喊和呼声顺着时代的阶梯滑下,势不可挡! 而集体则是当中汇聚我们力量的那条长河。

当今的大学生面临的状况与我们差异很大,开放这么多年来青年的思想一直在受到外来文化的一些影响,可能对于集体生活的积极性不是特别的高。只能说是大家的目标还不够统一。当年的清华大学生是因为将国家的利益看得高于一切,所以会在一个较高的思想水平下团结一致向前看。当今的青年也需要有这样的一个共同奋斗目标。爱国、奉献祖国并不是唱高调,而是一种民族情感所激发出来的超越一切的激情与力量——理想远大,为祖国富强! 只有在这样的一个高度上我们的集体建设才会取得更大的成就。

这也需要大家的共同努力! 集体建设不是一朝一夕能够见到成效的事,想"毕其功于一役"是不行的。每个时代都会有一批责任心与能力都特别突出的人,这些人首先是要自己锻炼成才,通过自己的行动不断感染身边的人,像滚雪球那样,最后汇成的力量将是难以撼动的坚冰。

青年任重,愿大家不负时代的重托!

团结奋进,做出无愧于时代的业绩!

记者心语:

本篇文章是谭老师口述之后由我记录而成的,之后又得到谭老师的耐心指导和修改。最初,谭老师非常希望我以自己的名义写稿,最后我们决定采用这种由我加上一点说明的方式来完善这篇稿件。确实,在听了谭老师的话后,我觉得自己也该做一次思想上的"汇报"。在我们短暂的谈话中,谭老师谈得最多的就是他们这一代人的思想观念,带给我很大的震撼!谭老师说:"当时真的是全国上下齐心要谋发展,为的不是个人私利而真的是国家的利益,自己的幸福总是要依附国家的力量强大。"在回忆到当初比较难忘的一些情景时,他还情不自禁地唱起了那时候的歌。他说:"我们唱起这些革命歌曲时的感受和你们是不一样的。"是的,爱国和团结奋进,是他们这一代人心中永远鸣响的主题曲。"听君一席话,胜读十年书"。在此,非常感谢团委给我采访谭老师的机会,让我接受了一次深刻的教育。也祝愿同学们都能从谭老师的文章中受到教益,在集体中树立一个更高的人生奋斗目标并孜孜追求!

青春的脚步驻留清华园

——丁文魁学长回忆 1958 级自 406 班

受访者简介：丁文魁，男，中国核工业教育学会副会长。1964 年清华大学自动控制系毕业，曾任核工业理化工程研究院副院长等职。在校学习期间曾担任《新清华》学生记者，获"毕业生优良奖状"，并作为首都民兵师的一员参加了 1959 年首都国庆十周年阅兵。

在母校清华大学八十三周年校庆的日子，分别三十年的我们——自 406 班的同学重聚清华园，再睹母校芳华。我们都已是年过半百，鬓发斑白，不再像离校时那样年轻潇洒、风华正茂，但是，三十年前的桩桩往事却依然历历在目，宛如昨日。因为我们的心永远年轻，我们青春的脚步会永远驻留在清华园。

班级掠影：六年铸就的"四好集体"

1958 年那个金色的秋天，我们告别了家乡和亲人，从祖国的四面八方汇集到向往已久的清华园，来到了 406 班（入学时为自 408 班），这是一个思想活跃、学习勤奋、团结友爱、朝气蓬勃的温暖集体。暑往寒来，时间飞逝。在六个难忘的春秋里，受清华"严谨、勤奋、求实、创新"学风的熏陶，得恩师孜孜不倦的教导，我们用青春、友谊、热情和坦诚，创建了"四好集体"。毕业前夕，老班长王秉忠还特别代表我们班全体同学应邀到敬爱的蒋南翔校长家做客，聆听了蒋校长的谆谆教诲。老校长的嘱托使我们终生难忘。

1988 年，自动控制系建系三十周年（也是我们入学三十周年）时，我们自 406 班编了一本名为《回忆·奉献·开拓》的纪念小册子，我们在校时的专业教研组党支部书记杨品老师为我们写了这么一段话：

"这个班在清华整整度过了六个寒暑，清华学堂有他们全神凝听的神采，荷花池畔有他们朗朗的读书声,西大操场有他们矫健的身影,系办工厂有他们劳动的汗水;他们也经历了那些困难生活的艰辛;在《新清华》上有对他们的专门报道,在大礼堂里他们接受过各种授勋……我有幸同他们生活在一起,在相处中,他们那种奋发向上、刻苦认真、团结互助、朴实勤奋的精神,给我留下的印象很深、很深。"

　　杨老师这段话,就是我们自406班同学六年大学生活的写照。

学风优良：清华传统造就行业先锋

　　严谨的学风、勤奋的精神是清华的好传统。六年来,我们如饥似渴地学习科学知识,永远忘不了一教听课、二院画图、水木清华晨读、图书馆里抢座、实验室苦战。大一时我们不适应大学生活,有7个同学工程画图补考,老师就着重教我们学习方法,如何听课,如何记笔记,如何看参考书……使我们很快适应了大学的生活,学习有了飞跃,后来一直是同年级学习最好的班级之一。

　　校文工团李惠芬(毕业后分配到北京低压电器厂工作,后调入北京市仪表总公司)回忆说:记得在校时,老师总是要抓我们的'基本概念',我也最怕作业的评语是'概念不清'。我还记得,老师对实验课要求非常严格,虽然一次实验课花时间很多,负担较重,但对搞清概念、提高分析问题解决问题的能力、培养动手习惯及严谨作风实属有效手段。参加工作后母校对我们严谨作风的培养无时无刻不体现出来。班长王秉忠先分配到国防科工委的一个研究所,后调至南京化工设计院,虽几次改行,但由于母校培养了坚实的基础知识和极强的实际工作能力,他都能很快适应工作。他先后去过德国、荷兰、挪威、法国、比利时、丹麦、瑞典、日本、美国及新加坡等地,多次担任大中型项目的设计总负责人及自控仪表设计负责人,出色地完成了任务。毕业后一直在电子部二十一所工作的钱元成,是我们班的"学究",由于学得扎实,三十年来工作得心应手。设计的电机从片状无刷直流机至外径350毫米的直流力矩马达,被任命为该所副总设计师,并享受国家政府特殊津贴。

刻苦锻炼："为祖国健康工作50年"

　　我们成为"四好班"是和母校提出的"为祖国健康工作五十年"的口号分不开

的。初到大一,去百花山植树时,有些同学体质不佳上不了山,学习中有的同学体力不支成绩不好,使大家看到了体育锻炼的重要性。

从那时起,参加体育锻炼就成了我们自406人的自觉行动,体育委员张贵泰(后调入自401班)至今还保留着当年我们体育锻炼的出勤记录,每个同学名字下的小方格里几乎画满了出勤记号"√"。

长期坚持体育锻炼使我们受益匪浅,同学们的体质显著增强,二十几个人的班就有校代表队员六人,在第八届校运会上,我们为团体总分第一名的电机、自动控制系(当时两个系为一个代表队)夺得了1/7的分数,并有两个项目打破校纪录。由于体力充沛,在历次受阅、军训、下乡劳动中都被评为先进班。在校期间,体育教授马约翰先生还曾亲临我们班勉励大家。

毕业后,分配到青海高原某核基地并在那里一干就是三十八年的吕经邦回忆说:"要说六年大学生活我体会最深刻的,不仅是确立了正确的人生观,掌握了业务知识,而且很重要的还是我有一个健康的体魄,养成了体育锻炼的好习惯。大一时我身体很弱,百花山劳动还比不上女同学,但在这个'四好'集体,我得到了全面的锻炼,我虽然不是运动员,但到下午五点,满操场的人吸引我加入到锻炼的行列中去,这不仅使我坚持了六年紧张的学习,而且工作后还使我战胜了青海高原严寒、酷热、缺氧的环境。三十年来,上戈壁、钻山沟,没住过院,没请过一次病假,当然我是一直坚持锻炼的。"曾创造过校男子400米跑最高纪录的武士英也辗转青海高原、四川山区,在十分艰苦的环境下为祖国的核事业奋斗了大半生。大一时连800米二级劳卫制标准都达不到的陈雪娟同学,通过不懈的锻炼,成为我校著名的女短跑运动员。毕业后她分配到北京125厂,1970年为支援三线建设,她毅然离开了首都,来到贵州山区的385厂,为我国的航空工业奋斗了二十年,从一个普通的技术员成长为副总工程师。随着军工转民和改革开放,她来到贵州国防工业进出口公司,成了我们班的第一位女经理。还有当年《新清华》上所介绍过的何士龙同学,入学时他患有严重的神经衰弱,险些休学,锻炼不仅使他恢复了健康,而且还在电机、自动控制系大二运动会上获铅球第一名。他被分配到重庆微电机厂,后来担任了该厂副总工程师。

树立理想："到祖国最艰苦最需要的地方去"

"树立共产主义理想，坚持四好方向。"是母校对我们的要求，也是我们六年来一直努力实现的目标，通过各种思想政治教育、社会活动和丰富多彩的课余生活，使同学们树立了正确的世界观和人生观。我们还记得校党委副书记艾知生、系党总支书记凌瑞骥到宿舍同我们促膝谈心，教研组主任王继中、党支部书记杨品和教研组每位老师对我们健康成长给予的关心。点点雨露汇心田，在校期间我们班绝大多数同学入了团，6名同学入了党。

毕业时我们都能从党和人民的利益出发，以极大的热情听从祖国的召唤，不少同学怀着激动的心情写下了这样的决心："我愿意到祖国最艰苦最需要的地方去，请求党把最困难的担子交给我，只要革命事业需要，东、西、南、北，祖国的每一块儿土地我都愿意去；工厂、学校、设计、科研，哪一种工作我都热爱。无论党把我分配到哪里，我都准备在那里战斗一生。"说到做到，我们班有近二十位同学被分配到部队或国防工业部门工作，那里一般条件艰苦，任务繁重，无名无利，但是三十年来，大家都以崇高的敬业精神，艰苦奋斗，忘我工作，默默奉献，孜孜以求，锲而不舍，用自己的行动实现了三十年前的誓言，为祖国国防事业的发展做出了自己的贡献。学习委员王志文是我们班唯一的留校者，他先在200号从事教学和科研，同时也经受了母校老师大都经受过的磨难，后来调回了计算机系与我们的老师共事，现今他参加建设了美国COMPAQ计算机公司在中国的培训基地——清华—COMPAQ培训中心，翻译了大量的资料并开展培训工作。

我们有扎根一辈子的决心，也有为了事业随时开拓新领域的准备。三十年来有不少同学多次变换了工作岗位：团支部书记温淑琴从国防科研院所调到军事院校从事教学，为培养年轻的军事人才呕心沥血；胡秀珠同学则从著名的北京工业学院调到了清华计算机公司从事开发。汪光春同学的经历则更复杂，他先分配到河北省石油化工设计院，后又去开滦煤矿、滦源钢铁厂，搞过设计、干过掘进、当过炉前工，"文革"后调到我国最大的塑料加工企业——北京塑料制品厂，在他的主持和参加下，为企业争得了"北京市应用微电子技术改造企业先进单位"的称号，他现在是总师办主任。这里特别值得一提的是小班长王宗楷，他毕业后被分配到北京自动化研究所,以他的聪明才干很快成为一名年轻的室主任,几年后又出任自动化仪表七厂厂长,他组织并参加开发了很多新产品,成绩斐然。1988 年他放弃了国营企业的优厚条件,甘冒风险来到北京市海淀区,办起了一家乡镇企业——大钟寺空调工程公司,白手起家,艰苦创业,只有短短的几年,平地盖起了片片厂房,为国家和集体创了几百万元的利税。他成为我们班第一个勇敢的"下海者"。

回忆往昔:聚时一团火,散时满天星

时间又回到了 1964 年 8 月 15 日下午,我们的心也飞回了魂牵梦萦的清华园、大礼堂:毕业典礼正在这里举行,我们自 406 等五个班被授予"四好毕业班"的光荣称号,我们班的丁文魁、张子瑞、王志文、钱元成同学获得"优良毕业生"称号。

正是:

"六年前,革命的理想使我们欢聚一堂,

今天,革命的理想又召唤我们奔向四方,

六年啊,在清华、在自 406 这个温暖的集体里,

党的阳光雨露沐浴我们茁壮成长。

我们将带着老师的教导、母校的期盼,

离开清华园,投身到生活的海洋,

把自己的一切献给人民,

用我们的智慧和劳动,为祖国赢得荣光。"

——摘自一位同学的日记

胸前闪光的白色校徽换上了精致的毕业纪念章。三十年来,我们怀着深深的眷恋,就是从这里整装、起程、扬帆远航。

三十年后,我们这些都已成为高级专业技术人才、成为各行各业领导或骨干的自 406 儿女重返清华园,在驻留了我们青春脚步的地方,面对亲爱的母校、敬爱的师长,我们可以骄傲地说:清华学子没有辜负母校的培养,没有辜负老师的期望。我们虽都平凡,但又伟大,因为我们的奉献多于索取,因为我们走的是无悔的人生之旅。

班集体就是一个家

——朱邦芬院士忆 1965 级工程物理系集体生活

受访者简介：朱邦芬，男，1948 年出生，物理学家，中国科学院院士，曾任美国 UIUC 等多所大学的客座教授，清华大学高等研究中心教授，清华大学物理系教授。1970 年毕业于清华大学工程物理系，1981 年获清华大学固体物理学硕士学位。曾任中国科学院半导体研究所助理研究员、副研究员、研究员，清华大学高等研究中心教授，现任清华大学物理系教授、系主任，中国物理学会凝聚态理论与统计物理专业委员会主任、《中国物理快报》副主编、《理论物理通讯》等刊物编委。

题　　记

采访安排在理学院四楼朱邦芬院士的办公室，经过三层时，迎面的红色砖墙上悬挂着数位著名物理学家的照片，而位于右下角的，就是现任物理系主任朱邦芬院士的照片。

朱邦芬院士 1970 年毕业于清华大学工程物理系，1981 年获清华大学固体物理学硕士学位，在中科院半导体所工作近 20 年，2000 年 1 月回到母校任高等研究中心教授，2003 年 4 月起被聘任为清华大学物理系系主任，同年被选为中国科学院数理学部院士。

采访进行了约 40 分钟，午后的阳光柔和地照进办公室，这位从事科学研究与教育工作多年的儒雅学者围绕"集体在个人成长中的作用"这个话题，开始娓娓道来……

西南联大的"三剑客"

朱邦芬院士总喜欢给他的学生们讲杨振宁、黄昆和张守廉三人在研究生时期的故事。他们是同一年考上西南联大的研究生，杨振宁的导师是王竹溪，黄昆的导师是吴大猷,而张守廉则师从于周培源。

"当时西南联大学生的物质生活很艰难,昆华中学为他们三个人提供了一份中学教师的工作和一间宿舍。"朱邦芬院士说道,"于是三个人就分享一份工作,同住一间宿舍。"又因为三个人的学习成绩都很优异,整天形影不离,所以被称作西南联大的"三剑客"。

在西南联大读书的日子里,除了上课,学生写作业、讨论都是在茶馆里,茶可以泡一天,也不会惹人嫌。无论是在回寝室的路上,还是在茶馆里,他们三个人都喜欢讨论甚至辩论问题。"正是在这些讨论中,他们三人加深了相互了解,成为几十年的好朋友。"朱邦芬院士曾多次听黄昆和杨振宁说起当年三人一起讨论的情形,"有一次他们在茶馆里辩论量子力学中测量的意义,结果一发不可收拾,傍晚返回的路上在说,回到宿舍又继续讨论,直至熄灯后躺在床上他们仍在辩论,最后三人又从床上爬起来,点上蜡烛阅读海森堡的《量子理论的物理原理》,然后继续辩论。"虽然对辩论的具体内容三个人现在已经记不清楚了,但这次辩论碰撞出的学术火花还是给三个年轻人留下了终生难忘的记忆。

朱邦芬院士经常用这个故事鼓励同学之间要多交流,多讨论,相互促进。他认为,"清华大学最得天独厚的优势,是一批出类拔萃的学生。同学们应该在这几年里,交上一两个一生知己,奠定自己一生的努力方向,不枉来到清华几年。"

团队精神这个优良传统我们要发扬光大

1964 年 10 月 16 日下午 3 时,中国第一次将原子核裂变的巨大火球和蘑菇云升上了戈壁荒漠,标志着第一颗原子弹爆炸成功了,中国人从此迈进了核大国俱乐部的门槛。

对于此时正在高中最后一年的朱邦芬来说,这无疑是一个巨大的震撼。"我们那一代人都觉得应该为祖国的核事业做点贡献,于是就报考了清华大学工程物理系。"朱邦芬院士继续说道,"我和顾秉林本科是一个班的,可以说那年工物系招收新生的成绩是清华最好的。"

朱邦芬院士回忆道:"'文革'前夕,大形势是阶级斗争要天天讲,但我们班同学关系还比较正常,相处比较融洽,没有打小报告之类的情况发生。"那时候不排学分绩,但大家心里也都有数,朱邦芬院士说道:"学得好的同学也没觉得有多了不起,学得差的同学也不会灰心,大家觉得学习成绩好并不是唯一的判据。"
"文革"中,与清华一些班级出现势不两立的两派相互恶斗的情况不同,他所在班级的同学相对比较温和。"在'文革'中,我们班同学遇到'复课闹革命'都很积极去学习;而当两派内战激烈时,大多是'逍遥派',经常一起打球、打桥牌。"朱邦芬院士补充道。等到快要毕业的时候,很多班级的同学之间关系还很紧张。"有的班级毕业时连一张合影都没有。我们班不仅照了毕业合影,而且全班同学能到的一个也不少,之后还一起聚餐。"

毕业后,朱邦芬院士他们班有 10 名同学留在了清华,其余都分配到了外地,而朱邦芬院士也离开了清华,到江西的部队农场劳动。谈起自己的发展,朱邦芬院士感觉班集体对自己的影响很大:"有两件事对我影响很大,"朱邦芬院士讲道,"有一次我到北京出差,顺便来清华探望老同学,结果发现他们都在努力学习。当时杨振宁访问中国,提出要重视基础研究。在周总理的指示下清华办了四个研究班,其中一个是固体物理研究班。当时我们好几位同学在那个研究班,那个学习氛围对我触动很大。"朱邦芬院士停顿了一下接着说,"我当时在江西德兴铜矿做技术员,看到他们这么浓的学习氛围,觉得我也应该努力学习。""文化大革命"结束以后,全国开始恢复招考第一批研究生。"因为顾秉林他们都知道我很喜欢学习、做研究,所以得到消息后就及时写信给我,叫我准备参加全国研究生考试。后来我很顺利地考回了清华,上了固体物理研究班。"想到这些,朱邦芬院士又补充道:"在我们班,我学习是最不用功的,很多时间看闲书,大家都比我刻苦。班里学习氛围对我促进很大。此外,同学之间能够互相帮助,一个好的班集体对于个人成长确实非常重要。清华人的团队精神有悠久的历史,当年清华学校的学生 10 岁出头一点就来到清华园,朝夕相处 8 年之久。新中国成立后清华成为多科性工科大学,学科特点使得团队精神得以维持。如今清华已成为综合性大学,我想团队精神这个优良传统我们要发扬光大。"

将近 40 年过去了,朱邦芬院士他们班的同学之间仍然保持着紧密联系,每年至少有一到两次的班级聚会。逢年过节,大家都要凑在一起话家常、谈心事。外地同学来北京,大家还不时小聚一番。"我们班有个同学在越南开了一家公司,今年年初邀请我们去越南玩,结果我们就带着自己老伴,一共二十几人,在越南和柬埔寨度过了一个难忘的春节。"

集体就是我们的家

朱邦芬院士非常注重培养学生的集体协作意识,鼓励大家互相帮助,共同进步。"我感觉现在的学生喜欢扎堆,比如寝室和寝室之间有很大的区别,有的寝室整个寝室的人都喜欢体育运动;有的寝室整个寝室学习都不错,而有的房间一人是电脑游戏迷,过不了多久,全室都传染上了。此外像出国,选择方向等事情,同学互相之间的影响会很大。"

2003年朱邦芬院士开始担任物理系的系主任。在分析、总结以往几届毕业生的表现后发现,一个班级的班风和领头人非常重要。"班集体的建设非常重要,而班长和团支书往往扮演领头羊的角色,领头羊领得好,班级的班风就会好,这个班的发展也就好。"基于这个规律,从2008年起,基科8中属于物理系管理的4个班的班长和团支书候选人要经过答辩,然后由朱邦芬院士等院系相关负责的老师们"钦点"。

基科1班是"清华大学优秀班集体"。谈起这届学生,朱邦芬院士的感触很深:"清华为什么好,归根结底是学生好。天才学生之间相互可以学到的东西,往往比他们课堂上学到的还要印象深刻和有启发性。真正的拔尖创新人才主要不是上课教出来的,课堂教学只是一部分,更多的是同学间相互激励,找到自己感兴趣的方向自学、深入研究。老师的作用更多的是创造一个好的学术环境,为学生指点方向以及答疑解惑。"基科1班里有几个同学发起了一个学术沙龙,一起学习和讨论一本研究生教材。"他们规定了讨论的时间、地点和纪律,每人讲几章,还用书作者的名字给学习小组命名,坚持了一个学期左右,不仅学到了知识,还锻炼了自学的能力。"

物理系每周周一至周五的下午都会安排教授在办公室里值班,而值班的名单也会在系内的网页上公布,鼓励同学前去向老师请教各种问题,倾诉自己的心事。朱老师讲道:"此外,我们每个老师同时也是8个本科学生的导师,每个年级2名。我们想通过这样的方式增进老师和同学的联系,同学和同学的联系。"

　　如果要用一个词来比喻我们的班集体,朱邦芬院士回答道:"班集体就是一个家。新中国成立前在叶企孙先生领导下的老清华物理系,被大家公认为像一个和谐的大家庭,非常温暖,同学之间、师生之间的关系可能比家里兄弟姐妹还要密切。如果能达到这种理想的状态,那么我想每个人都会觉得自己的集体很有价值,都会非常怀念她。"

集体，一生难忘的回忆

——王伯雄老师忆 1970 级精 00 班

受访者简介：王伯雄，男，清华大学教授，博士生导师，国务院学位委员会学科评议组成员。1970 年毕业于清华大学精密仪器与机械制造系，1982 年获清华大学工学硕士学位。现任清华大学学位委员会机械、光学与仪器分委员会副主任，北京市工程技术系列高级职称资格评审委员会专家组成员，中国机械工程学会高级会员。主讲的《测试与检测技术基础》被评为国家级精品课，曾多次荣获清华大学"良师益友"，"我最喜爱的教师"等称号。

1965 年 9 月下旬，正是北京金秋送爽的好时节。王伯雄老师来到了清华园，由此开始了他与清华大学相伴一生的缘分。

初 进 集 体

时至今日，初到清华时的情景还深深地映在王伯雄老师脑中，就像一杯越久越有味道的酒。他回忆道："我记得那天很兴奋，校车从北京站把我接到了清华图书馆的前面，高年级来迎新的同学热情地帮我们拿着行李带到宿舍，我们系那时和冶金系（现在的机械系）一起住在七号楼，我很清楚地记得我的房间在一层，房间号是 7134，从放下行李的那一刻起，我便在心里默念着：'我的大学生活开始了！'"

王老师开始回忆他所在的精仪系精 00 班刚诞生时的情况。他告诉我们，精 00 班共有 30 名同学，来自祖国各地，从南方的广东、四川、福建，到北方的辽宁、黑龙江、吉林，再到西北的新疆，可以说是跨越了祖国大江南北。那一天是个永远值得铭记的日子，他们怀揣着各自的理想走到一起，对即将携手共进的五年大学时光充满了期待。

　　王老师说，初到清华，同学们都感觉特别新奇，毕竟面前是魂牵梦萦多年的理想学府！当时是六个人住一个宿舍，舍友里有四川的，河北的，福建的，等等。"感觉周围的人都很牛，清华就是个大牛圈！大家都是当地中学最好的学生，和大家的交谈中也不难发现他们都很有水平，因此互相了解的过程也是一个互相学习的过程，同时自己就有了一种前所未有的紧迫感。我想这一点你们也是有体会的。"谈到初来乍到认识的第一群人，王老师记忆犹新。系里安排了经验丰富的胡老师担任精00班的班主任。

　　几乎每个班集体成立之初，同学们都会感到很生疏，不太适应，那么精00班是如何率先破冰，给集体带来温暖的呢？讲到这里，王老师显得很兴奋："首先胡老师根据同学们的高中简历，挑选了几位同学先行使班委职责，后来经过正式的全班选举，第一届班委就产生了，带领着全班同学共奋进。平时班主任和班团干部都经常关心我们的生活，问寒问暖；印象尤其深刻的是中秋晚会，大家坐在一起吃月饼，谈谈思想，聊聊生活什么的，气氛特别融洽。很多同学都是第一次离家求学嘛，包括我，时间长了就挺想家的，每逢佳节倍思亲嘛，但是类似于中秋节这样的活动，大家欢聚一堂唱歌跳舞让我们觉得班集体真的很温暖；另外还有一件小事特别想和你们分享，我们班有个福建的同学，家境比较贫寒，他来报到的时候全部家当就是一条席子和被单，而且只有一双农村里做的布草鞋，到了天冷的时候就算他自己不说，我们看着他都觉得冷，我们都很心疼他，胡老师知道了情况就想办法为他申请了冬衣补助，平时对他关心也很多，精00班慢慢地就充满了浓浓的人情味儿！"

全 面 成 长

　　当年的清华学子都是在集体中成长成才的。不同时代的班集体也有着不同的特点。王老师这样告诉我们："当时人与人之间面对面的接触机会明显比现在多一点，并且党团组织在集体建设中发挥着很大的作用。我们每周都有团小组活动，班里的党员们在各方面为大家做出表率。我们的辅导员是个大三的学长，他是一个陕西人，叫张秦域，非常稳重，文绉绉的，很有书生气息，就住在我的上铺。熄灯以后就经常聊天，给我们这些新生很多关心和指导，比如我们这个专业都要学什么啊,需要具备哪些能力啊,以后能干什么啊,甚至是具体的知识方面都有。很快,辅导员就和我们打成一片。应该说清华的思想教育工作一直抓得比较好,现在也是。但是有一点呢,就是现在网络技术发展了,大家面对面的交谈会少很多,网络成了交流的主阵地。另外现在的学生与外界的交流也较以前多,毕竟时代变得更加开放了。"

学习永远是一个班集体的永久性话题。学习方面,王老师谈到,清华给他留下的一个深刻印象就是学风非常好,报到那天大礼堂前的红幅上写着——红色工程师的摇篮欢迎你,很醒目很震撼,让他一下子明白,来到清华了,将来要成为一名工程师为祖国做贡献。大家平常学习真的是非常努力。新生入学后每年冬天都有个活动叫做新生入学教育之"红专辩论",是响应蒋南翔校长提出的"又红又专"的口号,来讨论应该做一个怎样的人。大家开始先是亮思想,先讲自己对这个问题的看法,对红怎么看,对专怎么看,挖掘出自己思想中不成熟和不健康的部分,摒弃非无产阶级思想,提高自己的思想觉悟。大家的学习态度很认真,效果也很好,活动之后班级面貌焕然一新,同学们斗志昂扬。

当时清华学生学习时是什么样子呢?王老师回忆道:"我们平时上课几乎从没有迟到早退现象,更没有翘课现象,除非是生病,晚上的时间大家都去自习了,有的在宿舍,有的在图书馆;我们班当时还有专用的新生班级自习教室呢,大家坐在一起,有问题可以讨论。应该说那个时候的我们还是很好地继承了清华优良的学风。同学们的成绩当然也是参差不齐,但是特别吃力的同学还真的没有。"

应该说,当时清华每个院系都有着浓浓的学习氛围,大家思想比较单纯,心里就想着将来为国家民族多做贡献,做无产阶级革命事业的接班人。

班级活动方面,王老师印象很深刻的是当年国庆那天新生参加天安门方阵游行,并在天安门广场上跳集体舞。那天他们很早就乘车到达天安门,在晨曦中模模糊糊看到毛主席让大家热血沸腾。那天整个活动让所有人的爱国情怀格外强烈,大家都暗暗下定决心要努力学习,报效祖国。另一个大型活动是元旦联欢。大家剪纸画,排节目,王老师也随校文艺队口琴队为各个系表演。最后的大联欢上,在西大饭厅里大家手搭着前边人的肩膀排成好长一条龙,随着音乐前行,很有意思很开心。那次元旦联欢也是王老师一次美好的回忆。

体育是清华精神中的重要组成部分。"为祖国健康工作五十年"是清华叫得很响亮的一个口号，一进学校他们就受到学长们体育精神的熏陶。当时，每天下午一到四点半，所有同学都到操场上锻炼。王老师告诉我们，当年他喜欢和要好的三四个同学去东大操场打篮球；周末的时候，便拉上几个喜欢游泳的同学去颐和园游泳，畅游昆明湖。"我年轻的时候绕湖游个 2 000 米没有任何问题。"王老师告诉我们，多年养成的锻炼习惯得益很多，哪怕是工作了以后，他还是坚持着长跑和游泳的习惯，在德国亚琛留学时，曾经有一次王老师和一个德国学生跑了半程马拉松。现在年纪大了，锻炼的习惯也一直没有丢掉，"我到现在身体都很好！"王老师自豪地说道。

有一点毫无疑问，精 00 班能够成为这么优秀的班集体，离不开班主任、辅导员的关心、帮助，离不开精 00 班每一届班团干部的耕耘，离不开班里每一位同学对这个集体的付出。

难 忘 回 忆

转眼间又到了那说再见的时候，毕业的时节总是那么伤感。天下没有不散的筵席，尽管不舍，仍要离去。

1970 年的夏天，根据统一分配原则，精 00 班有一半同学留在了学校，补充学校的科研后备力量；其他人则分在祖国各个地方。有的人备战备荒，分在一些条件很艰苦的地方。而王老师则一直留在清华，为这所百年老校奉献着自己的力量。每当回忆起当时分配的情景，王老师都非常激动："他们有的分在汉中，有的分在四川的山沟里，条件非常恶劣，但是他们作为清华学子都继承了清华的优秀传统，实事求是，踏实肯干，后来都在各自的领域成为了中坚力量。"

今年校庆，正是 70 级学生毕业四十周年，30 个同学中有三个已经逝世，有几个在国外，其他 23 个同学都聚齐了，大家几十年难得一见，分外激动！两鬓斑白的同学们留下了激动的眼泪，不管怎样，不管生活如何对待每个人，同学情谊永不褪色，大家还像四十年前一样互相开着玩笑叫着外号，不愧是一起走过风走过雨的亲密战友。不管生活经历有什么不同，大家都非常留恋学校生活。

最后以王老师的一段总结作为全文的结束："我们的精 00 班是个非常好的

班集体,同学们来自五湖四海,非常好的同学,同窗好友,我们一起度过了美好而不平凡的五年岁月,都继承了清华的优良传统,毕业以后不管我们到了什么岗位上,不管条件多么艰苦,都没有辜负作为清华学生的这么一个称号,都在用自己的生命诠释着'自强不息,厚德载物'的清华精神,在各自的岗位上为祖国做出了自己的贡献。我们现在年纪都大了,希望大家保重,珍惜自己的身体健康。今年是我们毕业四十周年,我们在清华相聚了,我希望在五十周年的时候,我们还在清华园,再聚首!"

77 级最美的回忆

——韩景阳老师忆 1977 级自动化系自 73 班

受访者简介：韩景阳,女,1955 年生,研究员,现任清华大学校党委副书记,纪委书记,校工会主席。1978 年进入清华大学自动化系学习,1989 年清华大学自动化系获硕士学位。曾任清华大学校党委组织部部长、宣传部部长、新闻中心主任,校机关党委常务副书记、书记等职。在校学习期间为清华大学校女子排球队队员。

走进图书馆老馆的大门,迎面的墙上镌刻着历届清华先进集体的名字,韩景阳老师所在的 1977 级自动化系自 73 班就在其中。时至今日,虽然当年的大学生活已过去了三十年的光阴,但是谈起当年的班集体,韩老师仍然如数家珍,带着我们一起走进那一串串美好的回忆。

勤奋学习：追回失去的时间

韩景阳老师是 1977 级自动化系自 73 班的成员。这个伴随她走过四年半大学生活的班级是一个团结向上的班集体,不仅连年被评为校级"优秀班集体",而且还荣获了北京市"先进班集体"称号。

1977 年高考刚刚恢复,那些已经进入工厂、农村劳动,从来就没想过能上大学的人们,突然间获得了走进大学课堂的机会,他们渴望学习、渴求知识的迫切心情可想而知! 因此,当年的清华园里学习气氛非常浓厚,同学们都在争分夺秒地读书学习,希望能抢回已经失去的机会和时间。据韩老师回忆,当时校园里课堂占座也是相当普遍的现象,大家抢着占座位就是想能坐得更靠前一点,听老师讲课更清楚一点。到了课下,大家经常在一起相互讨论学业中的问题,相互分享学习的心得和体会。与今天校园里同学们讨论的话题不同,70 年代末的清华学生最关心的是谁的动手能力强、谁的文字组织能力强、谁的报告写得条理清晰、谁的字迹更清楚整齐。勤奋学习、与时间赛跑,构成了 1977 级清华学生校园生活的主旋律。

"走出教室、走出课堂,到操场上去锻炼身体"

清华历来有重视体育锻炼的传统,学生的体育测试也十分严格。1977 级自动化系自 73 班有 35 名成员,其中有 7 名女生、28 名男生。当时,清华百米达标的要求是 16 秒,刚入校的时候,七个女生中只有一个人能通过,其他六个人都不能通过测试。为了解决这个难题,班里组织大家集体参加体育锻炼,帮助女生们提高身体素质。"当年为了强健体魄,大冬天刮西北风的时候,我们班男生每天一清早就喊女生出来锻炼,把我们几个叫起来去操场跑步。"韩老师回忆道。经过一段时间的锻炼,大家的体育成绩显著提高,连爆发力不是太好的韩老师也顺利通过了百米测试。集体锻炼不仅强健了同学的体魄,更是把全班同学紧紧地团结在了一起。

韩老师告诉我们:"那时'为祖国健康工作五十年'的口号深入人心。每天下午四点半,当大喇叭广播'同学们,体育锻炼时间到了,走出教室,走出课堂,到操场上去,锻炼身体,增强体质'的声音时,同学们就陆续走到室外,进行体育锻炼。"今天,"为祖国健康工作五十年"和下午四点半的广播已经成为包括 1977 级在内的许许多多清华人的集体记忆。

一个人参加比赛,全班都是"亲友团"

自 73 班是一个团结的集体:集体的事情就是班级每个成员的事情,而每个同学自己的事情也是大家的事情。有一次全校举办诗朗诵比赛,韩景阳老师也报名参加了。虽然班里的同学对诗歌和比赛本身兴趣不大,但韩老师上场比赛的当天全班女同学一起到现场去为她助威。说起这件小事,韩老师十分感慨。在她看来那时候尽管大家有不同的兴趣、爱好,对同一件事的观点也不尽相同,但在一点上大家的想法是一致的:"同一个班的同学,大家都相互支持!"

整个班级是个团结的大家庭,每个宿舍也是一个和谐的小集体。谈到当年的宿舍集体生活,跟今天竟有几分相似:今天寝室里熄灯后的"卧谈会",当年也非常流行!"当然谈的内容可能跟你们现在不太一样,现在大家谈的比较多的是感情问题,宿舍一个人有了中意的对象,肯定是全屋子的人都知道,甚至还会参谋一番。我们那时躺着聊天,从国家大事到身边的老师和同学,都可以成为话题。相对来说,个人感情的话题不是很多,大家会比较珍视自己的情感,不轻易外露。当然,这也不妨碍交友,后来我们班上还有两对同学成了夫妻!"

"我们就看你一眼也行"

毕业以后,自73班的同学们走出清华园,奔赴了祖国的四面八方和世界各地。其中有三名同学留在了清华,有一多半的同学选择到国外继续求学、工作。有一次,韩景阳老师随教育部的代表团出国访问,中途因为要转机,在硅谷做短暂停留。虽然停留的时间非常短,但是在美国生活、工作的老同学们知道后执意要去见见韩老师:"我们就看你一眼也行。"于是,十来个本班及同一个系的老同学约好在宾馆里站成一大长排等她,每当回忆起当时的场景,韩老师都会被这份深深的同窗之情所感动。如今,在清华的校友网上,自73班也十分活跃。大家经常会到班级的主页上,和天南海北的老同学们讨论各种问题,分享生活的点滴。每次只要有国外的同学回国,大家一定会凑在一块热闹一番。"感觉有个好的集体真的很难得。"韩老师如是说。

两个集体，多重收获

——陈旭老师忆 1981 级电子系无 11 班与体育代表队

受访者简介：陈旭，女，1963 年生，教授、博士生导师，现任清华大学校党委常务副书记，体委主任。1981 年进入清华大学无线电电子学系学习，2005 年清华大学电子工程系获博士学位。曾任清华大学电子工程系党委书记、清华大学党委副书记、清华大学副校长等职。在校学习期间为清华大学田径队队员，主攻投掷项目，曾任清华大学体育代表队辅导员。

18 岁时，陈旭老师来到了清华园，与在她生命中十分重要的两个集体结下了不解之缘。

第一集体：朴实而勤奋的班风凝聚人心

虽然已经过去多年，陈旭老师依然能够清晰地忆起走入清华的那一刻，依然深深铭记在无 11 班和大家一起度过的五年大学本科时光。"当时学校要求北京的学生提前一天报到，第二天参加外地同学的迎新工作。我们的班主任很负责任，入学之前研究透了每个同学的档案，迎新时只要听同学介绍自己从哪里来就能叫出名字。"考虑到大家互相都还不熟悉，班主任就根据同学们中学的履历，指定了两位北京的同学暂时担任班长和团支书——陈旭老师成为了无 11 的第一任团支书。在团支委和班委的齐心协力之下，无 11 逐渐形成为有凝聚力的集体。

● 勤奋刻苦的学风感染人

那时的无11有着良好的学习风气，大家都非常勤奋。陈旭老师回忆说：

"我们上大学之后，对类似毕业分配、工作等几年之后的事情没有太多的考虑，一心一意地要把学习搞好，都很向上、很努力。那时候研究生制度也刚刚恢复，大多数同学都不知道今后会有保送研究生、推研等概念。不像现在，出国、推研机会很多。"因此，同学们都更为关注当下的付出和收获，尽管当时"五年的课程安排比现在四年学制排得还满，大二的时候就要学完难度较大的四大力学——理论力学、电动力学、量子力学和统计力学"，但同学们还是能够优秀地完成学业，靠的是勤奋刻苦。

● 朴实真诚的班风凝聚人

和现在一样，那时候团支部也非常重视支部生活。80年代正值改革开放之初，社会处于转型期，青年学生的思想非常活跃。陈旭老师回忆到："在支部讨论上，为了某个问题，可能两个人还会争得面红耳赤。"在宿舍，同学们也会为一些人生选择问题、社会问题而争论。深入的思想交流和碰撞，不但使同学们的思想越发成熟和进步，也进一步加强了同学们对彼此的了解和认同，增强了班集体的凝聚力。

除了思想交流，班集体还会组织各种感情建设活动。焊接馆教室里元旦包饺子，荒岛上举行篝火晚会，春雨中攀登妙峰山……这些温馨欢快的场面都成为陈旭老师最宝贵的记忆。"有一次班里一起过新年，我们在焊接馆借了一个教室，从班主任家里搬来了煤气罐，北京同学从家中拿来了锅碗瓢盆。从购物、准备菜馅、和面，到包饺子、煮饺子、吃饺子，全套过程，许多南方同学觉得很新鲜，很好玩。更主要的是边包边聊，暂时忘掉紧张的学习，享受到了难得的轻松，场面不亦乐乎。"陈旭老师笑着回忆说："那时候大家还夸我饺子皮擀得特别好。"还有一次，班里同学一起去妙峰山春游，骑着车一路欢笑到了山底，爬到半山腰时天突然开始下雨，再往上走，雨就变成了雪。"当时路太滑，我们只好找了一个古庙躲避风雪，预定的登顶之行只得作罢。"2006年4月毕业20年的同学聚会，陈旭老师和大家一起重登妙峰山，完成了当年那次未竟之旅。在登上峰顶的那一刻，全班同学又仿佛找到了二十年前在清华读书时的那份蓬勃的青春。

陈旭老师总结起她在大学的第一集体——电子系无11班时说："班集体建

设绝不能仅仅停留在活动上,决定班集体凝聚力的是一个班的风气,这些是在日常的细节中形成的。"也正是从一开始就形成的朴实、勤奋的风气,才使得无 11 班形成了强大的凝聚力,且一直延续到今天。

第二集体:与优秀的队友 8 年同行

除了学业班级上所属的无 11 班,陈旭老师的本科和研究生生活中还有一个不得不提的第二集体——体育代表队。在体育代表队,陈旭老师一待就是 8 年,从刚入学一直到研究生毕业。可以说,第一集体在学习上给予了陈旭老师不可替代的帮助作用,而第二集体则拓宽了陈旭老师的眼界和视野,磨炼了其坚强的意志品质,让她得到全面的锻炼和成长。

● 自强不息:学习训练严要求

"我中学的时候就参加过运动训练,所以一入学就参加了体育代表队。"这个经历对陈旭老师来说可谓影响了她的一生。大二的时候陈旭老师住进了代表队的女生集中宿舍新斋。体育代表队要求进入集中班的队员学习成绩要和运动成绩一样优秀。如果队员出现学习成绩下降或者感觉很吃力则会被劝说退队,首先保证学习。

当时体育代表队队员们经常一周连续训练六天,每天从下午四点半开始,到晚上六点半结束,然后才能洗澡、吃饭、晚自习。坐在桌子旁开始学习时,通常已经是晚上七点半了。晚上十点多回宿舍休息,第二天又要迎接新的课程和训练。总觉得每天比一般同学少学习至少两个小时,因此必须提高学习效率,充分利用时间。陈旭老师每次训练完都会去学校三院平房留给代表队的专用教室自习,从不间断,风雨无阻。

面对艰苦的训练和紧张的学习生活,陈旭老师不得不咬紧牙关坚持下来。这个过程也在无形中锻炼了她的意志品质,培养了她吃苦耐劳的精神,造就了她坚忍不拔的性格,使得她在今后的工作中再难再累也能克服困难坚持下来。她回想自己在代表队的经历,意味深长地说:"作为代表队队员就一定要'自强不息'。要首先做一名合格的清华学生,在学业上一定不能落后。要时时按照清华学生的标准来严格要求自己，要比别人花更多的时间和精力，不仅在体育上为学校做贡献，在学业上也要有所成就。"

● 受益终身：与优秀的人同行

陈旭老师认为，在代表队最重要的收获是"比其他同学享受到了更多的资源。"这不仅指当时体育代表队专用的食堂、教师和训练场，而且还包括认识了一批来自各系各专业的同学。这些人不仅在体育成绩上有专长、很优秀，他们的人品、学习成绩等各个方面也都很突出。其中相当一部分都是学生中的佼佼者。

"当时，77级的同学还在学校。所以代表队的队员里，既有高中应届生，也有插过队下过乡的'老三届'，从十七八岁到三四十岁的队员都有。丰富的阅历、成熟的人格，使很多人成了师弟师妹们的偶像和榜样。"陈旭老师补充说，当时还没有"马杯"，只有校运会，以田径项目为主，各个系之间的竞争非常激烈。"运动会的时候这些师兄师姐们传承着各个系优良的传统和精益求精的精神，在比赛中各显身手，力争第一。但是'场上是对手，场下是朋友'，大家平时经常在一起交流，总结比赛中的得失，探讨学习中的困难和问题，还有分享思想和生活中的领悟，我从中学到了很多东西，而这样的资源是别的同学享受不到的。"说到这里陈老师的脸上流露出了怀念和感慨。

当时，体育代表队中有许多传奇式的人物，陈希、陈小悦、张振西、李彦斌、牛淑芳、孙勤等，许多队友给陈旭老师留下了深刻的印象。比如，"铁人"陈刚，当时北京市大学生十项全能比赛的冠军。由于他练习全能项目，每一项都需要训练，因此跟各个队都有一起训练的机会。"他年龄比我们大，身体条件并无明显优势，但是十分地勤奋刻苦。他到了哪儿，就能把那股'拼命三郎'的劲头带到哪儿，你也就自然而然开始跟着他苦练。最可贵的是，他敢于批评，很有正义感，看到不好的现象，不管你年纪大小，也不管你是不是干部，都能够非常正直地、不留情面地指出来。"

还有一个给陈旭老师留下深刻印象的人是77级校男篮的范宇，他后来是IBM亚太地区的高管。陈旭老师回忆道："他开支部会时批评人特别厉害，很不留情面。有一次例会，当场就把一个女辅导员批评哭了，但是第二天范宇又主动去找那个女辅导员交换意见并就自己的态度赔礼道歉。当时队员们之间的沟通非常真诚,队里的活动也很多,大家的感情很好。而这批老队员在整个代表队中起到了很关键的作用。"提到这些可敬可爱的队友和师长,陈旭老师肯定地说:"有几个核心人物,不允许不好的苗头发展成一种风气,对一个集体的发展也至关重要。"

陈旭老师结合自己的经历,建议每个同学除了自己学习的行政班集体之外,还可以去寻找一个第二集体。她说:"虽然会有得有失,难以把两个集体都完全兼顾,但会有助于扩大视野,也会有很多收获。"

成长中的难忘

——忆 1987 级水利系水工 71 班

吴剑平

受访者简介：吴剑平，男，副研究员，现任清华大学政策研究室副主任。1987 年进入清华大学水利系学习。曾在清华大学校团委、党委学生部、党委研究生工作部、党委办公室等多个岗位任职。在校学习期间曾担任水利系分团委书记。

我于 1987 年考入水利系，入学后不久就开始做共青团工作，从大五开始担任系团委书记直至毕业前夕。在系里做共青团工作的过程中，在系党政领导和学生组的教育培养以及广大学生干部同学的关心帮助下，我光荣地加入了党组织，思想觉悟、综合素质、工作能力和工作作风都在为同学服务的实践中不断提高和进步。在我的成长过程中，有许多难忘的人和事。

难忘的集体

重视集体建设，是水利系学生工作的一个特点，也是清华学生工作长期形成的优良传统。

在水利系的五年，我基本上是同时在两个集体中度过的：一个是由 29 名同学组成的班集体，我们团支部 1988—1989 学年度在全校首次团支部工作等级评估中被评为校"甲级团支部"，水工 71 这个光荣的名字今天还排列在"甲团墙"的最前面；另一个则是水利系团委这个集体，经过连续多年的努力，我们也在 1991 年下半年首次被学校团委评为"红旗分团委"。这两个集体都倾注了我的心血，我永远为之骄傲；这两个集体都促进了我的成长，让我永远充满感激。

记得在大二下学期,我因为忙于系团委工作而渐渐地影响了对班级活动和工作的参与程度,与班里一些同学的接触和交流也比当团支部书记时少了。当时的辅导员及时找我谈话,指出了这个问题。这次谈话给我的触动很大,让我懂得了处理好两个集体关系的重要性。此后好长一段时间我都在反省自己哪些方面做得不好,思考今后如何加以改进。经过一段时间的努力,我与全班绝大多数同学都又回到了自己到系团委工作前的亲密关系,班委会和团支部的干部也经常就班集体的工作来征求我的意见,我在工作、学习、生活中有什么困难也能及时得到班里同学的热情帮助。

按照惯例,学校都要安排毕业班照毕业合影,校系领导都会参加。到我们年级临近毕业时,我因为留校团委工作而需要在毕业典礼前几天出差,带低年级的同学去四川绵阳中国工程物理研究院社会实践。这时,班干部召集全班同学在我出差前到大礼堂前照了一张合影。于是,我们水工 71 班的同学都有两张毕业合影,一张有我,一张没有我。尽管毕业快十年了,但每当想到这两张毕业照,我就很庆幸自己大学五年能够学习、生活在水工 71 班这样一个团结友爱进取的集体里面,就会深深地感激辅导员所给予我的及时的教育。

难忘的师友

铁打的营盘流水的兵。从我大二进系团委工作时算起,就先后有胡伟民(四字班)、杨世平(五字班)、陈刚(六字班)担任过系团委书记。还有许多优秀的团干部也先后在系团委这个光荣的集体里和我并肩战斗:蓝文(五字班),胡广华、李疆南(六字班),刘文忠、姜宏斌(七字班),刘斌、田晓东、邢毅、夏林茂、徐海涛、魏罡(八字班),张帆(九字班),张聪杰(零字班)……从这些同志的身上,我强烈地感受到无私奉献、团结协作、开拓创新、脚踏实地等宝贵的品质和精神。

对于系团委的工作和干部,给予最直接指导、帮助和支持的就是学生组。那几年,李志民、梁海波等老师先后担任学生组长,他们对我们这些团干部帮助最多。记得大三我任分管宣传的系团委副书记时,一次召集全系各团支部的宣传委员会议,有一名高年级的宣委无故缺席。因有言在先,所以我和团委的其他干部决定在全系对这名干部进行通报批评。这名干部思想上一时难以接受,还找了当时刚任学生组长不久的梁海波老师,不料非但没有讨回"公道",反而受到严肃的批评。别人告诉我这一情况后,我为梁海波老师的态度十分感动。现在想来,如果没有学生组以及各位辅导员的关心、支持和帮助,系团委的很多工作绝对不会开展得那么顺利。

水利系党委和系行政都非常重视学生工作,当时的系主任董曾南老师、党委书记虞石民老师、副书记胡和平老师等系领导不但每学期都要和辅导员、学生干部座谈,指导学生工作,而且经常深入学生宿舍和参加学生活动,走到同学中间开展教育。记得 1989 年的 4 月 26 日晚上,虞石民老师亲自到 13 号楼系团委办公室,把所有的班长、团支部书记和在系团委、学生会工作的学生干部一一找去谈话,传达学校党委的决定,要求大家回去做同学的工作。谈话的情景和虞石民老师沉着的脸庞、关切的眼神、坚定的态度,至今仍让我记忆犹新。在 1989 年那场政治风波中,系党委及时、深入、细致的工作,使一些同学避免了不必要的损失,也使我和广大学生干部、普通同学经受住了严峻的考验,接受了一次难得的教育。

正是因为有这些让我永远难忘的老师、同志和朋友,我才得以在水利系学生工作这个摇篮里健康成长。这种成长,不但对我这些年在学校做一点工作有很大的帮助,而且也必将使我受益终身。

难忘的要求

刚入学时,我们年级的辅导员是马振宗老师和四字班的李卫同志。军训回来的第一次年级干部会上,马老师并没有像想象的那样先给我们讲一通,而是先让我们说说班里同学的情况:有多少人,都是来自于哪些省市,家里经济状况怎么样……正巧我们班刚刚出了一块宣传壁报,壁报上画了一幅彩色的全国地图,把班里的同学家乡都标注在上面,所以我们班的几个干部很快答上了马老师的问题。十几年后的今天回想起来,马振宗老师当时提出的要求朴素地反映了校系对学生干部的最基本要求,也是党组织对所有党的干部最基本的要求:干部首先要了解群众、关心群众。

在参与系团委工作以后,我一直努力用辅导员提出的这个要求来鞭策自己和周围的学生干部。为此,当时我给自己定了一个目标,就是争取认识全系近600名同学。除了工作渠道经常参加各班的活动外,我还发挥自己兴趣广泛的特点,积极参与系里的各种群体活动,增加与各年级、各种性格特长同学的接触。功夫不负有心人,我能够直接叫出姓名的同学,很快占到全系的 90％ 以上。熟悉基层、熟悉同学,不但为我开展工作奠定了良好的群众基础,而且更使我懂得了什么是群众路线,怎样坚持和贯彻群众路线。在我任系团委书记期间,为了在"三八"节表达全系同学对女生的祝贺,我和几位副书记在前一天熬夜制作了一件特殊的礼物。1992 年 3 月 8 日早晨5 点过,我们几个来到当时全系女生所住的新斋门口,用署名水利系团委、学生会的"礼物"——"节日快乐"四个大字覆盖了整个宣传栏。中午,系团委女生组组长兴冲冲地到 13 号楼来,告诉我们"全系每个女生在出入新斋的时候都觉得特别自豪"。我看看几名副书记,大家带着倦意的脸上都露出了会心的微笑。尽管水利系那时女生较少,但系里的各项工作一直像这样尽量考虑女同学的情况,注意关心她们,很好地发挥了半边天的作用,使全系工作增色许多。

随着自己在学校团委、学生部和研究生院的工作实践,我刚入学时在系里受到的要求就更日益深刻地烙在心中。我也相信,随着时间的推移,自己对党的群众路线的理解和贯彻就一定会更加透彻和自觉。

难忘的选择

人生就是一个为了理想不断选择、不断奋斗的过程。

我在水利系的几年,经历过社会工作的多次选择。校学生会是当时的学生干部比较向往的地方,我先后有两次到校学生会担任主要干部的机会,但最后都放弃了。因为自己是系团委副书记,所以面临那两次选择时,我都向当时主管学生工作的系党委副书记胡和平老师作了汇报,征求他的意见。前一次,胡老师觉得我在系里工作较短,基层工作还不够扎实;后一次,他向我讲了自己的经历。虽然胡老师两次都让我自己决定,但是他的话却让我学到了面对选择时思考判断的方法,让我拥有了蒋南翔老校长所说的"猎枪"。

大四结束时,系学生组长梁海波老师和团委书记陈刚突然正式找我谈话。

开场白是陈刚讲的一段故事：说某系原来有一学生干部，毕业时组织上希望他留校，这名干部表示不愿意；系领导问他是不是共产党员，这名干部不吭声。虽然事先并没说谈话的内容，但陈刚讲到这里，我已经全明白了。从高中毕业报考水利系时我就憧憬将来能够回到家乡搞水利建设，而且当时正值三峡工程上马，这对每一名有志于水利事业的大学生而言，简直就是天赐良机。当时我在心里自问：现在我就是那名学生干部，该如何选择呢？短暂的沉默、激烈的思想斗争之后，有一个声音在脑海里响起：你是七字班发展的第一名党员，组织的需要就是共产党员的唯一选择。于是，我看了看梁海波老师和陈刚，低声却是坚毅地说了短短三句话："我明白了。要我干什么？我服从！"就这样，我放弃了免试直读硕士而选择了保留学籍两年，后来又因为学校工作需要，从留系工作改为留校团委工作。

　　工作近十年来，我又面临过多次选择，每次我都会想到自己在水利系的经历。即便是觉得难以胜任的工作，我都会在组织谈话时郑重地表态：我是共产党员，以组织的最终决定为准。于是，我从保留硕士学籍转成了在职读研，从校团委调到了党委学生部，又到了党委研究生工作部，前不久又从自己熟悉和钟爱的研究生教育岗位转到了学校政策研究室和党委办公室。

　　有时候，关键时刻的一个选择往往将决定一个人的一生。过去我虽然只是许许多多学生干部成长道路上的一颗铺路石，将来也可能最终仍只是学校建设世界一流大学事业底部最普通的一块砖，但既然选择了入党、在大学毕业时又选择了留校，我就坚信青春无悔。

　　读大学的五年，是一个人青春岁月中黄金般的时段。在这五年，我十分庆幸自己能够有机会参与到水利系的学生工作、特别是共青团工作之中，在为同学服务的努力中，我更多地受到了组织的教育、培养，有了提高，有了进步。在这里小记的人和事中所折射出的朴素品质和闪光精神，就体现了水利系学生工作多年形成的一些好传统、好作风，也在一定程度上反映着清华大学长期形成的优良传统和作风，这些无形的力量将继续鼓舞着我为学校的建设而奋斗、为党的教育事业而奉献。

第三部分
新世纪集体建设风采

第 一 集 体

思想引导篇

胸怀祖国，投笔从戎

——记电子系国防班无 011 班

4 年前,28 名同学中只有 8 人高考第一志愿为国防定向;4 年后,整个支部全部履行献身国防的誓言,携笔从戎。

4 年前,支部中只有 5 位党员;4 年后,17 名党员占支部总人数 61%。

4 年前,支部的平均入学成绩低于电子系录取分数几十分;4 年后,支部一多半同学的平均成绩达到 80 分以上。

这就是清华大学首届国防定向班——无 011 团支部走过的令人赞叹的路程!

从入学时的"低人一等"到毕业时的学业优良;从入学时的动摇不定到毕业时的献身国防;从入学时的"前途灰暗"到毕业时的信心万丈。在四年的工作中,无 011 团支部用他们的行动探索出了一条国防生支部成功的成长轨迹。

思想政治学习,一直是我们坚持
不懈的主旋律

坦率而言,无 011 支部的同学最初选择国防定向的动机是有着很大的差异的。一些同学是由于调剂而成为了国防生,因此初始之时大家对于到军队工作的前途并非信心十足,甚至存在违约的念头。关于"参军"、"入党"等主题一直是同学们关注的焦点。

面对这种状况,无 011 支部在班主任和辅导员的指导下开展了坚持不懈的思想政治教育,四届班团委都把思想建设作为班团工作的重中之重来抓,支部四年如一日地坚持着思想政治学习,通过与校领导座谈、与军队校友交流以及外出接受国防教育等方式增强同学们的思想政治觉悟。对于首届国防班,学校领导和系里的老师都非常重视。时任校党委书记陈希老师、党委副书记杨振斌老师都先后同支部同学座谈。陈希老师为大家疏解心中疑虑："一个人的成才一方面看能力,但同时也要看选择方向,从长计议,军队是一个非常好的舞台!"杨振斌老师为大家指明方向"一个人的发展不仅要看十年以内,要长远些,看到二十年、三十年以后,对一个人的评价要更多地看他的社会价值而不是经济价值。"那一句"祖国终将选择那些选择了祖国的人!"让同学们心潮澎湃,热血沸腾。持续深入的思想政治工作日渐起效,老师们的语重心长、谆谆教诲,支部里一次又一次对理想的争辩与对灵魂的叩击,使同学们的红色思想变得更加坚定。

　　一位成绩优异的大四同学回忆到他在刚入校一段时间里非常沉闷,他说:"为何'定向'二字让我如此沉沦? 很简单,因为'定向'不符合社会上的价值观。一个清华人,出不了国,发不了财,要去部队拿一两千的工资,那他还剩下什么?那不是出卖青春的典型吗?"同样还是这位同学在入党前的思想汇报里写道"对于一个有志青年,他最大的责任应该是对国家和民族的责任,而他最大的幸福则是在奉献后的成就感。现在这正是我,正是很多年轻人心中真正的价值,也正是我们内心深处的激情之源。这个浅显的道理却花了我近三年去思考,但我还是为此庆幸。如果没来这个班,也许我需要花一辈子去思考。"

　　还有位性格开朗、心直口快的同学在入校时说:"因为不想复读,所以才无奈地选择了国防定向,选择之后很沮丧。入校后,总觉得在清华低人一等,选培办发的迷彩服都不好意思穿出来。经常跟班主任讨论一些想法,但是很多时候都看法不同,甚至截然相反。"到他入党时,他说"三年,我用了三年的时间完成了转变,现在我加入党组织,完全是经过了很长一段时间的仔细思考后的决定。党是一个先进的组织,作为一个国防生,我有义务投身到祖国的国防事业中去,我愿意投身国防第一线,为军队的科技建设尽自己的微薄之力。"

　　"思想政治学习一定要旗帜鲜明,要敢于攻坚和坚持,这样同学们就一定会起变化!"这是无011支部四年来进行思想建设的最大经验。在支部中一些有影响力的同学的带动下,大三、大四无011支部正风强劲,入党申请如潮。思想政治学习的顺畅局面说明:要相信同学们的基本觉悟与素质,要相信我们思想政治工作的实力和作用,思想政治工作不求立竿见影,但求务实、求真、坚持!

扎根大地，仰望星空，燃烧理性的激情

形式多样的思想政治学习从科学和理性上奠定了同学们人生观、价值观的基础。但对于大学校园中的青年，对于正处在豪情万丈的年纪的同学们，如何激发他们对部队的热爱、对献身国防的追求，同时将这种激情与当前的学习工作紧密结合起来，促进同学的成长成才、不断进步，成为了支部建设中面临的一个重要问题。无011支部特别注重结合校内外各种资源进行适合青年特点的激情教育，这对于促进同学理性认识的提高有着不可替代的作用。

观看八一飞行特技表演并跟飞行员座谈、合影。同学们羡慕、激动地说："部队真好！"

听"飞豹"设计师讲述自己事业和生活经历，同学们心中默想："这样的生活不错！"

走访空军工程大学、西北核研所、卫星测控中心的西安军旅行让同学们体会了原汁原味的军队生活，英雄的业绩使他们感动，装备的落后使他们感慨，部队对人才的渴求让他们觉得义不容辞，军队巨大的科技舞台更使他们跃跃欲试。

江泽民总书记的回信，部队首长的接见，教育部部长和学校的党委书记、校长的亲切关怀使他们深感国家和学校的巨大期望。

圆明园遗址抚昔，白洋淀抗日追索，血性青年的爱国奉献之情激而怒发。巨大震撼力的国防激情教育对同学思想观念的确立和坚定产生了不可估量的效应。

试想，如果能身处规模宏大的军事演习中，乘潜艇神游祖国海疆之下，亲临火箭发射现场，同学们的心灵将会受到多么巨大的触动，青年心中的豪气怎能不被百倍的激发？

扎根大地，国防一线巨大的空间需要同学们挥洒汗水；仰望星空，国家和民族的期望让同学们感受到肩头重担的分量；燃烧理性的激情，同学们为自己人生价值的实现找到了最好的舞台。

四年磨一剑，学业为本

由于大部分同学入学成绩普遍比电子系其他班差一截，大一上学期，支部的平均成绩比兄弟支部落后了很多。但经过了一学期细致有效的思想建设和集体建设,大家的集体荣誉感已经被逐步树立起来,一个团结向上的集体已见雏形,同学们都能够正确地看待这个问题:起步差并不代表会一直差下去,关键是如何在支部内形成良好的学习风气,促进学习成绩的提高。支部仔细分析了成绩提不上去的原因,大家普遍认为在学习方法上存在问题,但更主要的是学习目的不够明确。

针对同学们进入大学后学习方法上不适应的情况,支部组织了多场与任课老师和和高年级学长的交流座谈,向他们请教如何听课、如何做笔记等等,同学们开始逐步进入状态。

对于更为严峻的学习目的不明确的情况,支部更是多方面努力。持之以恒的思想政治学习解除同学们思想上的疙瘩,消去了同学们在学习上的抵触情绪;前往部队科研院所的实践使同学们亲身感受所学知识的用武之地。同学们逐渐开始把珍惜时间、努力学习,将来在部队无愧于清华大学毕业生称号,在国防事业中成为国家脊梁中的一块硬骨头作为学习的动力。

事实证明,只要同学们思想上的问题解决了,只要同学们对未来有了清晰的认识,学风建设中的种种困难就迎刃而解了,而且同学们学习往往比其他非国防生更刻苦,他们身上除去求职欲望,更有军人强烈的使命感。经过努力,支部的成绩有了明显的进步,不仅摆脱了在十一个兄弟班级中倒数第一的帽子,而且成绩特别优秀的同学数量显著增加,平均成绩 80 分以上的占支部成员的一半还多,已经和大部分兄弟班级达到了一样的水平,其中一些同学与兄弟班级中那些各省市状元们相比也毫不逊色。一部分学有余力的同学还参加了学校里各种SRT 研究项目和科技竞赛。支部形成了"目的明确,学风严谨,积极向上,互帮互助"的学习风气。

战斗的集体不让一个人掉队

在刚入学时,同学们最反感有些集体活动时要穿迷彩服,支部活动都要生拉硬拽动员大家参加。在临近毕业时的全系运动会上,无 011 支部齐上阵,勇夺团体第一。体育委员自豪地说:"到临近毕业还能紧紧拧成一股绳的要属我们无

011!"年轻的同学们来自全国各地,如何让他们感受集体的温暖,如何让他们以集体为荣,成为无011支部支委们不断思考和努力解决的问题。

"我们来自五湖四海,为了一个共同的目标走到一起来了。"毛主席这句话用在无011支部身上是再合适不过了。同学们为了我国的国防事业走到一起,现在是亲密无间的同学,将来是携笔从戎的战友,大家的目的是一致的,有着共同的事业追求和奋斗目标。在日常的集体活动中,支部非常重视同学之间的这种战友情怀,强调无011是一个战斗的集体,战斗的集体不让一个人掉队!

体育比赛的时候,支部全体成员都能到现场加油助威;同学生日,大家也会欢聚一堂热烈庆祝;有同学学习上有困难,同学们会带他到实验室找师兄们请教;有的同学不喜欢参加支部活动,支部刻意安排同学经常找他打球,让他体会集体的温暖。学校的各位老师和辅导员也在支部同学身上倾注了大量的心血,不让一位同学掉队。

一位由于高考填报志愿失误而高分进入无011的同学在入学之初就开始逐渐丧失了进取心,从逃课、抄作业,发展到根本不上课,不看书,用游戏消磨时光。支部同学为了不让他掉队,多次与他谈心,也积极同系领导、班主任联系,反映他的情况。同学们帮他补习功课,支部里的党员同学鼓励他积极向党组织靠拢。终于大三以后他的心结开始慢慢解开。在临近毕业时他写道:"回想大学往事,伴随自己的是悔恨和痛苦,虽然都已逝去,但我决不会将这份记忆抹去,因为他给了我宝贵的经验,让我知道了怎样去分辨是非、面对挫折;因为正是这四年,我在无011这个温暖的集体得到了真正的成长,是无011在泪水中给了我欢笑,在迷失中给了我力量,在痛苦中给了我新生!"

一个大三时痴迷游戏,成绩严重下降,又恰在此时头上患了牛皮癣的同学回忆说:"我当时真的有点傻了,我突然变得不愿见人,怕别人看见我头上的一块块疤,怕别人说这是孔乙己的癫疤疮。"从此,他以生病为借口不参加实习、上课。出乎他预料的是,老师和同学们并没有放弃他这个"毫无希望"的学生,班主任和年级主任多次找他聊天,时任系党委书记陈旭老师更是专门向他介绍了一家中医药研究院,还亲自带他去看病,大夫们都把陈旭老师当成了他的母亲。这位同学最终重新找回了自信,进入国防科技大学攻读研究生,当他再次回想起那段时光,他说:"我想,有这样的好老师关心我,帮助我,如果我还不知道感激,不知道好好做人，我就不配做人了！"

　　转眼大学四年就要结束了，临近毕业之际，无011支部的同学萌生了一个想法：向江泽民总书记写信感谢军委首长对于同学们的关心，同时也汇报同学们四年来的成长情况。在信中，同学们介绍了四年来支部同学在思想和学习上取得的进步，同时也向江总书记表态："请江主席放心，在未来的工作岗位上我们一定会尽自己最大的努力做好本职工作，努力成为又红又专的军事科技人才。我们坚决听从党的指挥，工作需要我们去哪里，我们就去哪里。我们要以饱满的热情和踏实的工作作为科技强军、实现中华民族的伟大复兴贡献我们毕生的力量！"令同学们意想不到的是，短短几天后，江泽民就写来了回信，在信中他肯定了同学们取得的成绩，也鼓励同学们"在新的岗位上继续刻苦学习，陶冶情操，磨炼意志，坚忍不拔地实现自己的报国之志，努力为国防和军队现代化建设，为中华民族的伟大复兴建功立业。"江总书记的回信对同学们产生了非常大的震动，同学们感受到了党和国家对投身国防人才的高度肯定和重视，也更加坚定了同学们走向国防科工战场的决心。于是毕业之时，无011支部全部28名同学，13人受部队委托在清华攻读硕士或博士，11人进入国防院所继续深造，4人直接前往部队工作。

　　此时，同学们进入戎马生涯不再是无可奈何，不再是随大流，而是心潮澎湃、激情满怀。

　　他们说："我们生逢其时，在这激情岁月里，国防战线给了我们展示风采的舞台。房子、汽车、票子不是我们的追求，能够到最有挑战的国防科技战场发光发热是我们最大的期许。"

　　无011支部四年中发生的显著变化离不开每位成员的努力，也离不开从国家到学校领导对无011的关注。肩负着民族的期望，28位同学奔赴国防事业第一线，他们将用自己对祖国的热爱与忠诚，用自己的聪明和才智，在部队这个大舞台上描绘出最壮美的人生画卷。

艺 海 扬 帆

——记美术学院 01 史论班

"无一丝妩媚造作,只有那一清泉的明澈。于艺海扬帆放歌,是人生最惬意的一件事。"这是 01 史论所有同学的心声,正是对于艺术的执着信念,让来自北京、山东、湖南、山西、辽宁、河南六个省(市)的十五名同学凝聚到了一起,他们用青春和智慧谱写了一曲动人的乐章,用自己的实际行动扬帆起航,在奋斗的路途上始终坚定不移地追寻自己的理想。完成四年学业之后,三位同学获本校免试读研资格,三名同学考取了本校研究生,两名同学获外校读研资格,两名同学出国留学继续深造。这是一个丰硕的成果,是对大家在一起共同学习、提高的奖励。当往昔的同学们聚在一起畅谈起往事时,每个人的脸上都洋溢着幸福的微笑。那一段段往事,怎么能够忘却;那一幕幕场景,总是让人激动地想起!

感情汇成凝聚

01 史论班在清华美术学院一直口碑良好,广受师生好评。大学四年,这个班级获得多项荣誉,包括校级优秀班集体和甲级团支部,为学院的班集体建设树立了典范。时光追忆到当年,当十五位热血青年聚集到一起组成 01 史论班时,每一位同学都满怀着对未来的憧憬,对集体的热爱。

01 史论班同学的心是由一个个令人感到温馨和感动的活动串联起来的。这个集体就是每一个人在学校的家、在北京的家。入学不久,班干部就把每个同学的联系方式和生日记下来。11 月有四位同学过生日,班里专门为这四位同学开了小 Party。生日的宴会上,已经熟悉的大家完全放开了拘束,场面十分热烈。而引发全场笑点的是文艺委员李天垠的节目,他站在桌子上边走 T 台边唱歌,即便这么多年过去了,那场景和欢笑依然清晰地留在大家的脑海中。

情感的建设并不是形式化的活动,而是真正敞开心扉。在这里,集体是那么有吸引力，每个人都奉献着、收获着，在欢快和感动中成长。在新生运动会上，全班十四个人为参加女子3 000米长跑的毛旭林加油。毛旭林出场时，全班一片欢呼；比赛进行中，十四个人的加油声从未停止。对于01史论来说，成绩不是第一位的，同学间的支持与关爱比什么都宝贵。大四时，团支书马敏做了心脏手术。外向的她在手术前只把这事悄悄地告诉了同宿舍的同学。大家得知此事后，纷纷去医院看望她，买鲜花、送水果，给她带杂志，怕她闷。有人开玩笑说马敏的病床前"门庭若市"，而这份热闹与温暖，是班里另外十四个同学带来的。

每个人都有一段感动，当十五段感动交融到一起的时候，这个集体便凝聚了无穷的魅力。大二冬天，大家一起参加学院组织的元旦晚会，有人负责排练节目，有人负责制作道具，有人负责联系组织，每个人都有自己的一份工作，每个人都有自己在舞台上的角色，都有自己的台词。晚会当天，大家尽心尽力将晚会推向了一个新高潮，博得满堂喝彩。时隔多年，当年的班长王小茉说，"我们班是一个整体，一个也不能少。"是的，在这里，只有一个"1"，从未有过"15"。在采访中，王小茉总是说："采访太突然了，没有时间准备，班里真的有好多事都特别感动，让人难以忘怀。也许应该把大家都叫来，一起说、一起回忆，这样才能全面。"

信念催生坚定

情感建设作为班级建设的基础，使01史论班的15颗心走到了一起；而在思想上的共同追求，将他们紧紧地团结在党的周围。大家都深深懂得爱国奉献、追求卓越的理念，都懂得为国为民的责任，班里半数以上的同学先后提交入党申请书，每个人都在思想觉悟上不断提高，形成强有力的思想基础。正是这种为人民服务、爱国奉献的坚定信念不断地支撑着他们坚定地走下去。

"行胜于言"，清华人在20世纪80年代初喊出的时代最强音"从我做起，从现在做起"始终激励着史论01班的同学，到社会主义现代化建设的伟大实践中去受教育、长才干、做贡献，也是他们永远的心声。他们积极参加社会实践，调研艺术界的敏感课题，与更多的人交流。用他们的话讲，"我们是清华人，我们肩负着历史的使命，中国的美术史研究仅仅起步和发展了二十多年，与国外的上百年学术历史相比，我们需要做得更多。我们的老师们是美术史研究的领头人和奠基者,我们是后继者和新的中坚,一批一批的人做下去,推动整个国家美术史研究的发展。"也许就是这爱国奉献的强烈信念留心中,这份对国家对民族的深切责任感留在心中,他们才能走得如此坚定,开创出这么多让人瞩目的辉煌。

信念催生坚定,而也就是这种信念才能使他们在将来的人生路上有着更加坚定的脚步。一位有过多年学生工作经历的老师曾经说过:"班级不团结、但同学个个是业务精英的情况是不可能的,我从来没有见过这样的情况。01 史论班的现象说明,个人的成功是与集体的成功紧密相连的。"在大学期间,同学们的学习成绩都很好,全部通过大学英语四级考试。毕业后,他们依然出色:班长王小茉经免试推荐,继续在艺术史论系攻读博士学位;刘晶晶在本校硕士毕业后,赴日本深造;同在日本求学的,还有朱美臻;岳君瑶毕业后去法国,目前在以博物馆学和艺术史论专业著称的卢浮宫学院学习;李天垠和马敏分别在国家最重要两大博物馆——故宫博物院和国家博物馆工作;王君瑛硕士毕业后回到家乡,在辽宁师范大学任教;谷雨转行做了动画设计,与朋友合办的工作室进行得有声有色,她说,从四年的史论学习中受益良多,现在的灵感和创作多来自那时的积累。而另外几位同学——闫雪峰、赵子龙、文瑶、毛旭林、戴婷婷和张雪,分别在拍卖公司、美术馆、行业协会和出版社兢兢业业地工作,学以致用,在各自的领域发挥作用。所有的一切,都实践了清华"入主流,上大舞台,成大事业"的口号,在每个工作岗位上,每个同学都尽职尽责。为人是为了更好的求学,求学要有真挚的兴趣。他们正在用坚定的脚步践行着心中爱国奉献的信念。

学习成就未来

大学可谓一个人学术生涯的起点,经过高考搏杀的 15 位同学进入高等学府,正式接受专业教育。对于 01 史论班的同学而言,艺术史是新奇而陌生的。他们自幼学习绘画,有的还曾参加过艺术设计专业的考试,对艺术饱含热情,并且,文化课基础较好,喜爱文学,但即便如此,艺术史到底是什么,它需要怎样的学术训练,大家却不甚了解。大学第一堂课是"古代汉语",来自人文学院的老师学养深厚,在座的十五位同学无不佩服。与高中时期的习题、卷子完全不同,老师布置的第一次作业是让大家到图书馆的工具书阅览室翻查《辞海》《辞源》《说文解字》《康熙字典》《现代汉语词典》和《新华字典》，找出自己名字的含义，撰成一篇《姓名考》。这令所有人都感到有趣又有些犯难。于是，大家约好一起去图书馆，"集体行动"既让大家在烦冗的文献中"并肩前行"，又在无形中加深彼此间的了解。同时，同学们对自己今后所要进行的学业和从事的专业有了稍许认识：严谨的考据、敏锐的判断以及准确的行文。

01 史论班的同学都十分感谢班主任陈岸瑛老师。陈老师是北京大学哲学系的高才生，毕业分配至清华大学美术学院艺术史论系后，01 史论班是他带的第一批学生。由于年龄相仿，师生间没有隔膜，大家私下可以像朋友一样交谈。陈老师工作认真负责，他创立了读书讨论的传统，坚持每个月组织同学进行读书会，大家先根据最近阅读的书籍写成读书报告，再在会上发言，由老师点评。良好的学术氛围不仅激发了同学的学习热情，也让同学间更加团结互助。谁找到哪些好资料、在什么地方正在举办好展览，都是互相转告，结伴而行。

才华回馈社会

坚持培养"又红又专"的优秀人才，是清华大学几十年来的光荣传统。01 史论班对此的理解是：一个优秀的人才，不仅要有扎实、精湛的业务，更要有社会责任感和报国精神。入校以来，班级同学积极参加社会工作，为学校、学院和师生服务，锻炼自己的社会工作能力，以此促进全面发展。王小茉在硕士期间担任2005 级和 2006 级的辅导员，刘晶晶曾任校红十字会副会长，马敏在校时任院学生会副主席，文瑶曾是艺通社社长，毛旭林和张雪都在硕士期间担任院研究生学生工作助理。人们都说，01 史论班的同学不仅在年级中出名，在学校里也是活跃的。大一第二学期，王小茉、毛旭林、岳君瑶三个同班同学一起去校红十字会参加献血。事前事后她们都未多言，当组织者将献血证书发给班主任时，学院的学生工作部门才得知此事。军训期间，李天垠和张雪受学校委托，利用自己的摄影专长，对清华大学军训的整个过程进行了全程记录，并进行后期制作，为学校留下了难得的影像资料。

"饮水思源"，十五位同学都懂得这个道理。01 史论班的同学踊跃参加社会实践，通过实践，他们要了解到祖国的发展现状，知道祖国有太多需要他们贡献才华的地方。班里的 3 位同学参加了大一去张思德希望小学支教的实践支队，他们教育孩子们要立志成才，鼓励孩子们树立起努力学习的信心。临别之时，孩子们唱的歌感动了所有支队成员，也鞭策着大家回来后要更加努力地投入到工作学习中。大三时，班里的不少同学又跟着院红十字会前往河北省的贫困地区，用实际行动来支援需要帮助的人们。

　　他们都还记得，在毕业典礼上，顾秉林校长宣布校级优秀班集体的名单时，他们拿到了全校七个名额中的一个。班长代表大家上台领奖，她激动地将沉甸甸的奖牌高高举起，并转向同学们的看台，虽然只有 15 人，但欢呼声响彻云霄，整个综合体育馆、每一个到场的老师、学生和嘉宾都能听到。这是大家为之奋斗的结果，是十五颗心凝聚到一起的结果。

　　"团结，上进，有学术理想。"用这九个字描述和评价 01 史论班再合适不过。大家都取得了一定的成绩，然而大家依然在努力，努力使自己更完美、更全面、更好地胜任社会赋予的使命。为国为民不是一句空谈，十五位同学正在付诸实践，正在不断以坚定的信念为依托，用自己的满腔热情来续写更加美好的未来；十五个人的理想也是一致的，那就是为了中华民族的伟大复兴而努力奋斗！

水 舞 一 心

——记水利系水工 51 班

水润天下万物，

工济苍茫九州；

五湖四海齐聚，

一家卅口同心！

2005 年的夏天，来自五湖四海的 30 个可爱的"孩子"来到了清华，走进了水工 51。大学四年来，同学们相互学习、不断成长，建立了深厚的友谊，并逐渐形成了积极努力、互帮互助的良好学习风气。大学四年里，水工 51 从当年的青涩逐渐变得成熟，共同的理想把同学们凝聚成一个团结紧密的集体。

他们连续 3 年被评为校甲级团支部，并连续 2 年被评为校甲级团支部标兵；连续 3 年获校优良学风班，2007 年被评为清华大学先进班集体；2006 年、2007 年分别被评为北京市先进班集体、北京市先锋杯优秀团支部、北京市五四红旗支部；班级主办的"世界水日宣传活动"获支部特色类素质拓展项目金奖、"走进十七大"获支部特色类素质拓展项目银奖；"追寻张光斗先生足迹"实践支队获暑期实践校级金奖支队称号，另有校级银奖支队 2 支、铜奖支队 3 支。

班级的口号是"水舞一心"，代表着班内 30 名同学都有着自己的特点，在班级建设中发挥着不可替代的作用，大家共同组成了团结友爱、积极上进的水工51 班。"充分调动每一个人的积极性、不让任何一个人脱离集体"是水工 51 的工作理念和目标。在毕业之际，全班有 17 人系内直博或直硕，6 人外推直博或直硕，3 人出国，2 人考研，2 人工作，30 个同学都做出了自己人生的选择，相信多年之后，他们都能在自己的领域取得更大的成绩，做出更多的贡献。

思想建设——精心构建，水到渠成

在大学第一次班会上，班主任武晓峰老师对同学们说道："选择了清华，也就意味着选择了一种责任，一种对国家、对社会、对民族的责任，这种责任你是无法逃避的，原因很简单，就是因为你是清华人。大家想想，如果连清华的学生都逃避这种责任，那谁还会去承担？那我们的国家未来还有什么希望？"老师语重心长的话语深深触动了同学们的心灵。

因此从大一开始，思想建设便成为了班级全局工作的重中之重。为帮助同学形成正确的世界观、人生观和价值观，每届班团委都在思想建设上狠下工夫，通过精心构思、巧妙设计，与时代背景相结合、与同学需求相契合，使思想建设工作的开展水到渠成。

● 紧跟学校步伐，抓住时代声音

思想教育由于其特殊性质以及同学思维的惯性，往往容易演变成为乏味的说教。为了使思想教育真正对同学有所触动和帮助，水工51紧跟学校步伐，抓住时代声音，把握历史契机，将思想建设与时代背景紧密结合，积极开展了一系列行之有效、深入人心的思想教育活动。

从建设节约型校园理念的提出，"科学发展，成才报国"主题教育，到十七大胜利召开，水工51从来没有错过这些绝佳的思想教育契机；大一暑假，水工51全班同学来到祖国西部地区，体验和感受真实的西部，并在回校后开展了"缘牵西部，水舞一心"的实践联展活动，以自身行动影响和带动身边的同学；而在大二下学期，学校提出了建设节约型校园的目标，水工51结合本系特点，联合物业管理中心，开展了"节约用水，从我做起"世界水日宣传活动，利用专业优势向同学们普及水资源紧缺的知识；汶川地震后，水工51积极组织同学捐款，并将刚刚下发的1 000元甲级团支部奖金以班级的名义捐给了灾区，表达对灾区人民的一份心意的同时，也对班级同学进行了一次生动而深刻的爱国主义教育。水工51通过紧扣时代背景，结合身边事例，避免了思想建设形式上的枯燥单一，有效地促进了班级同学思想认识水平提高。

也是在大二下学期,适逢水利系教授张光斗先生95华诞,胡锦涛总书记为张先生写来贺信,学校也号召全校师生学习张先生的先进事迹。在这一背景下,水工51认识到,张先生的事迹与精神对同学们树立积极正确的专业认识、形成爱国奉献的品质大有裨益。于是他们抓住了这一契机,在校内开展了一次主题团日和一次党课学习小组活动,并在暑假组织实践支队奔赴江苏、重庆、成都等地,追寻大师足迹,探索成才道路。实践支队长孙挺在个人总结中这样写道:"当我们载着'清华水利人'的荣誉出现在明日的舞台上时,我们一定要对得起那五个字承载的辉煌,一定要对得起人民给予那五个字的厚望! 为了明天为祖国为人民做贡献,我们今天在清华园就要刻苦学习、努力钻研,积极地提升自身能力,以不辜负祖国和人民的期望。"这一系列的活动得到了系里和学校的大力支持,也取得了很好的效果与成绩。科学发展,成才报国,对同学们探索自身的成才之路起到了积极的引导作用,并促进同学们深入思考清华人在民族复兴中的责任和使命。

● 想同学之所想,办同学之所需

"充分了解同学现状,想同学之所想,办同学之所需。"这是每届班团委工作的根本出发点。大一春季学期,针对新生入学来理想的迷茫期,水工51开展了"梦想驿站"的主题团日活动,请来了有经验的师兄师姐与同学们座谈,谈学习、谈工作、谈生活、谈感情,在轻松愉快的氛围中,让同学们对水利事业有了更多的了解,对工作方面的问题与解决方法有了更多的思考。最后大家将自己的梦想写下,一起封存在了梦想采集箱中,等待十年后再来开启它,一起见证自己的梦想。通过这次活动,每个人都有了自己的大学目标,为整个的大学生活打下了良好的基础。

而在大三下学期,每位同学都将面临推研、出国、就业的艰难选择。这时,水工51的班团委们又适时请来了我系各个研究所的师兄、老师、已经拿到offer的师兄师姐和就业中心的老师,通过近距离的接触与交流,使同学们对各个研究所的具体方向、出国的流程、就业的形式等问题有了更为深入的了解,解决了许多先前的困惑,帮助同学们在未来道路上走得更顺。

　　面对同学们日益迫切的理论学习需求,水工51开展了一系列形式丰富、注重实效的党课小组活动。从大一开始,全班30个人全部参加了党课学习小组,从每月一期的信息简报到每学期2次的集体讨论,从一二·九的清华烈士拜祭到重温入党誓词,水工51积极引导大家向"又红又专"的标准发展。有声有色的党课小组活动有效促进了同学们思想水平的提升,党员人数也由刚入学的9名增加到16名。

　　精心构建,水到渠成。时代背景和同学需求为水工51的思想建设工作的开展提供了有力抓手。思想工作的深入开展有效促进了班级整体凝聚力的提升,统一思想、统一认识、统一行动,班级凝聚力反过来为思想建设的不断深化提供了持续动力,实现良性循环。思想建设是龙头,搞好了思想建设,水工51的其他班级工作开展得更加有声有色了。

集体建设——真心付出,收获感动

　　"能进入水工51是幸运的,能在水工51中成长更是幸福的。在这里,我时刻能体会到家的温暖,能感受到亲人的关心,水工51永远是我力量的源泉。"水工51班刘茂峰在班级日志里这样动情地写道。这不仅是一位普通同学的心声,更是每位水工51人的真实感受。还记得大三时的女生节,男生们拿起针线,挑灯夜战,为每位女生精心准备一个十字绣礼物;而就在当年的男生节,女生们不仅给男生做了精美的布娃娃,还亲手为每人织了一条围巾。正是这种真心实意的付出,同学们不断地感动与被感动着,对这个温馨的集体越来越充满依恋。

　　大学四年来,水工51形成了独具特色的班级文化。"水舞一心"的班级口号既体现了舞动活跃的班级气氛,也反映了水工51团结奋进的班级凝聚力;"情若流水,吾心相依"的班级对联更体现了水工51全体兄弟姐妹互帮互助,心心相依的家庭温暖;"弄潮儿"的班级标志充分展示了水工51勇争第一,努力成为时代中流砥柱的信心和决心;11月19日的班级生日取自全班共有11个女生、19个男生之意,每当这时,大家会共同唱起《生日快乐》歌,体会着家的幸福与温暖;集体活动,大家则会穿上自己设计的班级文化衫;体育比赛,同学们会挂出自己的班旗;还有每学期两期的班刊《水舞一心》,在这里大家可以畅所欲言;每天由一名同学来记录的班级日志,记录了大学生活的点点滴滴……

大三学年,水工51响应清华"为祖国健康工作50年"口号,结合体育锻炼的形式促进集体建设。每周支部集体组织3次体育锻炼,从集体跑步到趣味游戏,从班队训练到班级比赛,我们的目的是在班级营造一种体育氛围,引导同学养成良好的生活习惯,将体育运动变成自己生活的一部分。丰富多彩的活动不仅增强了同学们的身体素质,更加强了支部的感情建设,增强了班级凝聚力与战斗力。

集体建设是一个集体生存、发展的保障,也是个人进步的力量源泉。水工51班做好了班集体的建设,推动了其他工作的开展,促进了每一个个体的进步。

学风建设——优学为本,常抓不懈

在水工51班内流传着一副同学自己创作的对联:"刚毅作魂,戮力何所惧;优学为本,百花齐争鸣"。"优学为本"四个字道出了水工51同学们对抓好学习的深刻认识,而"百花齐争鸣"正是水工51全面发展的真实写照。

什么是一个学生的核心竞争力,答案是"学"!学习是学生最主要的使命,追求学业的优秀更是班级建设的重中之重。水工51学习成绩连续三年年级第一,三年个人成绩总评中年级中有7名同学进入前10名,结设大赛专业组16人次通过复赛,SRT参加人数达到14人,李丹同学还发表EI论文一篇。优异的学业成绩源自于水工51对"优学为本"的深刻理解与切身实践。

● 常抓不懈,警钟长鸣

学风建设几乎是每次班会都会涉及的主题。大二班长陈松贵曾说过,学习就像拧螺丝一样,时不时地就要拧两圈,不然就会出现松动。电脑一直是很棘手的问题,周一到周五,电脑公约明确规定不准在任何时间玩游戏,班委、寝室长、课代表都有权利并有义务监督每位同学,并在班级公约中明确指明,惩罚措施大一的"桃三请客不能少"到大二、大三的为大家编写考试复习纲要,都取得了良好的效果。

● 营造氛围，点面结合

一直以来每届班委和团支委都在全班范围营造一种学习上互帮互助、良性竞争的环境，这种环境促使每一个水工 51 人都践行着"严谨勤奋、求实创新"的学风。大一、大二学年，水工 51 将新水 3 层定位为班级自习层，目的是保证每位同学在有问题时都能得到方便的解答。大三学年，考虑到很多班级同学都有社会工作，为了保证大家的学习时间和答疑解惑，班里推出了新的集体小组自习的制度，即把自习习惯、时间安排相近的同学分为一组，并由小组长负责每周至少集体自习 4 小时。针对班级内个别成绩较差的同学，成绩好的同学主动承担起了"点对点帮助"的任务，大学四年，全班有过不及格人次只有 4 人次。

● 拓展视野，践行求知

社会是个大课堂，因此实践在水工 51 班一直有着很好的传统，从大一到大四，每学年班级都会组织一次双休日实践，寒假返乡实践也会动员全班同学参与，暑假，同学们更会走到全国各地，大一的 4 支西部实践支队，大二的 2 支追寻张光斗先生实践支队，都实现了"受教育、长才干、做贡献"的目的，以行求知，在社会大课堂中去探索与感悟。

"学习工作双肩挑"一直是清华的传统，水工 51 每位同学都从事过社会工作，在奉献的同时，也收获了成长。同时，社会工作的压力反而让同学们提高了学习效率，直接表现就是他们的学习成绩是工作压力的单调递增函数。班级中很多同学在水利系各学生组织中都担任骨干，他们的学习成绩均在年级前 20 名。

优学为本，百花齐争鸣。水工 51 用出色的学风建设，巩固了班级勃勃生命力的根基。

班级理念——以人为本，传承创新

班集体建设的核心在于"人"。水工 51 班以"充分调动每一个人的积极性、不让任何一个人脱离集体"的工作理念为指导，把"满足同学的需求"作为开展班级工作的出发点,在传承以往宝贵经验的同时,努力开拓创新,保证了班集体建设持续向前发展。与此同时,得益于"以人为本"的工作方法,水工51的班级凝聚力越来越强,由最初的少数"中坚力量"发展到绝大多数同学为班级出谋划策,形成了为数众多的班级"中坚力量"。正是这种班集体与个人之间的"正反馈",形成了良性互动,使得集体个人共发展。

此外,传承与创新是一个集体持续优秀的重要因素。四年来,水工51班一直坚持将传承与创新相结合,力求把工作做到最好。在工作形式上,每届班委都有2~3名成员继续在新一届班委中担任职务,既保证了新生力量的加入,又有助于吸收上届班委的优秀经验;工作思路上,三年侧重点既存在差异又相互配合,大一学年的集体建设为大二学年的思想建设奠定了坚实基础,而大三和大四学年的全面素质培养在总结升华前两年工作的同时,也为同学们的个性化发展提供了广阔平台。

再干三十年,定让祖国更辉煌

大学四年的努力,让水工51领略了水木清华的精神传承,唱响舞动的青春旋律,感受到了大家庭的温暖,也立志心系祖国,情牵水利。如今,水工51的同学们已经毕业,但毕业并不是终点,水工51一直都在。改革开放的三十年,让伟大祖国实现了历史性的跨越,这是父辈用汗水和努力开创的;下一个三十年,将由我们的努力拼搏,去创造新的历史。水工51毕业时候立下誓言:再干三十年,定让祖国更辉煌!让我们期待他们,和无数清华人一起,做出无愧于时代和人民的业绩!

党员是永不换届的班委

——记国防班兵六班

清华附中礼堂中拉起了美丽的幕布,彩灯闪烁,音乐优美,原本嘈杂的会场渐渐安静了下来,2010 年国防定向生元旦晚会开始了。场下气氛热烈,观众的笑声与掌声此起彼伏。而在晚会的后场、音控台、灯光台以及现场某些角落,一些同学正有条不紊地忙碌着。虽然礼堂外还是零下 10 度左右的气温,但场内工作的每一个同学都已经累得满头大汗。

这已经是兵六班同学第二次承办大型晚会了。还是大一新生的时候,兵六班就承办汽车系"车夜狂欢"学生节晚会,而这次承办全校国防定向生晚会的时候,兵六已经是大四毕业班了。从晚会主题的确定,到节目审查,再到现场布置安排,兵六班都全程接管。前期充分的准备为晚会的成功奠定了基础,现场全班同学通力合作,出彩的现场效果赢得了到场观众的一致好评。

三年的磨砺,三年的成长,跳出了大一时候的自卑心理,克服了专业分散的不利条件,兵六班集体一路走来,用行动诠释着这个班集体朴实无华的座右铭——"清华成长、兵器自强"。而在兵六成长的过程中,有这么一群人,他们处处起模范作用,默默为集体付出,他们三年如一日,充当集体的"主心骨",他们就是兵六集体中的党员,他们是兵六永不换届的班委。

带头促凝聚　勇于扛大旗

还记得兵六第一次班会,全班来自山南水北的 30 名同学,分散在汽车、精仪、机械、电子、计算机、材料六个院系。大家虽然还未曾了解,但却深知在场的每一名同学将与自己一道,走过人生中最美好的 4 个年头。那时起,辅导员王伟玮就要求新生党员更多地为集体付出,更严格地要求自己,七名新生党员也正是这样做的,他们在学习中热心帮助身边的同学,在生活上严格要求自己,誓做同学们的榜样。班级的党员就是从那个时候开始便挑起了班级建设的大旗,无论是在刚入学的过中秋节,集体生日活动,还是后来野游、登山、男女生节,别墅小聚,无论是平时的考试、团日这样的"大事",还是生日短信、生病慰问这样的"小事",都能看到党员忙前忙后的身影。而兵六这个活力四射的集体,更是由这个团结的党支部衍生出来的。

大二学年在兵六班学生节节目排演的过程中,由于文艺委员工作经验不足、工作方法欠妥,导致了节目排练进度滞后,在距离学生节还有两个星期的时候,节目还没有眉目,班级士气受到了一定的影响。这时候不善交际的新生党员李莹莹同学主动站了出来,充分发挥了班级女生人数多(9 人)的优势,自己改编了一个集体舞蹈,并帮助文艺委员积极开展工作,组织排练。再加上另外两名女生党员辛飞飞、高岩的积极号召,全班女生顶住期中考试的压力用两个星期的时间高效率地完成了舞蹈编排,为学生节晚会奉献上了一场精彩的演出。同时文艺委员也在此次活动中受到了很大触动,工作能力得到了很大的提高。舞台上 9 朵金花的绽放让班级士气大振,更加一条心,同时也让同学们看到,党员们的先锋带头作用。

后备党员培养工作对于党支部至关重要,它关系到支部的可持续发展,所以"严格把关,精心培养,不盲目追求数目,本着成熟一个发展一个",一直是兵六坚信的原则。值得一提的是,最先加入兵六党支部而在清华园成为预备党员的两名同学,也大二、大三都主动要求担任班团主要干部。其中马兴坤带领班级首次品尝甲团的滋味,而汪博炜更是在大三期间帮助兵六囊括无数奖项。

汪博炜同学在入校时很腼腆,不善于言谈。但是大三的兵六,正在变得更强,正在向更高的集体荣誉发起冲击,这要求他们不光有出色的日常工作还需要精彩的现场答辩,而作为班长,博炜主动承担了这一艰巨任务。于是,同学们会经常看见博炜在宿舍客厅一遍遍排练 PPT,掐时间,控语速,并配合音乐调整自己的语调。功夫不负有心人,大三一年博炜共代表兵六参加各级荣誉答辩 7 次,而每次都如愿将奖项收入囊中。荣誉的获得自然离不开平时扎实的工作,但博炜激情澎湃的现场展示确实增加了很多的现场分数。兵六的同学见证了一个沉默男孩向一个雄辩王子的蜕变,大家亲切地给博炜一个外号"答辩小王子"。

引领思想建设　营造红色氛围

兵六党支部由兵六班集体中所有的党员和一名辅导员组成,诞生于兵总的大环境中,注定了这个党支部的不平凡。他们不仅是集体凝聚的主心骨,更是集体思想的引领者。

成立之初,支部只有7名学生党员和一名辅导员,可是,这丝毫不影响大家向外宣传党支部的热情。十月份,十七大的春风刮遍祖国大江南北,当时任组委的贾希杰同志连夜开会讨论十七大的学习事宜,制定出一份优秀的学习与宣传计划:"十七大每日宣传"、"十七大代表进清华活动"、"十七大理论学习周"、"十七大知识竞赛",等等。

支部特意请来人大代表、青海大学副校长格日力教授与大家面对面交流。格日力教授从自己的成长历程讲起,描述了自己受党和国家培养帮助的经历,表达了自己对党、对国家、对人民的热爱和感激之情,让全校同学领略到了代表的风采,并受到一次生动的爱国爱党的教育。为了让学习更有动力,兵六班还联络了兵五班,约定在一周的学习之后开展两个支部的知识学习竞赛。周末"十七大知识竞赛"如期而至,将这次十七大学习活动推向高潮。比赛分小组进行每组4人,每班4组。比赛分为必答、抢答等环节,题型有选择题、填空题、问答题。经过1个多小时的鏖战,最终兵六班有两支队伍进入前三名,分获第一和第三名。现场同学们答题准确率之高令前来来观战的定向办熊剑平老师等人印象深刻,展现出了兵器班同学扎实的理论水平。

在这一系列铺天盖地的丰富学习中,支部的每一位同学都获益良多,感受颇深:在全校十七大征文中,全系7人获奖兵六支部就独占前五名,李莹莹同学写的《十七大学习心得——改革开放》和高岩写的《台湾问题与祖国统一》分获一、二等奖。而这一轮学习中,最大的收获是让很多非积极分子对党有了更深刻的认识和了解,极大地促进了他们向党组织的靠拢。在2007年年底,兵六迎来了入党的高峰期,最后一个多月的时间里,先后15名同学提交了入党申请书。

借着十七大的春风,在支部宣传委员陆邱建的策划下,支部完成了自成立以来的第一期党刊——《赤焰》。这些出自兵六手中的文章,有关于在支部学习中的收获体会的,有关于党的发展的感悟的,有对于目前社会热点问题的独到看法的,也有对于支部建设的建议的。党刊向全系同学发放电子版,全面展示了兵六每一个党员的风采以及组织生活的多样性,让大家能够从党刊里全面了解党支部,了解同学们向上的思想和鲜活的朝气。

党建带班建　集体蒸蒸日上

党员在各方面的积极带动作用深深影响着兵六集体的每一位同学,在党员奉献精神的感召下,兵六班彻底克服了专业之间的界限,全班同学关系融洽,班级活力四射,每一个都愿意投入到班级建设中来。四年下来,每一个同学都在班级担任过班委职务。逐渐地,兵六党支部在实践中探索出一条以党建带班建,班委岗位为培养基地,循环吸收入党的可持续党建路线。这是兵六支部在4年的发展建设中总结出的宝贵经验。

汽车系的兰传杰同学,大二刚开学的时候是入党积极分子,为了尽快地让自己向党员的标准靠拢,他决心竞选班委,给班集体做些贡献。兵六班整体成绩在大一并不理想,仅有8人进入年级排名的前50%。看到这种情况,兰传杰同学主动选择了担任学习委员的职务。在如何提高班级同学学习成绩,兰传杰同学积极和班委反复讨论,最后制定了以下三个方面的措施。第一,查寝,督促大家晚上离开宿舍。第二,集体自习,将同学们按照专业分为几个小组,在自习时进行小组讨论。第三,资料打印,期末的时候给同学们发放一些复习资料,以利于同学复习。一年下来,兵六班同学平均进步了13名。而兰传杰同学除了监督每个小组的自习情况,每周进行统计汇报给辅导员之外,还每天早上挨个宿舍催促同学们起床上自习,被大家戏称为"永不没电的定时闹钟"。

机械系的陶永康同学在年级院系排名第一。他作息时间规范,常年如一日地坚持早睡早起,无论是平时还是周末,都早早来到教室。学期末时,他主动要求担任小组自习组长,他每天在教室督促同组同学集体自习,晚上回到宿舍还利用睡前时间看书或者温习课件。他这种对学习的钻劲,对身边同学带动很大,尤其在紧张的复习中,给人带来一股向上的力量,大家都说,"有了康哥在,大家都不好意思疲劳和犯懒了"。

正是在党员的带领下,集体中每一个成员共同为集体付出,共同在集体中收获,共同在集体中成长,兵六班集体正是在这样的氛围下蒸蒸日上,奋勇前行。大二是兵六成绩的一个转折点,学风在这一年取得了很大的改变。成绩的进步也是显著的,排名系数由大一的 60.63% 提高到 52.53%。成绩的进步不仅让兵六更加自信,而且将兵六的成员更加紧密地结合在一起。进入大三后,兵六更加奋勇向前,取得累累硕果。在这一年,进入年级前 50% 人数比大一学年增加 4 人,比大二学年增加 1 人。平均学分绩由大二的 81.69 提高到 83.48,并获得了校"优良学风班"的荣誉称号。

集体的无悔选择

经历了三年的磨砺,兵六班已经成长为一个充满自信,沉着稳健的集体。在 2009 年 9 月 23 日这一天,兵六班"就业双选会"在一教 205 成功召开。中国兵器工业集团总公司下属的 22 家企事业单位参加了本次双选会。全班 30 名同学均找到了自己心仪的单位,京外就业率达 90%,80% 同学选择到西部工作。兵六班全体同学将以实际行动践行了自己"报效祖国,服务人民,投身国防"的诺言。而每一个兵六班同学心中都明白,成功就业背后凝聚着院系老师、辅导员的无私奉献,也凝聚着兵总领导的关心帮助,更凝聚着三年来班级党员的倾心付出。

大一的时候,同学们的生活学习对于"定向生"身份的认识不清楚,认为"定向"限制了个人的发展空间,限制了个人的自由,加上对"兵总"的不了解,更是对未来的前途充满了疑虑和担忧,造成了同学们学习动力不足,班级信心受挫。这一切当然不会逃过关心这个班级成长的院系老师以及兵总领导的眼睛。在得到兵总大力支持的情况下,院系老师在同学入校的时候就已经为同学与兵总之间搭好了沟通的桥梁,那就是兵器定向生大学期间的三次暑期实践。三次实践中,党员同学在领队组织,思想交流中都为同学起到了模范作用。

大一暑假全班同学乘火车来到内蒙高原上的明珠城市——包头。兵总旗下最大的生产工厂内蒙古第一机械制造集团有限公司就坐落在这座充满活力的城市,国庆阅兵时从天安门广场前经过的铁甲雄狮便从这里驶出。为了保证能让同学们在这次实践中真正的了解兵总,时任汽车系党委副书记的林成涛老师亲自带队,与大家一起参与实践。在一机厂我们看到了整齐科学的厂区规划,先进高效的流水生产线,兢兢业业的工人师傅。这座年产值过百亿的现代工厂给人带来一种前所未有的震撼,惊诧之余同学们明白了在兵总的大舞台上,施展个人才华的空间是如此广阔。傍晚回到住宿地,林成涛老师就定向生身份认识与大家进行了深入的探讨。党员同学王德彬的话道出了兵六党员的心声,也带给同学思想认识的冲击:"定向的行业必是关系国家安全、人民幸福的核心行业,我们投身的事业不仅是光荣的,而且是前途光明的,所谓的自由应该是在兵总这个大舞台上充分发挥每个人的才智,不枉此生所学。"在这次实践中的见闻树立起了同学们以兵器定向生为荣的信心,班级凝聚力也得到了极大的加强,同时对于定向生身份有了全新的认识。

大三学年的我们已经对集团公司已经有了一定的了解,并积累了丰富的实践经验。作为就业"双选会"前的最后一次实习,是深入了解单位并向单位展示自己的重要机会,同学都非常重视。为此林成涛老师特意邀请到了集团公司人力资源部刘源处长,为同学们开了一次实践动员会,会上刘源处长对集团公司各下属单位做了详细介绍,并回答了同学们所重点关心的问题。为了保证实习的效果,同学们需要自己与实践单位进行沟通,确定实习流程,这时候班级中的党员们主动请缨,担任实践支队队长。马兴坤、李延宁、汪博炜、马洪军,这些熟悉的党员再次发挥了班级骨干作用,在紧张的期末备考阶段挤出时间,反复跟单位接洽,协调时间,制定了详细的实习日程和方案。实习阶段他们负责保障队伍纪律和安全,协调解决同学们实践中遇到的困难。在实践中同学们展示出了清华学生的风貌,无论是科研能力还是精神面貌都得到了实践单位的认可,为后来成功就业奠定了基础。

在毕业前夕,兵六党支部借着创先争优活动的热潮,以此为契机开展了支部最后一次主题党日。中组部部长李源潮同志专程来参加了兵六党支部的活动。在活动中,支部成员们争相发言,回顾集体建设汇中党建带班建,班建促党建,党建与班建充分互动的发展情况;回顾了自己与班集体共同成长、以身作则带动良好学风、在老党员影响下纷纷选择到祖国最需要的地方去建功立业的心路历程。全班同学中,90%选择京外就业,80%的同学主动选择了投身祖国西部建设。在听到同学们优秀的事迹后,李源潮同志寄语兵六班同学:"希望你们将来走上工作岗位后,继续保持争当先进分子的终身追求,在自己的工作岗位上努力创造优秀业绩。"并写下了"把创先争优作为党员的终身追求——赠兵器六党支部全体学生党员"的珍贵留言。

毋庸置疑的是,在清华,定向班是一个特殊的群体。但千差万别的专业,不曾隔断兵六共同的理想;术业专攻,不曾削弱他们奋斗的力量。兵六的党员们,率先成为集体的凝聚核心,用崇高的觉悟,默默的付出影响着周围的同学,壮大着这股力量,最终将所有人聚在一起,为共同的理想而奋斗,他们,是兵六永不换届的班委!

"读万卷书,行万里路",同学们怀揣着梦想,为了强兵利器的共同目的走到一起,"入主流,上大舞台,干大事业",耳边是母校多年来的教导,如今兵六已经整装待发站在了兵器工业这个大舞台上,等待他们的是一片广阔的天空!

驾好三架马车，建设优秀集体

——记机械工程系机械 62 班

炎炎夏日里，一切都显得那么慵懒，而三教的一间教室里却热火朝天。里面机械 62 班的十几名同学在讨论时政，教室里时而传出铿锵有力的言语，时而传来爽朗开怀的大笑，这就是机械 62 班，一个思想建设先进、班级作风优良的集体！

集体凝聚，班委当先

作为清华学生，不仅仅要学习课本知识，更要学习如何做人，培养爱国热情，树立自己的远大理想。抓好思想建设工作，是班团集体建设工作的重中之重。机械 62 班第一届团支部早在成立之初就明确了思想建设的重要性，努力实现班级整体思想觉悟齐头并进、共同提高这一目的。同时，班委积极配合团支部的工作，并根据班委的特点组织了各种活动强化班级凝聚力，为全班同学思想方面的集体提高建立了感情基础。

机械 62 的集体感情建设并不仅仅依靠组织活动，而是通过学风建设、卫生检查、志愿工作等各方面来促进集体的建设。开学伊始，班委将学风建设目标定为"NO ONE LESS!"。随后，班级提出"个人带动宿舍，宿舍带动班级"的口号，由班委带头，鼓励同学走出宿舍，走入自习室。对于部分由于个人原因导致学习成绩下滑甚至面临挂科的同学，由班委进行一对一的关怀：在平时，提醒他们上自习，独立完成作业；临近期末，与他们多交流，了解他们最近的学习状况，增加学习动力。学委还创新地组织班内学习大牛开办了"机械 62 答疑学堂"；在一个没有期中考试的学期，班委看到班级学风有下降趋势，于是由班长和支书出题目，把五科试题融合在一张考卷上，在三教进行两个小时的半闭卷考试，并对考试结果进行了总结，取得了良好的成效……这些举措保证了班级成绩名列年级第一名。

除了楼内正规检查，每到周四，生活委员都会到各个寝室督促同学打扫寝室卫生。加上辅导员的抽查，同学们能够认真地完成卫生清洁工作。久而久之，在整体氛围的影响下，同学们养成了"每周一扫"的良好习惯。

鼓励同学参加志愿活动等"第二课堂"活动是机械62集体的一大特色。许多同学对志愿活动的热情并不高，所以对相关工作的关注度很低，在城市志愿者招募工作中尤为突出。团支书关注到这一问题以后当面与各位同学交流，告知城市志愿者的工作内容与光荣使命、服务时间等细节，于是报名的同学增至十名，占全系城市志愿者总数的近1/3。

除此之外，机械62班在凝聚力建设方面也有一些小技巧。在每次活动结束后，班委都会张贴一封"公开表扬信"于楼道宣传栏上，列举每位同学在本次活动中的工作，肯定并赞扬其为之做出的贡献，增强同学们的集体荣誉感。

获得的各种荣誉，也强化了机械62同学的集体荣誉感和归属感，大家逐渐凝聚成一个有战斗力的集体，互帮互助，重视交流，这些都为班级思想建设提供了感情基础和前提条件。

多点开花，基层强化

思想教育工作从来都不是一件轻松的事情，机械62班在开展工作之初也遇到了一些问题。如何能够更好地融入更多的同学，让同学们参与到讨论中来，成了机械62团支部的核心问题。在这个时候，班级党课小组挺身而出，成为班级思想教育的主力军。

"扎根于基础理论，正确把握人生方向"是班级理论学习的准则。两周一次的党课小组活动作为班级思想建设的重要部分使同学们受益匪浅。机械62的方鹏飞同学刚刚加入小组，时任机械62党课小组组长郑风珊就针对方鹏飞的个人特点推荐他学习相关内容，并把一些日常的组织工作交由他负责，来锻炼他各方面的能力。最终使他在人生规划、价值观和对时事的认识方面取得很大进步。在党课小组的正确引导下，他在大二下学期郑重地提交了入党申请书，向党组织靠拢。党课小组组长对班级的思想建设起到了至关重要的作用，所以每一任党课小组组长都很重视对下任的培养。方鹏飞就是这项制度的受益者,在大三组长的竞选中,他成功当选,并在后续的学习和工作中用良好的态度和优异的成绩为班级同学做出了表率。

与此同时,团支部的工作也在细节中影响着同学们。各个主题团日的成功举办也为同学们提供了深入思考的机会;发动寝室,利用寝室同学的力量来在日常生活中对他人进行思想教育也是一个很好的思路。团支部与党课小组相互配合,不断在活动中积累经验开拓思路,并发动更多的基层力量参与到思想建设的工作中来。

团支部、党课小组、寝室同学,机械62不断利用基层的力量形成良好学习氛围与优良传统,使全班同学从中受益,也使得班级在思想建设方面走在了系内前列。

形式创新,以理服人

机械62团支部在思想建设工作中发现同学的参与度逐渐降低,如何让更多的同学带着热情与好奇心参与到工作中来,就成了一个崭新的问题。同时,在信息时代,同学们获取信息的渠道日趋多元化,各种小道消息、非主流思想开始横行。把同学们的注意力吸引到党课小组的工作中来,吸引到主流思想上并不容易。班级干部逐渐认识到,在思想建设过程中,形式单一、内容枯燥是大忌,流于形式,应付了事的活动既浪费了组织者的精力,又浪费了同学们宝贵的时间,只有同学们有所收获,才是成功的思想建设。这也最终成了机械62团支部思想建设的精髓,全心全意为同学们服务,不在于形式,而在于本质,这样才能真正达到好的成效。

说起来容易,做起来则需要形式上的创新。逐渐地,"多种形式并存,全方位提高理论学习兴趣"变成了机械62班级思想建设的方针。通过与相关协会合作承办讲座,让班级同学将学习与社会工作融于一体,全面提高综合素质。机械62班曾承办过大型素拓活动——"机械62带你走进十七大",编辑《十七大专刊》,服务同学,共同学习、共同进步,提高学习效率,增进学习兴趣。这次活动虽然主要是由党课小组负责,但是考虑到此次素拓活动机会难得,为了让班级更多的同学从中有所收获，机械62团支部决定由全班同学共同负责这次活动。起初，班上的好多同学不理解，认为这样的活动没什么意义，也不愿意去参加，但是经过班委同学深入到各个宿舍一对一介绍这一活动，大部分同学都表示愿意参加。对于仍不愿参加的同学，为了让他们也能更深刻地认识"十七大"，从活动中有所收获，班委打起了"感情牌"。由于班级对感情建设常抓不懈，班级的凝聚力也在此时得以体现出来。最终，所有同学都参加了这次活动，从现场的工作人员到之后《十七大专刊》的编辑工作，每一位同学都参与其中。活动结束后，所有同学都反映收获匪浅。负责编辑信息简报的何广进说："我很得益于简报的制作。通过选材和阅读资料，我对国家时事和发展动态有了一定的了解，同时也对热点话题进行了特别关注。最重要的是，它使我对国家时事产生了浓厚的兴趣。"

"关注社会热点，聚焦国内外，培养国家主人翁意识"是班级培养同学们"入主流、上大舞台"的重要形式。通过采取"周负责制"，每周由党课小组成员轮流制作《一周国内外新闻集萃》，发给班级每个同学。这一形式是由党课小组组长郑风珊提出的，她说："通过这一形式可以使班级同学了解社会动态，间接参政议政，感受共和国的脉搏，与祖国同呼吸共命运，深谙当代青年人之历史使命，这样才能增进同学们的主人翁意识。"同学们每周轮流负责，挑重点挑热门，与大家共享，班级同学大受裨益，也使班级党建队伍由10人增加至15人，班级关注时事的氛围也空前高涨，学习效果也有了很大提高。

此外，党课小组组织的其他小活动形式就更加多样化了——组织集体听讲座、集体观看"大国崛起"、学习十七大报告、讨论政府工作报告等。更有趣的是，每次活动前党课小组组长都会制作一张宣传海报鼓励更多的班内同学参与到党课小组的活动中来。机械62大三年级的班长马国锐就是因为曾经参加过集体观看"大国崛起"的活动，而对党课小组的活动产生了浓厚的兴趣，并在之后积极参加党课小组组织的活动。在党课小组学习时，马国锐同学表现不错，并最终经过认真的学习与思考，郑重地向党组织递交了入党申请书。像马国锐这样的同学还有很多，党课小组组长和这些同学进行了细致的交流与探讨，针对他们各自的情况推荐书籍和影片进行观赏，让更多的同学获得了思想上的提高。

交流的形式多样了，大家也对党课小组的工作更加感兴趣了。成员们不再把这些活动当做负担，而是把它当做一种提升自己思想水平的途径。这样，团支部和党课小组的工作就越来越好做了。

　　更重要的是,同学们在党课小组内的学习也提高了大家的理论素养,在与组外的同学进行交流时,同学们也能够有的放矢地对一些非主流的现象和理论进行思考和辨析,用真理和事实来说服其他同学,避免了无聊的说教。逐渐地,班级内形成了良性循环,越来越多的同学对思想建设工作产生了兴趣,相关工作也越来越细致了。

　　星星之火可以燎原,机械62班的思想建设工作从点滴做起,实事求是,不断开拓进取,与时俱进,成为班级工作的一项标杆。最终,在班级内形成一股强劲的党政学习之风。机械62,这个思想先进的集体,不断焕发着思想建设的光辉!

　　正确的思想引导造就优秀的班集体,机械62班用实际工作践行着这个信念,我们有理由相信,这群有理想有抱负的清华人将带着坚定的信念走向未来的工作岗位,为中华民族的伟大复兴贡献自己的力量!

实事求是出真知

——记计算机系计 70—72 党课学习小组

"学马列、求真知,胸怀天下志,早立悠悠报国志;懂理论、重实践,心系大众苦,渐成拳拳为民心。"这句 TMS 协会的口号,是计 70—72 党课学习小组对每一位组员的期望和培养目标。在这句口号的激励下,大家都积极利用党课学习小组这个开放的平台,指点江山,激扬文字,努力提高自己的理论水平、政治素养和实践能力。计70—72 党课学习小组活动有声有色,被评为"校级优秀党课学习小组"。

一本厚厚的小组手册记录了三年来计 70—72 党课小组的日日夜夜,每一次小组讨论,每一次主题学习,每一次时事分析、辩论赛、讲座报告、支教实践……这个小册子记载了计 70—72 党课小组的成长,更记录了每一位党课小组同学的成熟。在这里,党课小组不只是党员积极分子理论学习的舞台,还是其他同学了解理论知识,讨论时事,分析热点的平台;党课小组的活动不只是简单的学习讨论,还有走出校园,走向社会的支教实践。通过这个平台,计 70—72 党课小组的组员明白了实事求是出真知,作为清华人,是需要肩负理想、责任、思想和能力,这样才能为祖国奉献自己的力量。

理论学习：做一个有理想的青年

党课学习小组是党建工作的重要组成部分,也是培养学生中党的后备队伍的重要途径。计 70—72 党课学习小组对于理论学习非常重视。每次讨论学习会上,总能看到这样的场景:同学们对时事热点积极展开讨论,活动气氛热烈,有时甚至争得面红耳赤。很多其他班的同学对此很奇怪:为什么看似枯燥的讨论学习,在这个小组中能搞得那么热烈? 还记得在大一刚开始的党课活动中,计70—72党课小组的活动总是让人感觉没有生气,大家针对要讨论的问题总是谈不深入,使得大家没有了继续讨论了解的积极性。为什么平时挺活跃的同学在党课小组讨论上不发言呢?党课小组负责人李鹏就这个问题和小组的其他同学进行了一对一的沟通讨论,发现自己在以前的活动准备中存在很多问题:(1)讨论的话题太偏理论,同学们理论知识不够,很难找到话说;(2)在讨论学习之前,大家准备的都不够充分,所以影响了讨论的效果。发现问题之后解决起来就方便了,在之后的活动中,每次讨论的话题选择大家都参与其中,选择一些同学们比较关心的社会热点,同时提前把相关的资料整理成小纸条,发给大家,利用闲暇时间,大家就可以进行讨论的准备工作了。半年下来,从前冷冷清清的讨论学习就成了大家热议时事,提升认识的大舞台,不仅如此,小纸条也成了全班同学的最爱,成了大家身边最方便的"参考消息"!三年下来,大家讨论的兴致越来越高:十七大召开之后,他们进行了针对十七大报告的理论学习;西藏"314"事件发生后,为了让大家都能认清真相,他们进行了针对西藏问题的学习讨论;为了加深对中国共产党的认识,他们开展了针对各个国家政党党章的学习……针对每一个学习主题,他们都会事先精心准备相应的材料,让大家全面了解相关背景知识,为总结和交流提供有力支持。党课小组同学的积极参加带动了班上的其他同学,许多同学参与到党课学习小组讨论中。后来讨论会渐渐成了大家每周必须进行的一项活动,每周五晚上,常能看到大家在寝室的中厅热烈地对本周热点进行激烈的讨论。

同时,计70—72党课学习小组在进行理论学习时力求使党的理论方针真正深入人心。他们不但认真挑选和准备理论学习的主题材料,而且经常请辅导员、老师等来参加活动,给予指导和帮助。在每次活动中,班级的小导和老师都会来对学习内容给予总结和点评。

讨论之后大家普遍感到自己理论方面的不足与经验上的欠缺。于是计70—72党课学习小组在讨论之余,积极组织同学们参加理论学习报告,聆听大师之言,帮助自己成长。曾有一次,在学习十七大报告时请到了计算机系第一任党委书记凌瑞骥老师来给大家作了精彩的报告。作为一名老党员,凌老师结合自己入党的经历,深入分析了十七大报告,使组员对十七大报告有了更深的认识。每次报告之后,大家纷纷写下自己的收获。

经过一学期的活动,计70—72党课学习小组中的许多组员经过思考,提交了入党申请书,还有已经提交入党申请书的组员也要正式发展了,但是他们很多还对入党的整个流程不是很清楚。针对这种情况,党课学习小组积极发挥党员的影响作用,为大家介绍入党流程,解答相关疑问,使大家的入党积极性十分高涨。于是在经过一年的党课学习小组活动后,十四名组员已经全是党员和积极分子。

计 70—72 党课学习小组的组员都充分认识到实现自身价值的方式:唯有实事求是为了理想而奋斗,才能不负清华人的选择。为了祖国的理想,他们愿意加入中国共产党并为之奋斗终生。

热点讨论:做一个有责任的青年

计 70—72 党课学习小组的活动一直紧扣热点时事主题,通过贯彻学年的讨论活动来提升青年的责任意识。小组通过分组的方式,要求两人一组进行合作,负责一次活动的主题,准备材料,给大家做报告,和大家一起讨论。

通过这样的热点讨论,充分调动大家参与的积极性,使大家都参与进来;同时,每次活动都会有组员来专门做记录和整理,将大家的思维火花都记录下来,为以后的思考和讨论提供参考,并且让每个人都有机会接触到核心的热点问题。

小组讨论确定的活动主题,都是当前国际国内的一些热点问题,如台湾问题、中日关系、环保问题等,大家都非常有兴趣,以至于在进行一些讨论活动时,同班一些对该问题很有兴趣的同学也会参与进来参加讨论,提出自己的疑问。这些针对热点的讨论活动使组员充分认识到作为清华大学的一名学生,作为一名有志青年,他们身上肩负着重大的责任,也为计 70—72 党课学习小组在周围同学中赢得了良好的口碑。

由于众多同学的积极参与,热点讨论的氛围非常活跃,时常见到同学针对某个问题进行激烈的辩论,据理力争。每次讨论最后会有辅导员来总结,解答大家讨论中涉及的问题,从而提升大家思考问题的深度和广度。

通过对许多热点问题的讨论,计 70—72 党课学习小组的组员充分认识到当前社会还存在许多问题,而这些问题的解决需要当代青年的努力,组员们都深刻感受到了自己肩负的责任。

组内辩论：做一个有思想的青年

在热点讨论中,计70—72党课学习小组的同学常常针对某些问题进行激烈的辩论。为了能让同学们真正畅所欲言,更加深入思考,计70—72党课学习小组经过精心的准备,举行了两次辩论赛。辩论赛以70与72班级对抗的形式,最后获得了很好的效果。

由于在热点讨论中大家感受到对于个人发展的思考还不够深入,辩论赛的主题选取了与同学个人发展有很大关系的"大学生是否应该到西部就业"和非常具有争议性的"全民选举是否民主"。两个班级的同学经过准备,按照正式辩论赛的要求,进行了两场精彩的辩论。辩论赛还请到了系团委书记、辅导员等作为裁判,给予指导和点评。还有一些70—72班级的同学来观看整场辩论,进一步扩大了辩论赛的影响力。

当然收获最多的还是真正参与到辩论中的组员们,他们或慷慨激昂,述说自己毕业后的远大志向;或严肃认真,分析当前选举中的利弊。就像同学们在辩论中所说的:"作为一名清华人,不论是为祖国做贡献还是为个人发展,我们都应该去了解西部,发展西部,西部也是清华人展现自己能力的大舞台。"而系团委书记在关于"全民选举是否民主"的总结中说道:"全民选举虽然每个人都能投票,但是每个选票的意义并不相同。而中国的全国人民代表大会制度是符合中国国情的选举制度。只有符合本国国情的选举制度,才是真正有益于国家发展的。"

在辩论赛的推动下,党课小组中的同学们开始主动思考个人价值,主动思考人生,主动思考实事求是的真谛,主动思考自己今后究竟能为祖国做什么。

支教实践：做一个有能力的青年

为了使党课学习小组的组员能够深入社会,体验生活,在大一下学期,计70—72党课学习小组进行了一次支教实践活动。实践地点是一所农民工子弟学校,目的是通过了解农民工儿童的学习现状,来增加自己的阅历,增加对社会底层的深刻认识。

　　支教前同学们做了非常充分的准备,做了课件和备课材料,准备了上手工课中需要剪子、尺子等材料。在支教的过程中,同学们感受到农民工子弟学校的现状,甚至与自己以前上过的初中相差甚远。学校硬件、软件都很差,老师奇缺,其中部分老师还是无偿的志愿者,很多学习资料都缺乏,总体教学水平十分堪忧。

　　实践之后,很多同学都感慨万千,大家感受到了社会真实而残酷的一面,也感受到了一种沉甸甸的责任:祖国和社会需要大家依靠自己的能力来做出一些有价值的事情。身为清华人,更要做有能力的青年,发光发热,为祖国和社会贡献自己的力量。

　　计 70—72 党课学习小组是一个团结的集体,在每次举行活动的时候大家都积极参与、认真思考、踊跃发言。通过一次次丰富多彩的活动,一些平时内向不爱说话的同学,经过热点讨论和辩论赛后也时不时一鸣惊人;一些平时光说不做的同学,也开始认真规划自己的学习和未来发展;还有一些同学提交了入党申请书,申请成为一名共产党员。

　　计 70—72 党课学习小组的组员不仅加深了对党和国家的认识和理解,而且也对自身有了更深刻的了解,积极对自己的未来进行规划。经过这两年的锤炼,计 70—72 党课学习小组的组员大多数已经成为了党员和预备党员,而他们其中,更是走出了多位班长、团支书以及各个社会工作岗位上的能手。经过在党课学习小组中的学习和实践,他们懂得了只有实事求是,脚踏实地才能实现自己的理想,才能做一个对祖国有贡献的人。

　　实践出真知,唯有一步一个脚印走出来的路才是自己的路,计 70—72 党课小组的每个组员也会谨记自己入党的誓言,做一个有理想、有责任、有思想、有能力的清华人,脚踏实地走出自己的一片天地。

永不褪色的红色旗帜

——记电子系电博 08 班

在电博 08 班成立的两个学年中,他们先后获得了首都"先锋杯"团支部、清华大学先进集体、清华大学甲级团支部、清华大学研究生红旗团支部、清华大学工作突出党支部、等称号。这些成绩汇集了全体电博 08 人的智慧与汗水,是对电博 08 班的肯定和鼓励。回顾电博 08 班的成长轨迹,正是平时点点滴滴的积累构筑了电博 08 班的成功。

电博 08 班一方面抓住思想教育主线不放松,以党支部为核心,开展党团班共建,充分发挥党支部的战斗堡垒作用和党员的先锋模范作用;另一方面,注重集体成员的全面发展,充分利用学校和院系的优质资源,同时在集体内部搭建服务平台,实现资源互补,为同学营造良好的小环境。以党建为龙头带动班团集体建设,以思想建设为龙头带动学术就业引导和全面素质培养,电博 08 班高举永不褪色的红色旗帜,为理想插上红色的翅膀。

依托骨干群体开展党团班共建

优秀集体的形成需要每一位成员的努力,而同样重要的是需要一个强有力的领导核心。两年来,电博 08 班形成了一个以党支书、团支书和班长为领导核心的骨干群体。他们引导同学群策群力、合理分工,高质量地完成了各项工作,是推动电博 08 不断前进的发动机。

电博 08 班始终坚持以党团班共建的形式开展各项工作和活动。党支部邀请团支书、班长列席支委会,党团班工作的规划和总结同步进行。电博 08 党支部坚持每个学期都开展 2～3 次的党团班共建特色活动,举办过的活动有"我与神七同行"系列活动、参观"西藏民主改革 50 年图片展"、庆祝中华人民共和国成立 60 周年照片展、"小小车铃,情系你我"关注校园交通安全特色活动等。通过特色组织生活、就业引导等活动吸引普通同学参加组织生活,2009—2010 学年度,获得清华大学研究生党支部特色组织生活基金支持的组织生活共 3 项,就业引导相关的组织生活 3 项,此类活动普通同学的参与率均在 60％以上。

电博 08 班这种管理和组织模式有效地推动了集体各项工作的开展。2009 年 3 月,为践行"科学发展观",在当时的党支书康庆和班长夏永洪的筹划下,电博 08 支部开展了夏各庄科普支教。在活动中,全体同学共分成 6 个小组,集体骨干群体的成员分散到各个小组中带领小组成员开展工作。在每个小组内部又分为资料收集、PPT 制作、视频剪辑、现场授课等职能小组。同学的精心准备,为夏各庄小学的小朋友们带去了科普的盛宴,小朋友们的喜爱就是对我们工作的最大肯定。

这次活动的圆满成功得益于良好的组织模式。在组织活动的时候,不怕有人反对,就怕没有人支持。当同学都拥护和支持你时,任何困难都是"纸老虎"。作为学生干部,"你不是一个人在战斗!"

配合大环境开展思想教育工作

从改革开放 30 周年到国庆 60 周年、从"三个代表"重要思想到科学发展观、从十七届四中全会到全国两会、从神七顺利升空到上海成功举办世博,电博 08 班准确把握时代脉搏,积极配合大环境开展主题教育,与时俱进、开拓创新。

2008 年 9 月,恰逢"神七"发射,电博 08 支部筹划了一次大型团日活动。活动前期,他们向全系开展了"我与神七同行"祝福征集活动,收到50 多条来自电机学子的祝福,通过海报、BBS 等形式表达了广大同学对"神七"顺利升空的祝愿。"神七"发射当天,班级精心筹划,组织广大同学观看升空盛况。大家挥舞着手中的国旗,见证了神七载人航天飞船成功发射的历史时刻,感受着作为一个中国人的民族自豪!

2009 年,为迎接祖国母亲的 60 华诞,电博 08 党支部广泛动员,两届党支书率先报名,8 名同学积极响应,参加了"我与祖国共奋进"的群众游行,用实际行动表达了为祖国奉献的决心。记得那个 8 月,酷热难耐,白翠粉同学生病了却依然坚持训练。她说:"不能因为我一个人跟不上大部队进度,影响整体的效果!"

她白天训练晚上去医院,晚上训练则白天打点滴,两个星期下来,她足足瘦了15斤,但没有一天落下训练。记得正式游行出征之前,全体游行队员在综体高喊:"清华学子,爱国栋梁! 志存高远,行健自强!"在通过天安门检阅的那一刻,电博08班的这10名同学为自己身为一名清华人感到深深的骄傲,这些天的汗水和付出让他们为祖国交上了一份完美的答卷! 在游行结束后的组织生活上,陈建华同学回忆道:"当祖国需要我的那一刻,我才发现,原来自己早已经和祖国紧紧地连在了一起。"

科学发展,成才报国,是清华人许下的庄重承诺!

建立有特色的党群联系制度

电博08党支部根据"清华大学研究生党员和群众'一加一'联系制度",结合电博08支部自身的特点,建立了一套适合电博08支部的党群联系制度,具体包括以下几方面内容:

一、将党群"一加一"联系制度与党小组制度相结合:考虑到电博08班恰好有10名团员这一特点,故可将全体党员分为5组,每组再分配2名团员同学,每个团员同学都与其联系人分在同一个党小组中。由于组织生活等活动通常会以党小组为单位开展,因此可以通过党小组邀请团员同学参加组织生活,并让团员同学在组织生活中承担部分准备工作。

二、建立规范的管理监督制度:支部设计了一系列表格,定期或不定期进行记录和总结,具体包括《党群"一加一"联系情况记录表》《党群"一对一"联系制度实施情况总结表》《党群"一对一"联系制度实施情况反馈表》。其中《记录表》用于记录联系对象的思想状况,联系人要求联系对象参加组织生活的情况,联系人帮助联系对象解决实际困难的情况等;《总结表》用于总结每个党小组开展党群联系工作的情况;《反馈表》用于记录每位党员和群众对党群联系工作的反馈意见。此外,在每个党小组设立一名党群联系负责人,专门负责对该小组的党群联系工作进行监督。

三、建立反馈机制,不断改进工作方式:通过谈话的方式,不定期了解团员同学对党群"一加一"联系工作的看法,并及时改进;制定《党群"一加一"联系情况反馈表》,所有党员定期填写,总结经验和不足,推进日后党群联系工作的开展。

　　以上制度执行一个学年以来颇有成效,得到了广大同学的好评。较好的党群联系工作促进了党员发展工作的开展,一年以来电博 08 党支部的积极分子队伍不断扩大,部分优秀的积极分子被吸纳到党组织中来。截至目前,电博 08 党支部的 10 名团员已有 6 名成为积极分子,其中 3 名已发展为预备党员。

充分利用优质资源促进集体成员的全面发展

　　"又红又专,全面发展"是清华人追求的目标。电博 08 班紧抓思想建设、组织建设的同时,在学术、实践、志愿、体育、感情建设等方面多管齐下,力求全面提高集体成员的个人素养。

● 学术学风:建立学术交流和资源共享两大平台

　　电博 08 班,是一个"勤于思考,善于创造"的集体。

　　针对同学在不同阶段的需求,电博 08 班积极开展学术交流活动:在博士生资格考试前,按照研究所组织同学集中复习、归纳资料、交流经验;在普博生开题之前,承办主题为"研究生开题与学术心得交流"的博士班学术沙龙,李永东教授应邀作为活动嘉宾。

　　整合学校与院系的优质资源,电博 08 班积极推进学术资源共享:充分利用电机系学术交流中心的资源,每周末将下一周本系所要举办的各种学术活动信息,以统一的格式通过电子邮件发给集体成员;及时地将院系的学术信息杂志《学术前沿导读》发到每一位同学手中;利用承办博士生论坛的机会,对所有参加博士生论坛的同学进行了学术学风调研,为今后有针对性地开展学术活动打下基础;鼓励班级成员间资料共享,并开设班级 FTP 用于共享资料的存放。

● 实践就业:多层次、全方位的就业实践引导

　　电博 08 班,是一个善于"低头拉车",更注重"抬头看路"的集体。

　　电博 08 班积极开展形式多样的就业实践引导活动。中国电力工程顾问集团公司吴云总工程师讲座与访谈、职业生涯规划面对面、透过"蚁族"现

象思考大学生择业问题等形式多样的就业引导活动深得同学的好评。

电博 08 班通过多渠道收集就业实践信息,积极建立信息平台,及时向成员传达沟通。了解近几年师兄师姐的毕业去向,并将统计结果发放给同学参考;利用各种渠道向同学们提供就业引导讲座、实践及短期挂职的相关资讯;定期收集行业发展的动态和成功人士在求职入职方面的经验和心得,在班级内部传阅。

电博 08 班充分调研集体成员的就业意向和参加就业实践的意向。从择业因素、择业地域、择业单位等方面对集体成员的就业意向进行调研,调研结果显示:81.6% 的同学愿意到大中型国有企业工作,13.2% 的同学愿意到西部地区工作;从实践意向来看,56.8% 的同学选择了去长三角、珠三角以及其他东部沿海地区,而有 89.2% 的同学希望能到省级电网公司或电力设计院实践。

电博 08 班积极组织成员参与校系各类就业实践活动和项目。2009 年暑假,电博 08 班共有 22 名同学参加暑期就业实践,占全系参与暑期就业实践总人数的 22.4%,高居榜首,其中钟海旺同学荣获 2009 年度首都高校社会实践先进个人称号;在 2009—2010 学年中,参加学期中短期实践 24 人次,占全系参与短期实践总人次的 27.9%;2010 年寒假,共 1 名同学参与了寒假社会实践。此外,在临近寒暑假时,提前调研同学们参加实践的意向和要求,及时反馈给上级实践部门,以便有针对性地开展实践活动。

● 志愿服务: 让志愿与微笑成为每位电博 08 人的习惯

电博 08 班,是一个乐于助人、甘于奉献的集体。

"送人玫瑰,手有余香",电博 08 班两年来多次开展集体志愿服务,其中包括关注校园交通安全特色活动、99 周年校庆校友接待等十分有特色的集体志愿服务。当校园施工给同学的安全造成隐患时,我们主动在宿舍楼内张贴交通安全小贴士,为同学免费安装车铃,希望通过我们的努力,唤起同学的交通安全意识。电博 08 班还积极鼓励同学以个人名义参加学校或院系组织的志愿服务。邹高域同学以一年 11 次参加志愿活动的记录当之无愧地成为了电机系志愿之星,"奉献他人,收获快乐"一直是她崇尚的一种生活态度。志愿与微笑已成为电博 08 班每位同学的习惯。

● 感情建设：让每位同学感受到来自集体的温暖

电博 08 班，是一个"热爱生活，懂得爱与分享"的集体。

电博 08 班一方面抓住各种节日积极开展聚餐、出游等形式多样的娱乐活动，另一方面则十分关注同学的日常生活，如组织同学看望生病同学、为同学过集体生日等。难以忘记男生节时，女生亲手端上悉心烹饪的热腾腾的面条。难以忘记女生节时，男生别出心裁为每位女生实现的一个愿望，让我们感受着来自集体的温暖。

● 体育锻炼：为祖国健康工作 50 年

电博 08 班，是一个学习科研、体育锻炼两手抓的集体。

电博 08 班人深知"身体是革命的本钱"，为改变体育锻炼氛围低迷的局面，电博 08 班从二年级起，在班级里组织体育专项小组，大力发展群众体育。每周日的清晨，魏鞾同学为了租借羽毛球场地，总会在综体门口排队等候三四个小时。他说："能够为同班同学做一点事情，苦一点也愿意！"。每周一、三、五的晚上，总会收到靳夏宁同学按时发来温馨提醒："今晚九点，紫操跑步，不见不散。"一个学年以来，共成立了 8 个专项小组，其中羽毛球小组每周活动一次，篮球每两周活动一次，长跑每周一、三、五晚上活动，乒乓球、健身、游泳、网球、排球由于参与人数较少，由小组成员协商，灵活安排活动时间。整个学年中，共有 26 名同学参加到专项小组中来，其中长期坚持的同学接近二十名。在专项小组的共同努力下，越来越多的同学投身到体育运动的行列，不但增进了同学之间的感情，也锻炼了强健的体魄。

个人的成长离不开集体的支持和帮助，而集体的成长需要有正确的思想来引导。电博 08 班正是通过党支部出色的思想建设和组织建设工作，带动班团扎实开展就业引导、志愿服务、学术交流和体育锻炼等方面工作，有力地凝聚了班集体，形成了又红又专的班级传统，让鲜红的旗帜在电博 08 人的心中永不褪色。

电博 08 班"聚是一团火，散做满天星"。请你们相信，当集体中的每个人都为了共同的目标努力和付出时，集体必定会回报给你们无数的感动和力量！

思想武装的队伍是强大的

——记机械系机研 091 班

为着共同的理想,他们带着执着,带着激情,相聚于此。他们真情相拥,携手同行,用汗水浇灌这片热土;他们欢乐共舞,风雨同舟,燃烧理想的美丽火花。一个个故事,沉淀一段段迷人的回忆;一张张照片,记录一段段温暖的真情;一张张笑脸,映出一片片绚烂的天空;一颗颗心声,展现出一个个热情的生命!这便是他们暖意浓浓的家,他们共同的班集体——机研 091 班。在机研 091 不断成长的过程中,坚定的思想,坚定的信仰,红色的熏陶,党、团、班三驾马车并驾齐驱,让集体中的每个同学都得到了十足的全面发展,集体也得到了长足的发展,获得了诸多荣誉。

时刻跟党走,红色更加浓

机研 091 党支部是一个积极向上不断进取的新生横向集体,以完成校、系设置的党员培养环节为指导,以让全体新生尽快转变角色适应研究生生活为目标,以学习实践科学发展观为主线,以积极分子培养、预备党员转正为重点,不断完善党支部理论学习、民主讨论、考勤考核、支委例会等制度,以服务同学根本,注重加强党团班建设和联系群众,力求建立学习型党支部,发挥本支部基层战斗堡垒作用,保持党员先进性。以身作则、高责任感的支委队伍;积极向上、互帮互助的优良风气;服务社会、奉献他人的实际行动……这一切的坚持与努力使机研091 党支部在过去的一年中不断发展壮大。

用红色的思想武装自己,用思想的力量强壮自己一直是机研091 的优良传统,在这一方针的引导下,党团班开展了各种形式的活动,潘际銮院士的校友访谈,让大家真正体味到名家风范、清华精神;石景山区社会福利院义工,让大家真正感受到默默奉献、人间真情……形式多样的组织生活,涉及理论学习与实践、组织发展与建设、专题报告、时事热点等,既提高了支部党员的理论水平,加深了党员对国家方针政策的理解,增进了党员对国内外重大时事的了解和关注程度,又注重对支部成员的科研引导和人文教育,真正发挥党支部的核心作用。

机研091班集体内团员人数较多、基数大,支委成员在开学伊始就将工作重心放在引导团员积极向党组织靠拢方面,并积极落实党群"一加一"和联系人制度。经过一年的努力,支部内现在博士生正式党员共10名,比例占到了博士生11名中的90.91%,另外一名为积极分子;硕士生正式党员共17名,占硕士生总数的56.67%,积极分子9名,占非党员总数的60%,团员人数为6名。党支部的迅速壮大不仅与思想引导有关,更重要的是党群"一加一"制度下党团班共建发挥了重要的作用。

思想红旗不倒,科研实践并进

在红色思想的指引下,在"以学风建设带动集体建设,以科研交流强化学术氛围,以就业引导促进全面发展,以文体活动凝聚核心力量"四块基石的支撑下,他们挥动强健的双翼,在全面素质培养这蔚蓝的天空中自由翱翔。

以学风建设带动集体建设。在坚定的红色思想堡垒中,机研091培养了优良的学风,带动班级的整个集体建设的良性发展。与潘际銮院士的交流中,他们牢记清华大学"严谨、勤奋、求实、创新"的学风;与优秀师兄师姐的座谈中,他们见证赤子之心的不骄不躁和海纳百川的广阔胸襟……榜样的力量是无穷的,在组织交流会和座谈会之外,机研091班新生助理积极向上的生活态度影响着091的每一位成员,班委会全体成员也以踏实认真的姿态起到了模范带头作用,营造了一种相互激励、互相促进、共同进步的良好班级氛围,收到了"蓬生麻中,不扶而直"的效果。班级整体气氛的积极进取,使得班级涌现出了许多表现优异成绩突出的同学。

以科研交流强化学术氛围。科研无疑是研究生工作的重中之重,更是国家建设的重要组成部分。机研091同学们具有坚定的信仰,以为国家人民服务为使命,在科研的道路上坚定步伐,勇往直前,兢兢业业,刻苦钻研。机研091班以课题组或研究所为单位组织与新生交流活动、课题组的学术沙龙、邀请老师传授科研方法、邀请院士解读机械行业的发展等；全国百篇优秀博士论文获得者朱宏伟老师以"当你处于绝望的边缘，离成功就不远了"为主题的学术之路讲座，青海大学校长陈强老师以"要懂得吃亏"为核心的学术交流，同学之间在日常班会中的头脑风暴……知识的浓缩、思想的火花和精神的结酿，大家充分感受到了浓厚的学术氛围，增进了同学们对科研方法和科研精神的理解。值得一提的是，作为新生，本班的张伟同学在期刊 *Journal of Materials Chemistry*（影响因子4.646）上发表一篇题为 *Graphene Sheets from Worm-like Exfoliated Graphite* 的 SCI 论文。

以就业引导促进全面发展。就业就是为国奉献，红色的思想引导正确的择业观的形成。机研091班邀请机械系党委书记单际国老师参加以"解读国家科技发展规划，探讨制造行业发展趋势"为主题的沙龙，单老师详细讲解了国家"十一五"规划中提出的推进工业结构优化升级，振兴制造业特别是装备制造业这一计划，并结合国家刚出来的白皮书具体解释机械行业发展趋势，呼吁大家积极响应"立大志，入主流，上大舞台，成大事业"的号召，热情投身国家建设。这次沙龙，使大家对自己有了明确的定位，从而为实习和工作打下了良好的基础。让更多的同学树立了去国家的重点行业，去国家最需要的地方的观念。

以文体活动凝聚核心力量。在文体活动中融入思想的火花，更加富有创造力和生命力。机研091班以"愿、圆、缘"为主题的第一次班会，寓意为：祝福祖国，愿祖国繁荣昌盛；欢度佳节，共迎中秋月圆；珍惜缘分，共创温暖集体。机研091班所有班级成员积极参加一二·九大合唱，刻苦训练认真彩排，经过大家的齐心协力全情投入，获得了校综合一等奖和最佳团队奖的荣誉。机研091班以全面提高班级成员的身体素质和进一步完善新生体育锻炼长效机制为出发点，立足本次体育锻炼特色基金，组织了一系列的活动，羽毛球、篮球、足球、桌球四球一体，打造出一个热爱体育、钟爱体育、充满激情和活力的运动大家庭，强身健体，力保实现"为祖国健康工作五十年"的庄严承诺。

红色培养骨干，人才成就共建

任何一个优秀集体的形成，都离不开一个坚强的核心把每一位同学的努力与奉献、内部与外部资源整合在一起,赢得更大的集体荣誉,进而增强每一位同学的集体荣誉感和责任感,这个坚强的核心就是学生干部队伍。它更是凝聚班集体力量、搞好班集体建设的关键。用红色思想武装起来的班级骨干们在这块土壤中辛勤耕耘,播撒汗水,收获幸福。

发挥新生助理传承、协调和服务作用,通过带班助理来协调和统筹党团班工作是提高工作效率、整合资源的有效方法,同时注重从文化建设角度传承上一年级班集体建设经验和形成的优良传统,这样才有可能使新一级党团班协同发展。例如,将机研新 7、新 8 等班级经验传承给机研 091。

党团班支委们牢固树立服务同学的意识,增强为他人服务的能力和质量,在班集体建设中起到了桥梁纽带的作用。在处理日常事务及与同学关系时,注意工作的方式方法,讲究原则的坚定性与策略的灵活性,与同学真诚交流,成为他们值得信赖的朋友,用真诚服务感染每一位同学,让同学们将党支部支委定位成学生权益的代表者和倡导者,让支部成员充分感觉到党支委的作用,从而进一步增强对集体的信任和归属感。

这些骨干同学追踪同学日常学习生活情况,掌握其思想动态,及时发现个别同学的相关问题。特别是在对待入校后课程学习和生活压力巨大,心理纠结、压抑的同学时,党团班委骨干及时制订了帮助预案。及时向系内老师领导反映同学的情况,老师们了解后多次给予资助,很大程度上帮助克服了经济困难。在系领导关心帮助的同时,班级中党团班委和骨干从同学和朋友的角度来帮助同学们。党团班委们会时不时地找同学一块吃饭、自习,此间假装不经意地谈到学习和工作协调方面的苦恼来引起共鸣,让其意识到原来大家都有或多或少的问题;同时平时叫上支委们与同学一起讨论作业,期末组织同学在图书馆一起备战考试,这个过程中帮助克服学习困难。晚上会主动去同学宿舍讨论工作中的方法,同时试着走进同学的内心,一起解决情感问题。经过半个多学期的努力,不仅当事同学的状况得到很大改善,全班同学也都受益匪浅。学习上班级总体平稳进步,学生工作方面,也涌现了不少真正实现了双肩挑的同学,为后续班集体建设增添了更多的新活力。同时班级同学之间的感情得到了升华,凝聚力不断提升,同学们各方面的才能也得到了充分的发挥。

万事思维为先,红色熏陶出了优秀的党团班级骨干同学,思想给予同学们强大的力量在科研工作实践中不断成长升华,坚定理想,强化信念,用奉献的心面对前方的路! 相信未来的机研 091 会有更加强劲的生命力。

平静的湖面练不出精悍的水手;安逸的环境选不出时代的骄子。他们深信:他们就是一道风景,有如春日阳光明媚;他们就是一道风景,有如夏日芙蓉出水;他们就是一道风景,有如秋日层林尽染;他们就是一道风景,有如冬日瑞雪纷扬。

专业学习篇

凝聚力是班集体建设的支柱

——记外语系英 41 班

　　"英 41 是一个亲密温情的集体,她有着非凡的凝聚力,她是我们的家。"英 41 的团支书张淞云如是说,脸上带着满足与回味的笑容。四年的班集体生活沉淀出一份永恒的感情,四年的朝夕相处见证了无悔的承诺,正是这份对集体的热爱使得集体中每一位同学形成了共同的目标和理想,造就了英 41——一个优秀、团结、独特、如家一般温暖的班集体。

　　成功的集体源自一点一滴的积累,英 41 团支部便是这种脚踏实地工作的优秀代表。本着"增强班级凝聚力,调动个人积极性"的理念,英 41 建设出属于 20 个人的温暖的家,先后获得了"校先进班集体"、"校甲级团支部"、"校优良学风班"、"校级素拓金奖"等荣誉称号。就算已经毕业多时,英 41 的同学们依然保持着每周一次、多数同学参加的"周末喜相逢"活动。英 41 的同学们亲如一家,拥有着一致的目标、共同的价值观,以及难以割舍的感情。可以说,是强大的凝聚力促使英 41 在集体建设、思想建设、学风建设等各方面都有着突出的成绩。

以人为本：温馨氛围,亲如一家

　　北到黑龙江,南到广东,西到四川,东到上海,英 41 的二十名同学来自祖国的大江南北,在北京构筑着他们共同的家。

　　记得大一开学不久,孙洁琼同学的 18 岁生日就临近了。第一次远离家人,在异乡的她以为这个生日会过得平淡无奇,没有任何惊喜。时值一二·九合唱比赛,同学们也和往常一样进行排练,但排练刚一结束,所有同学立即簇拥着寿星来到紫荆园吃饭、唱歌。最大的惊喜来自晚上,宿舍同学买了一堆零食,并捧上蛋糕,神秘嘉宾王林晓则带来了集体的祝福——班里每个同学祝福的录音。听到同学们的或搞笑或深情的祝福传来,孙洁琼很感动:"没想到我 18 岁的生日会这么过,太难忘、太意外了!"不仅如此,每年班干部都会在同学生日的当天送上小礼物,别出心裁地想着不同的方式来庆祝,这也是英 41 的传统之一。每个同学的生日都记得,每个温馨的细节都不错过,英 41 无论什么时候都洋溢着浓浓的暖意。

大一暑假时,英 41 组织大家去山西实践。由于水土不服,刘莉同学上吐下泻,吃不下任何东西,方涛同学彻夜守候在刘莉打点滴的床前,嘘寒问暖,细心照料,让刘莉感受到集体的温暖;大二寒假时,由于交通事故,籍慧芬同学的腿不幸骨折,得知这一消息后,同学们分别从四面八方发来问候的短信,鼓励安慰着在病床上焦灼不安的她。开学后,由于尚未痊愈,她仍然不方便走动,于是男生们自发轮流接送她上下课,随传随到,让她体会到一批"御用"专职司机的方便之处,同时又没有落下一节课。更令人欣慰的是,在随后进行的专四考试中她也取得了优异的成绩。籍慧芬说:"我的成绩是和大家分不开的。刚骨折那段时间,每天在床上躺着非常无聊,你们的短信让我平静下来,和你们聊天是我每天最大的乐趣之一。而作为第一个把班里八个男生的车子都坐了一遍的女生,我可以很负责地说:英 41 的男生们是非常可靠、非常值得信赖的!"

类似的故事还有很多很多,感冒了需要去校医院,电脑坏了需要重装,下雨了需要有人送伞等,无论出现什么状况,对于英 41 女生来说,最方便快捷有效的方式就是拨打男生宿舍的号码:32286。不管电话那端是谁,贴心的温暖总是会立即抵达。

张淞云说:"我们班的集体活动很多,大家的参与积极性都很高。"因此,至于每次出游前,全班会分成几个小组,每个小组内男女生合作,在出游时互相照顾,在做游戏时齐心协力。每次的出游必定精心策划,确保安全,播种快乐。四年来,英 41 每年的春、秋游几乎涉及北京的各大著名景点,不仅让同学们暂时从繁重的学习压力中解脱出来,而且增进了同学们的感情。

英 41 班就是这样坚持以同学的需求为出发点,全方面地关怀每一位同学,从点滴小事做起,逐渐营造出温馨团结的班级氛围。其中,大一的班干部更是起到了决定性的作用。在刚进入清华时他们为整个班级定下了昂扬向上的基调,带动全班同学不断上进,这种积极的心态让每个同学在集体中都获得了自信,并极大地提高了班级凝聚力。

强学兴班：互帮互助，齐头并进

在清华，学习是生活的主旋律。作为三年的优良学风班，英41学习成绩的取得不仅依靠同学们个人的努力，更与班级整体氛围的营造和制度的保障分不开。而班级的凝聚力，正是帮助解决同学们个人问题的良方。"优秀的集体产生优秀的个人"，集体的作用在于可以克服个人的局限、克服个体的盲目性和无序性，而个人的优秀与出色也会带动整个集体向更高、更远处走去。

记得学习委员杨亮亮同学会每周给大家群发一份"step by step"，被班级同学译作"周周向上"，即在每个周末把本周各科的作业和要求汇总，以记事本的格式通过电子邮件发给班里的每一位同学，督促其按时完成作业。记事本的格式方便传输，便于阅读，简单明了，这样一来就避免了因作业太多而出现遗漏的现象，同时也是提醒大家及时交作业。还有，她还别出心裁地收集大家平时的一些学习小技巧和巧妙方法，放在这个文档的最后与班里的每一位同学分享。每位同学在看到它时，内心都会涌上一股暖意。

很多同学刚入学的时候会对英语专业存在一些偏见，认为英语只是一门工具，不成学问。后来同学们选修了很多专业课，看了不少学术著作，了解了外语系老学长们的研究，才慢慢认识到这是一门大学问。英语专业的学习大一、大二两年以训练基本能力为主；大三、大四进入文学、翻译和语言学的专门领域，学习系统知识和进行技能实践。英语专业给人的训练，不仅在于让英41的同学掌握了学科的框架，更是超越了学科的界限，使英41的同学形成了一种思维特型和精神气质。

告别大一学年的迷茫，进入大二学年后，为促进同学们的学习交流，让同学们对专业学习有更好的认识，班里特意举行了一次对学习表现突出同学的颁奖会。奖项的名称是别出心裁，更是一针见血。"凌波微步"奖颁给的是社工学习两不误，"轻盈地游走于学习和社会工作之间"的范佳同学；"独孤九剑"奖颁给的是学习方法多，学分绩领跑全班，一骑绝尘的王胜伊同学……

在大四推研开始之前，英41又举办了"推研交流会"，大家坐在一起畅谈未来规划，这场交流会的主题是"表达愿景、理清前路、内部协调、共同促进"。推研交流会也达到了预期的效果。首先是内部的调节，每位同学都能根据学分绩的定位和其他同学的目标，合理做出自己的选择，避免扎堆。其次，讨论也是对自己的选择明晰化的过程，通过了解他人的想法和理由，或者确信自己的选择，或者激发新的认识。第三，推研交流会也深化同学对彼此的了解，增进同学间的感情。在整个大四阶段，班集体都在不断思考如何引导同学对未来进行更长远的规划，如何提升自身需要具备的素质和能力，为将来踏入社会提前做好准备。

英41班优良学风的形成，同时也是反映到集体层面的一种志同道合的凝聚力，引导、带动同学一起学习、一起进步的动力。在班集体内部良好的风气的带动下，每位同学都在追逐理想的道路上不断努力拼搏。

紧扣主流：又红又专，与时俱进

紧跟学校步伐、抓住时代声音，英41的思想建设也开展得有声有色。深秋时节，英41的同学们在百望山的红叶林旁席地而坐，一起讨论学习"三个代表"重要思想，聆听党员同学的"先进性教育"的心得；一起去听农业部领导关于"三农"问题的阐释和美国前国务卿鲍威尔关于中美关系的报告，学习时事知识，拓宽知识面，增加知识储备；全班同学一起讨论社会主义新农村建设等热点问题，深入了解国情民生。不仅如此，英41还举办了有关中国共产党的知识竞赛，组织学习了"八荣八耻"社会主义荣辱观、十七大精神，并积极参与征文活动。在全校"求索杯"党的理论知识竞赛中，英41取得了优异的成绩。入学时，班级20名同学中已有6名学生党员，大四毕业时，班里共有11名学生党员和4名入党积极分子。

响应党中央和国务院关于进一步加强和改进大学生思想政治教育的号召，英41的所有同学都撰写了题为"做一名合格的大学生"的深度思想汇报。其中，庞瑞同学从一名党员的角度，表达了最重要的事情是"端正自己的人生观和价值观"，即这一生为什么而活，为什么而拼搏的问题。大一刚刚入校的时候，他就有幸作为新生党员聆听了时任校党委副书记杨振斌老师的讲座，深受清华人"以身许国"精神的鼓舞。从那时起他开始感受到清华人的精神力量，并被这种精神所吸引。庞瑞同学说："在现实生活中保持自己的理想和信念，实为不易，也因此更显得宝贵。目睹社会中种种不公平的现象,感同身受底层人民生活的艰辛,年轻学生的心态很容易受到干扰,也更有可能选择一条实用主义的道路。我希望自己的生活有更多理想主义的光芒,所以我有意识的和有着同样志趣的人结交。"

张淞云还提到给他留下印象最深的一件事。大二时,正值 2008 年北京奥运会准备活动普遍展开,英 41 组织了一个名为"奥运英语进社区"的活动,通过下社区教居民说日常英语的方式来普及英语的广泛使用,深入社区,给零基础的市民传授简单的英文表达方式,将祖国的实际需要与班级特色文化相联系,同学们乐于参加,并收获成长。"当时我们就在中关村的一个社区里给老爷爷、老奶奶讲英文,教他们说很日常的英语。虽然看似枯燥乏味,可我们却乐在其中,这种充实与满足让我至今难忘。"张淞云一提到这件事,眼睛里便露出兴奋的光芒。这样寓教于乐的主题教育活动能对同学产生强大的感召和吸引,在英 41 强大的凝聚力下,每个人都能够找到自我实现的价值。

科学发展,成才报国,这一系列紧跟时代步伐的思想建设活动不仅对英 41 的同学们探索自身的成才之路起到了积极的引导作用,还促进了大家深入思考清华人在民族复兴中的责任和使命。

全面发展:精诚团结,百花齐放

"纸上得来终觉浅,绝知此事要躬行。"英 41 的同学们将所学理论与实践相结合,从单纯的课堂学习中走出来,通过参加实践活动增长经历,从而更加了解社会,丰富思想,形成踏实作风,不断在实践中锻炼自我、提高自我,为迎接未来竞争与挑战打下良好的基础。

英 41 同学的身影活跃在学校各个舞台上:学生艺术团副团长、民乐队队长,民乐队团支部书记,学生艺术团交响乐队骨干,话剧队骨干,学生海峡两岸交流协会会长,清华大学体育代表队散手队队长兼武协会长等。学校的各个社工岗位几乎都能看到英 41 同学的身影。

张书豪同学大二时加入武术协会,经过一段时间的学习锻炼,又进入校散打队和武术队,之后一直担任武术协会会长和散打队队长。每天下午进行两个小时的武术散打训练,寒暑不断。长期的锻炼让书豪同学拥有了健康的身体和积极乐观、拼搏进取的精神;日复一日、年复一年的坚持不懈,培养了坚持的毅力和顽强的意志。"武术的学习是对身心的双重净化,在学习武艺的同时,更要注重武德,也就是学做人。武术根植于中国传统文化的土壤,从不同的角度对习武者提出了很多基本要求,规范我们的言行,端正我们的思想。我从武术中悟到了很多为人处世的道理,这些是在课堂上很难学到的。"

结合实际需要和专业情况,英41班先后组织了"奥运英语进社区"、"同在一片蓝天下——关爱聋哑、智障、自闭症患者儿童"、"清华大学首届奥运知识竞赛"等多次素质拓展活动。辛勤的工作结出了累累硕果,以下是在校索拓评优活动中,给英41金奖项目的颁奖词:

"二十个永远忙碌的身影,二十颗激情澎湃的心,二十双手共同建造着一个温馨家——英41。没有太多的语言和感动,但他们却牢牢把握住了时代的脉搏,深深地意识到了自己的使命;他们在用激情做着一件他们力所能及的事——宣传奥运精神,传播奥运理念,为即将到来的2008年北京奥运会。One world, One dream!"

在这些成绩斐然的班级实践工作背后,我们更要看到英41对班集体那份强烈的集体荣誉感。是凝聚力增强了班集体的力量,促进英41取得更大的进步,同时卓越的荣誉也进一步激发整个班集体强大的向心力。当然,班集体凝聚力建设的根本指向是推动同学的发展,而英41,已经为我们做出了骄人的典范。

岁月,本来就不是让人感伤的存在,而是让人逐渐成长;如果你在该走过的岁月里,学到了该学习的知识,结交了该认识的人,留下了刻骨铭心的记忆,那么,你还有什么可感伤的呢?

2008年7月5日下午6时20分,校长给英41最后一名同学授予学位。毕业的季节,英41作为一个行政班集体也正式解散了,可散不了的是一起走过的四年,那些事,那些人,那些情。而最让英41的同学们印象深刻的,莫过于班级的凝聚力,那是作为一个集体的核心所在,是各项工作开展的基础,无论苦痛还是欢乐,都凝聚了一份份弥足珍贵的回忆。无论现在与未来,在英41深厚而温暖的凝聚力下,所有的英41同学必将心怀坚定的信念,继续实现清华人的价值,一起努力奋斗下去。

航向一致的执着和青春

——记工业工程系工 61 班

工 61 是个团结向上的大家庭,全班共有 32 名同学,其中党员 7 名,积极分子 10 名。一路走来,工 61 一直给人以勤奋、团结、先进的班集体形象,曾经获得"校甲级团支部"、"校标兵团支部"、"校优良学风班"、"北京市先进班集体"以及首都高校"先锋杯"优秀团支部多项荣誉!展望未来,工 61 将继续以先进为舵、勤奋为桨、团结为帆,续写工 61 的辉煌。

"时光匆匆,盛宴过后是凋零,我始终把握不住偷偷溜过去的每分钟……雨后的天空,那是太阳在放晴,唯一的一次青春和执着就在这里上映……"(工 61 班班歌《匆匆》)

学生节晚会上,当全班同学都唱起班歌《匆匆》的时候,我们每一个人都在想同样一个问题:人生漫漫,行路匆匆,究竟有什么东西是时光洗涤不掉的?对于我们每一个人,都有太多太多,关于这段岁月,这个班级……

2006 年 8 月,带着对梦想的憧憬,来自天南地北的 32 名同学来到清华园。二十多天的军训,十五连的旗帜下,烈日和热浪将 32 个穿迷彩服的青年炼成了一个坚强的集体,这个集体叫工 61。先进为舵,勤奋为桨,团结为帆,善于思考而又充满温情的工 61 在追求卓越的航线上乘风破浪,稳步前进。同一个梦想让我们心往一处想,给我们执着的青春,让我们在这条路上不断超越自己、追求卓越。

思想建设先进为舵

从班委们的有效引导到同学们的积极配合,工 61 这一集体从诞生之日起,就绽放出了思考的光芒。我们的主题团日和民主生活会的圆满举办就是我们善于思考、争创先进的集中体现。

　　主题团日在清华的一些班干部看来是班级工作的难点，活动单调则难以吸引同学，即使动员参加了也表现不积极，因而，动员全班参与并且都有所收获成为所有组织者的一个心愿，而在工61，为这事费心的可不仅仅是几位班干部，每个同学都将思想教育看作是一次难得的交流平台与学习机会，而一个先进的集体，一个有着共同目标的集体，一个心往一处想的集体，在活动的准备和实施过程中所表现出来的就是劲往一处使，全班同学齐上阵的积极场面。

　　大一主题团日的主题是纪念长征胜利70周年，班上同学集思广益，最终决定去军事博物馆参观，但是我们的参观可不仅仅是走走看看的形式和过场。为了让大家在参观的过程中有更大的收获，时任团支书的陈秋实同学提前踩点，在军博里来回几趟，将按照长征过程顺序布置的各个展区都进行了细致的观察，对每个展区都提前采集了十来个问题，这些问题有的是文字介绍，有的是图片资料，有的是在实物中展示。回来之后陈秋实将所有问题归纳整理之后分成了8组，全班同学也相应被分成8组，每组对应一组问题，在实际参观过程中，同学们带着问题思考，全心关注展示的内容，小组之间互相讨论总结，为了得出一个答案往往还要和现场的工作人员交流。大家完全投入到对长征的认识与思考中，而思想的互相交流更是为以后的主题教育埋下了共同进步的种子。

　　大二下学期，学校集中举行"我的科学发展"主题团日。此次团日延续了我们集体思考的基调，大家共同策划、分工合作，去积极挖掘主题中蕴含的思想。整个活动分成4个部分。"你说我说大家说"环节，前期发放问卷的同学用统计数据总结了问卷中反映的同学们思想道德品质、人文艺术修养、身心健康等方面的问题；"你听我听大家听"环节，党课小组献上了精心制作的DV，系里的老师结合"科学发展"和系里的教学理念，向同学们提出了希望；"你写我写大家写"环节，每位同学在纸上以文字或图画的方式提出了对自己的期望和保证，并粘贴到展板上；"你评我评大家评"环节，每位老师和同学拿着"笑脸"和"尴尬"的表情，贴到展板上表示评价，并将大家的期望和保证归档保存，作为毕业时候的对照。就在这气氛活跃又不乏思想性的活动中，大家对今后的人生规划有了更明确的认识。事后，团支书林燕梅这样向大家说道："看来我们每个人都有所收获。"

　　除了主题团日之外，我们还本着普遍参与、共同反思、共同进步的原则在班级内开展了"民主生活会"。所谓"民主生活会"，是指工61班在学期末的时候以寝室为单位开展的批评与自我批评活动。批评与自我批评是我党的优良传统，也是工 61 班不断成长的武器，在民主生活会上，每个寝室的代表都会上台发言，进行自我批评，其他同学可以在随后的批评环节中从自己的角度提出意见，虽然是严肃的内容，但是同学之间的谅解和友爱却在一份份意见中彰显，整个过程始终充满了欢笑，虽然充满欢笑，但是我们的思维可不简单，吴乐珍同学在会上就多次提出深刻的问题，在引人思考的同时也让我们对寝室这一学校的最小单元的建设有了自己的认识。结束之后，大家投票得出"卫生文明寝室"、"自我批评深刻寝室"、"体育锻炼寝室"、"最和谐寝室"以及分量最重的"标兵寝室"的荣誉。通过这样的民主生活会，我们不但加深了彼此的理解，更在相互学习之中分享了寝室建设的经验。所谓博采众人之长，我们的寝室也朝着集各寝室优点于一身的目标而奋进。

学风建设勤奋为桨

思想上的先进让我们勤奋进取，情感上的团结让我们互相帮助，工 61 的学风优秀，成绩突出。追求优秀是我们对青春充满激情的无畏叫嚣。

四年的勤奋刻苦，源于那最初的扎根于心底的感想。刚进大学时，在一次班级学风动员会上，我们看到一张名为"哈佛的凌晨四点"的图片。看着灯火通明的图书馆、彻夜苦学的学生，我们的心里惊叹甚至敬畏。那时的我们就在心里共同埋下了默默奋斗的种子……

在大三上半学期，很多专业课都有大作业，几个同学一个小组，对某一个问题展开探讨和研究。做大作业那几个礼拜，白天的课程还得照常进行，同学们只能利用晚上的时间攻克难题。因为做大作业往往要用到机房的软件和硬件，那几天每天晚上舜德楼都是灯火通明。大家废寝忘食，孜孜不倦，好似心里有股强劲的动力支持我们去做到最好。在这辛苦的学习中，许多同学更是发挥了模范带头与互助协作的作用。进度较快的王明强、林斯冯等同学完成了作业以后，自愿牺牲自己的睡眠时间坚守在机房，热心地去帮助其他有困难的同学，不让一个人掉队。精益求精、追求卓越成了我们全班同学的共识，每个人都费尽心思去完成作业，并不断完善，去挑战自我。最后汇报时，老师们都由衷地赞叹："本来布置这个作业就是想让你们体验一下，我真没想到你们能做得那么好!"辅导员向晴有一次凌晨两点准备从系馆回宿舍，路过机房看到里面的场景，后来在一次班会上回忆："最让我难忘的是凌晨两点的 512 机房"。的确，那几个特殊的晚上将永远镌刻在我们记忆里，将作为我们工 61 班颇具特色的一抹色彩留存在每个同学的心底。机房的灯光仿佛是知识的灯塔，指引我们前进的方向;而机房里紧凑的键盘、鼠标的敲击声，则汇聚了我们对知识的每一点一滴的渴求和探索。

如果说 512 机房见证了我们班同学对知识共同的渴望和追寻，那每次临考的复习提纲则记载了我们班团结互助、共同向上的学习气氛。工业工程系国际化的教学理念，对同学们来说不仅仅是一个振奋人心的口号，更是一种全新的学习方式和更繁重的学习任务。拿教材来说，我们系的教材多是引进国际上优秀的原版教材，通篇英文，而且每本都很厚。一本一千三百页的黄皮书甚至被师兄调侃为"太黄太厚"。在这样的情况下，把每一本书都逐字逐句读完，没有可能，也没有必要。期末考试前，为了帮助同学们应对十天考五门的密集轰炸，学习委员和各科课代表组织编写了复习提纲。复习提纲编写小组由同学们自愿参加，每个同学负责一个章节或者一个部分，仔细复习这部分并挑出重点，编写成文档。不少同学制作提纲时十分用心，不仅重点难点面面俱到，而且还附加了自己的学习心得、复习建议。对照着复习提纲看书，不仅提高了复习效率，而且提高了复习质量。面对"太黄太厚"的压迫，我们少了一份担忧;面对考试的密集轰炸，我们更多了一份自信。每当看到图书馆其他班级的同学独自苦战，我们都会由衷地庆幸我们在工 61，在团结向上、不让一个人掉队的工 61，在如一艘劈波斩浪的大船的工 61，始终将航标对准着优秀与卓越。

每个人的不懈努力和班级良好的互助氛围，让我们班的成绩一直在系里独占鳌头。大一，我们班占据年级前五名中四席，前十名中七席;大二，我们班占据前五名中四席，前十名中八席。我们深知，学分绩并不是衡量知识水平的唯一标准，在完成课堂知识以外，在科研、学科竞赛里，也往往可以看到我们同学的身影。全班有三分之二的同学参加了 SRT，不少同学甚至同一时间参加两个SRT。王晨琛同学的调研报告代表系里参加学校的挑战杯，获得了三等奖;彭小珊、陈秋实等同学参加全国大学生数学建模竞赛，得到二等奖。SRT、学科竞赛、双学位、二外，同学之间似乎有种默契，都是充分利用学校的优异条件，不断努力去充实自己。

情感建设团结为帆

　　抛去了坚定的思考和优秀的成绩，一个班级，对于她的每一个成员来说究竟意味着什么？当我们每一个人从自己的家乡踏上清华园这块神往已久的土地时，也许我们第一个憧憬的并不是立刻去畅游水木清华，去拜访朱自清的塑像，去欣赏荷塘月色婆娑树影，去聆听梵婀玲上奏着的名曲。当我们被清华园门口推来小推车的自称是我们的师兄师姐的人载上小板车，一路上一颠一颠地来到紫荆公寓时，坐在小板车上的我们，第一次感受到了清华真正吸引人的魅力所在了。这里，不仅仅生活着一群优秀的青年，更重要的是，这里给人真正的家的感觉。而工61，就是我们在清华园里存放心灵，存放情感，甚至是欢笑与泪水的地方，它是我们恣意挥洒青春的一片沃土。

　　在工61，我们亲如一家。还记得入学的第一个中秋节，在新水，我们一起包汤圆，煮汤圆，吃汤圆。刚刚阔别家乡的我们，心中默念着"露从今夜白，月是故乡明"，思念着爸爸妈妈，有一些伤感沉闷。然而，当我们这些来自四面八方的人吃着同一个锅里的汤圆时，我们不禁想起了在家里，我们像现在这样和自己的父母、自己的兄弟姐妹在一起的情景。

　　在工61，我们互相关爱。还记得入学的第一个冬天特别特别冷。看着男生们龟裂的双手，每天总是红着个鼻子来上课，女生就自然而然地想着要给他们织围巾或者手套。有人说，"你们不会又是想送围巾吧？这个花样往届男生节早有了，俗套……"俗套吗？也许吧。但是谁在乎呢？初衷仅仅是想让男生们的双手不再长冻疮，骑车时不再因刺骨的寒风而畏畏缩缩。结果，就这样，裹着一条又一条大粗毛线织的围巾，工61班的男生们骄傲了一个冬天，温暖了一个冬天。

　　在工61，大家的心都聚在一起，甚至是曾远在日本交换的徐琮璐。当年他在我们的生日会后辗转反侧，最后居然在深夜里披衣坐起，在昏黄的床头灯前写下了这首至今传唱的班歌《匆匆》。他说，他不知道若干年后，《匆匆》是否也能像水木年华的《一生有你》那样成为大街小巷传唱的经典，但有一点他深信不疑，那就是，这首《匆匆》对于工61班的每一个人来说，都是生命中的一个经典，因为这首歌不是他一个人谱写的,而是工61班这个给了他家一样的温暖的集体共同谱写的。在2008年的学生节"爱意生活"上,这首班歌缭绕在每一个观众的心间。每一个人都看到了,工61是一个汇聚了32个兄弟姐妹情感的大家庭。

这种家的温暖不仅体现在活动中,更融入了生活的小细节中,班级日志中记录的日常生活中的点点滴滴就是融入我们心灵的片段。在班级日志上,没有豪言壮语,没有催人泪下,它是平凡的,是能够给每一个撰写者提供最真实的平台的。当我们记录自己最最真实的生活点滴,最最真实的心情时,我们根本就不曾想过会有一些和你无关痛痒的人会窥探你的隐私,更不曾想过这本日志会作为一个道具拿去四处宣传,我们只是想着我想让这个集体的人更加读懂我。而我们每一次翻阅即使是同一篇日志时,我们总会有新的体会,我们彼此在读着对方。心灵的沟通有时候口头上的交流就显得苍白,甚至有些是两个人面对面无法说出口的,而这种间接的方式给了我们另一种表达方式。正是班级日志,让我们更加了解彼此的点滴,走入各自的内心世界。这里面有刘孝民和徐旭的病情报告,有彭小珊的学习心得,有吴乐珍的流水账,等等。班级日志极大地促进了我们之间的交流,让浓浓的温情透过厚厚的纸页、熟悉的字体缓缓扩散,融入到每个同学的心中。

航向一致共同成长

工61能让我们铭记的有太多太多,在岁月的长河中,时光的流逝固然会冲掉一些浮沙,但我们留下了共同的印记,就如同这条河中的金子,越是激流冲刷、泥沙洗礼,它的色泽越明亮,光芒越夺目。

工61让我们铭记的,还有她的每一分子,我们每一个人。

我们不会忘记,军训时耿导跟我们一起在训练场,挥汗如雨;不会忘记他挨个找同学谈人生,谈理想,如同一个大哥哥那样亲切。

我们不会忘记,向导跟我们一起参加班级AB篮球赛,不会打篮球的向导却得到了同学们的热捧;不会忘记新年时向导送给我们班32个人32张不同的贺卡。

我们不会忘记,李扬帆在繁忙的大三主动提出继续担任宣传委员,因为"我喜欢这个工作",不会忘记他在团支部书记因病告假的时候他主动挑起担子组织了一个完美的女生节。

我们不会忘记,林燕梅常常为班级工作"轰炸"我们的邮箱;不会忘记她卸任团支书以后对班级工作一如既往的支持。

我们不会忘记,李子龙在同学生病的时候陪同学去医院,为同学丝毫不吝啬自己宝贵的时间,不会忘记他为班级的默默付出,挑起了很多本不属于他的担子。

我们不会忘记,班会上刘孝民那一句"男生五个寝室就像一个寝室一样",不会忘记转系同学鲍亮动情那一句"工61真的是我无悔的选择"。

每个人就像一朵灿烂的浪花,绽开于工61这艘扬帆起航的大船的船头,我们挥洒着青春与活力,我们执着地追求卓越,我们一起朝更远的目标前进,去拥抱那浩瀚的大海。

很多年后,我们也可以自豪的说,曾经我在一个优秀的集体里成长过,它就是工61!

爱与梦想见证成长

——记理学院数理基科 78 班

两年的时间,我们创造了一个奇迹:我们将 28 个来自全国各地的理想青年紧紧地团结在了一起,组成了一个温暖的大家庭——基科 78。两年的时间,我们收获了足够的快乐、足够的团结、足够的温馨,还有随之而来满载的荣誉……

有人说选择基科就选择了忙碌而单调的大学生活,在我们过去的一年里,我们忙碌,我们同样精彩! 置身基科 78 这个温馨的集体里,我们禁不住一面享受温暖,一面就已经开始怀念。

学风建设"连环计"

"怎么样才能做一个好的科学家?"这是每一个选择科研事业作为自己终生奋斗方向的人都会追问的问题。记忆中最经典的科学家形象还是那个俯案疾书、孤军奋战在数学最高峰的陈景润,但如今讨论课上一幕幕的欢言笑语、辩论争锋已经让我们慢慢懂得了科研工作也可以充满欢声笑语。

于鹏同学能当上高等代数学课代表说起来还是件机缘巧合的事,只是助教的一席话,让他在开学初期百事待兴之际多承担了些课代表的相关工作,怎知一发不可收拾,为全班带来了一个全新的内容——讨论课。

"我已经当了 12 年的数学课代表了,我想将自己从数学中感受到的快乐分享给大家。"这是当时他在当选时发表的感言,每位基科 78 人都感受到了它所体现出来的那份责任的厚重。隔周一次的讨论课时至今日依旧不为风雨所动,每次讨论课前下发的厚厚一叠"高等代数学讨论课材料"、"高等代数学讨论课系列问题"满满地记着各种批注与记号的资料还放在资料夹中,每次讨论课上时而奋笔疾书,时而侧耳倾听,时而争执不下,时而点头称赞的情形依然在我们的日常生活中出现。

　　独木不成林。按于鹏自己所说："讨论课正是有了每个人的参与和支持才变得充实和有效"。讨论课上总会上演的几幕情景剧也许将成为永驻每个基科78人心中的回忆。讨论课开始前，未能早起的女生们还带着从食堂中刚买来的热气腾腾的枣糕，认真地浏览着讨论课材料，那边的李洲远、于嘉钒等几位同学便已经开始提前进行着小范围的讨论了。讨论课上，任何微小的所谓"显然"的细节都会经过大家的小心考究，"这是怎么来的？"疑问不绝于耳。讨论课下，常常因为讨论课上得意犹未尽而忘记时间，一谈就到12点多，大家便集体去吃午餐，也算是定期的"班级聚餐"吧。平日晚自习回来，讨论气息依然不减，特别是李洲远同学"打破沙锅问到底"的精神给各科课代表都留下了深刻的印象。值得一提的一段小插曲是一道讨论课上探讨的问题在当时的期末考试中碰巧遇到了，就当其他同学还在冥思苦想之时，基科78的同学们早已对此谙熟于心，因而期末考试均取得了优异的成绩。那次考试下来，"多亏了高代讨论课"成为所有人的心声，"讨论课"制度从此更加深入人心。之后，大家更加积极地担任课代表职务，讨论课制度不仅在其他学科推广开来，还有其他班的学习委员前来取经。

　　讨论课上，作为学习委员的张鹏川同学发现女生很少发言，了解情况后才知道：女生人数少，平时经常遇到几个女生合力也解决不了的题目，学习压力很大，讨论课上有些跟不上男生的节奏。于是，"一帮一"制度应运而生。在这一制度设立之初，张鹏川就多次申明其"一个都不能少，不能让任何人掉队"的宗旨，为参与活动的每个男生心中都注入了一份责任感。于是基科78的又一道风景线就此展开：每周一上午上完数学分析课，几位男生一起来到5号楼，为女生答疑解惑。学委张鹏川同学自然身先士卒，于鹏同学也时常来解答高代讨论课上无法专门为女生仔细解答的问题，还有物理学大牛穆维等学有余力的同学都成了5号楼的常客。而实践证明，这种"承包制"效果十分明显，弥补了讨论课上女生相对参与不足的问题，还促进了男女生的交流。

　　第二学年，班委换届选举，于鹏同学由于讨论课工作深入人心而以全票通过当选新一任学习委员。担任学习委员后，于鹏同学继续发挥他在组织讨论课方面优势的同时，继承和发扬了张鹏川同学留下的许多优秀传统，如"一帮一"制度、定期与各科课代表座谈交流制度等，并将大一的"寝室学风自评"活动拓展为更加量化、鞭策激励效果更加明显的"每周寝室综合评比"制度,由各科课代表负责记录各寝室上课情况、作业迟交的次数。学习委员则负责联系课代表了解情况、汇总信息,再辅之以当周的寝室卫生成绩,最终取得最高分的寝室获得当周的优秀寝室称号,并在班级宣传栏里公布评比结果。结果,大家平日谈话的主题又多了:"嘲笑"本周学风最差寝室。而就在这样一种轻松积极的氛围中,寝室学风已大有提高。

在大一学年结束时,基科78同学在学习上取得了骄人的成绩,9名同学获得了奖学金。

学以致用,志存高远

如果说清华是幢高楼大厦,那么清华理科就是这大楼能高屋建瓴的基础。一所世界性一流大学必然要有强大的基础学科做基石。基科78的同学们来到清华后,心中都有一种强烈的使命感——振兴清华数理,我们重任在肩。

没有经管同学毕业后一份份高薪酬的工作,同学们投身数理,就是出于打心底里对数学和物理的热爱。林洁同学高中时参加数学竞赛进入了国家集训队,来到大学后,百尺竿头更进一步,除了完成课堂学习任务、参加校民乐队之外,在大一就踏上了并不平坦的科研之路。她参加了数学系冯克勤教授的科研组,从事信息论方面的研究。每周的组内讨论上她精心准备的前沿话题经常令组内的研究生们惊叹:这个大一的小姑娘竟然钻得这么深!除此之外,林洁同学还参加了全美大学生数模竞赛,并取得了一等奖的优异成绩,这在大一学生中是十分罕见的。别人看见林洁参与这么多的科研工作,经常会有疑问:你这么刻苦的学习,累不累啊。但数学系的老师同学们都深深记得陈省身教授的一句话:数学有趣。

投身数学研究,真正把事业同自身兴趣结合起来,何累之有,何乐而不为呢?

有人说,基科班要学数学系的数学课,物理系的物理课,都是些全才,但同学们在科研道路上的探索又何止数学与物理?庄鹏飞老师说得好:"基科班的同学从事非纯理科的研究,最大的优势就在于能够源头性创新。"我们充分发挥自己的优势,在应用学科上将科创风采展现得淋漓尽致。易晗、于嘉钒同学参加航院举办的航天航空知识竞赛,在决赛十多支队伍中脱颖而出,见山开路见水架桥,在决赛第一轮排名垫底的不利情况下奋起反击,终于在最后一轮大比分超越第二名并获得冠军,赢得了价值六百余元的天文望远镜。航院科协负责人感慨:"原以为冠军奖品百分百会留在咱们院,没想到基科班还真是卧虎藏龙啊!"但他们不知道的是,易晗同学从大一起就召集赫天时、孙腾宇等对航空、自动控制感兴趣的同学在课余时间探索航天航空知识。大一的时候他们就成功放飞了电动飞机,易晗同学还在校模拟飞行大赛中进入了前六强。现在,航空小组又对用高压电电离空气产生动力的"飘升机"产生了浓厚的兴趣。他们做出了样机,并多次向电子系、物理系、电机系的教授请教,现在已经取得了重大进展。吴佩之、林洁、李洲远、赫天时同学参加电子系 AD 杯,将众多电子系、计算机系好手斩落于马下,夺得了第四名的好成绩。

虽然我们现在才大二,但是,小荷已露尖尖角,同学们在各个学科科技创新的道路上齐头并进,铺得广、钻得深,待到更高年级,基科78人必将在科研道路上创造更多的辉煌。

体育活动的游击战与阵地战

在组织体育锻炼方面,我们在"受挫—努力—成功"的过程中颇有心得。用体委穆维的一句话讲,"搞体育锻炼,就像打仗,阵地战是关键"。所谓阵地战,就是指齐聚班上本方面能人异士,共同锻炼、营造气氛、提高热情。而游击战则是指个人单独的锻炼。

大一第一学期,大家的身体素质普遍不是很好,本来学习任务就繁重,再加之天气逐渐转凉,大家更是没有什么运动热情。即使有时锻炼,也是部分人打打"游击"。在数学系运动会上,我们班铩羽而归。那个学期,大家的体育成绩都不理想。

寒假过后,迎来了春季学期,这学期系内体育活动的重头戏——数学系足球赛,也即将拉开战幕。我们班的足球队长、系足球队主力队员——陆彬,带领班上十来个足球爱好者,利用课余时间积极备战。第一个"阵地战方面军"就这样诞生了!在该届足球赛中,我们班一路过关斩将,杀进决赛。尽管最终未能战胜经验丰富的大四师兄,屈居亚军,但这已经令全班同学很满意了,更重要的是,同学们的运动热情被点燃了。

有热情,更要有方法。体育委员穆维,也是足球队的一员,他长期以来一直在思考怎样调动大家的锻炼积极性。他根据足球队训练的方式,提出了"组建体育小组"的构想:按大家的兴趣爱好,创建几个体育小组,各组由组长安排活动时间及形式,贯彻素质锻炼与兴趣发挥相结合的原则,每周至少活动一次。该想法在班会上一提出,立即得到同学们的热烈响应。大家互相讨论着自己爱好的体育活动,当场就成立了足球、篮球、羽毛球和游泳四个运动小组。于是"四大方面军"正式成立,班级锻炼也从之前的"闲散游击式"进入了新时代的"攻坚阵地式"。大家不用再为"想运动却找不到伙伴"而发愁了,每周大家至少都会有一次机会共同锻炼,紫操、篮球场、羽毛球场,以及游泳馆都会经常出现基科78班同学的身影。大家在运动中相互指导、相互鼓励,既有像引体向上、立定跳远这样的素质练习,又有各组特有的活动。大家在轻松愉快的氛围中不知不觉地提高了身体素质。这种"体育小组"的形式一直沿用到现在,大家的体育成绩均有不同程度的提高。在大二秋季学期的系运会上,我们班一扫大一时期的颓势,以总分240分获得团体第二名,这个分数比大一时期提高了一倍多。

全面发展,胸怀天下

以往,清华理科生给大家的印象往往有些死板、不太活泼。谁说基科班同学只在象牙塔里与书本、草稿纸、电脑、实验室为伍? 在大学,先学的是做人,先学的是立志! 而立大志,需要先了解我们这个国家,了解我们的社会。

刚开学时,同学们参加了数学系2007年实践风采展示会。师兄师姐在太行山上、在大连、在内蒙古农村受教育、长才干、做贡献的精彩展示给同学们留下了深刻的印象,许多同学暗暗下定了参与实践的决心。到了大一暑假,班上的实践工作风生水起。钱涛同学一直对经济有着浓厚的兴趣。在实践支队赴海宁之前,钱涛同学多次组织支队集体学习讨论经济学知识,并且做了细致的前期规划。到当地后,经济调研支队收到了当地企业界、工商部门的热情接待,他们也因提出的详实数据和众多意见和建议连连受到好评。云南丽江支队在组队过程中,曾受到质疑:去云南丽江实践,有可能实践少,游玩多吧! 但曾宇晨带领组员用实际行动有力地回应了质疑。在去云南之前,支队通过网络深入了解了当地古建筑的现状,并且与当地丽江古城管理局建立了联系。到当地后,实践支队迅速进入状态,沿街走访游客、当地居民、房屋租赁者等不同人群,赴束河古镇获取对比性资料,同当地文物保护单位座谈……支队通过各种方式对丽江古城的古建筑情况进行了全面的调查,获得了很多宝贵的第一手资料。回校后写出了富有众多建设性思考的实践论文。

　　大一暑假,我们还幸运地赶上了中华民族的一大盛事——北京奥运会。作为北京奥运会的一张名片,志愿者用他们的微笑和真诚的服务展现了北京奥运的风貌。在这些奥运志愿者中,也有基科 78 的同学。奥运期间,魏东来同学作为一名正式的奥运志愿者在 IBC 服务一个多月。从寒假的"好运北京"测试赛再到奥运前一段时间的培训,魏东来同学从未缺席过,以至于自己整整一年都没有回过家。由于奥运志愿者招募的标准较高,很多申报奥运志愿者的同学都未能如愿。但是我们并没有因为没能成为奥运正式志愿者而气馁。熊锐、谢柳欣、于冰同学作为残奥会志愿者继续为残奥会服务。另有 10 余人是奥运城市志愿者,他们顶着北京的炎炎烈日以微笑给国内外的游人带来清凉。

女 生 的 话

　　"女生节"是清华的传统节日,每每快到时,心里总是忍不住的兴奋,今年也不例外。还记得去年女生节那幸福的一天:男生们精心制作的许愿卡、美丽的玫瑰花、贴身的护卫、丰盛的午餐、漂亮的蛋糕、好吃的三明治,还有晚上楼下的心形蜡烛……

　　记得 2009 年,我们几个女生一直都在期待女生节的惊喜。后来,听说活动初步定为出游,男孩们开始询问女生们周末是否空闲。我们私下里讨论到底会去哪里。于是,我们开始到处打听,后来男生们禁不住"死缠烂打",交代出了要去怀柔。一直都喜欢游玩的女生们着实兴奋了好一阵。接着,男生们便开始忙碌了:买车票、买吃的、买必备物资……女生们则坐等节日的到来。

　　谁料,就在出游的前一天,出了乱子。女生们收到了一条男生发来的短信:78 的女生们,由于我周末上课,不能陪大家去泰山了,真诚的抱歉……"泰山?"女生们尖叫了。"真的去泰山吗?"女生们顿时兴奋起来。还记得就在前几天我们还在寝室说要五一去泰山呢,没想到啊!可爱的男生们竟然要带我们去泰山,还骗我们说是去怀柔,这个惊喜太大了啊!女生们决定要装作不知道,一定要表现出狂喜……女生节的序幕在愉悦的氛围中拉开了……

接着,所有女生享受了两天梦幻般的公主生活:按照男女比例,每个女生有两个"贴身护卫"负责衣食、人身安全等。一上火车,男生们开始询问女生"饿不饿、渴不渴"还拿出自己包里各式各样的小零食,女生们也不客气地大吃起来。可爱女生的笑声差点把全车厢熟睡的人叫醒。八个小时的火车,在男生的精心照料下,我们一点也不觉得疲倦。

到了泰山脚下,我们就开始连夜爬山,因为我们要看那美丽的日出。这时,"贴身护卫"一左一右走在女生的旁边,手里拿着小手电照亮我们前面的路。每每休息时,张鹏川就拿出自己兜里的巧克力给大家分着吃,还有的男生竟然买了榨菜,说是要补充盐分,多细心的男生啊!走了几个小时,大家都有些累了,几个同学便带着大家唱起歌来。唱着唱着,脚步也变得轻盈许多。

经过几个小时的奋战,我们登上了山顶。在山上客店休整一会儿后,我们就出去等待日出了。在太阳出来的一刹那,我们兴奋地狂叫起来。这叫声有看见日出的欣喜,有对劳累的发泄,更是对男生们的感谢、感动以及感激……

回来后的几天,我们浑身酸痛,但是每当看到其他班女生听说我们去泰山之后投来的羡慕眼神,所有劳累都化得一干二净了。是啊,我们是最幸福的女生,我们班的每一个人都兴奋的生活在这个大家庭里。或许不是我们班的活动有多丰富,只是我们每一个人都在用心感受,每个人都在用心的付出与接受。

基科78班"班日"

2008年还没到7月时,班上已经有不少人提出定7月8日为"班日"了。

"班日"对于我们来说不仅仅是数字上的相近,对于这个特殊的班级有着太多的含义了。还清晰地记得去年的7月8日,正值期末结束、小学期进行时,按常理来说这应该是大家最开心、最放松的时刻,但是此时此刻每个人的心中都隐藏着一丝异样的忧伤。

其实,作为一个特殊的班级"基科班",大一结束就会有一部分同学转去其他院系,提前进入自己专业的学习,我班也不例外。班上有三位同学在班日到来之前就已经确定要转入电子系了,眼看着朝夕相处的同学就要去其他院系、其他班级,所有的同学都有着一份难舍难分的情结。而且,我们可爱的王波辅导员(被大家尊称为"波导")由于工作原因,要"舍弃"我们了。其实,早在大一上学期结束时,我们辛劳的鲍奇辅导员(被大家尊称"鲍导")由于身体原因,辞去了辅导员的职务,这些都不禁让我们有些伤感。不过,班日时也恰逢两位同学过生日,无疑增添了一些欣喜。

诸多情绪夹杂在一起,大家的心里五味杂陈。正是这样,"班日"前大家就开始忙碌了:同学们绞尽脑汁,精心地为可爱的辅导员和转系的同学们准备礼物。每个人在礼物上写下了肺腑之言,几位班委更是精心地策划了"班日"当天的活动。

"基科78班日"以聚餐的形式开始了,被邀请来的鲍导和波导首先接受了同学们的礼物:是两个相配的T恤衫,上面是两位辅导员可爱的照片。同学们高声的喊出"一日为辅导员,终生为辅导员"。纵有许多伤感,但聚餐还是在一片欢声笑语中结束了,好像只要大家在一起,就会有数不尽的欢乐。接着,北京的于冰同学带着大家夜游北京,同学们在昏黄的灯光下欣赏了迷人的后海。而且,天公作美,这晚竟下起了雨,更增添了诗意。

这一年的"基科78班日"在欢声笑语中结束了,然而今年的"班日"却真的很难面对:那时学校里就不再有基科78了,我们也随着分流选择了自己的方向。

一个同学在校内日志中这样写道:

"一直庆幸自己在这样一个集体里,不知是哪辈子修来的福分。

这一辈子能来清华,能成为基科78的一员,无悔。

短短的两年,我们收获了足够的快乐、足够的团结、足够的温馨,还有随之而来满载的荣誉……"

这是每一个基科78班成员的想法,区别只是豪放派大声说了出来,婉约派留在心里细细品味。

虽然在不久的将来,将不再有基科78这个行政建制,但是基科78的这些人、这些事,我们每个人都会永远珍藏。在以后的日子里,我们将受益于这段日子养成的习惯,当然也会不时地怀念它,直到老了可能还会拿出来讲给孩子听,讲讲我们大学时基科78的那些事儿……

永远的堡垒

——记精仪系精 81 班

2009 年 12 月 30 日,二教二楼大厅,校先进班集体答辩现场,当主持人宣布"获得校先进班集体荣誉的有：精 81!"的时候,会场上爆发出一阵热烈的欢呼。激动与兴奋映红了精 81 班一张张年轻稚气的脸庞,他们互相拥抱,为班级能获如此殊荣而感到无比开心幸福。

在短短的一年里,精 81 获得了校甲级团支部、校优良学风班、校优秀党课学习小组、系运会冠军等多项耀眼的荣誉。他们思想上追求进步,生活中团结友爱,学业上精益求精,32 个来自五湖四海的同学就这样凝聚在了一起,共同打造着青春的传奇,构筑着属于每个人永远的堡垒。

精兵强将,共铸思想堡垒

党班团共建是精仪系的传统,通过党课活动、主题团日、专业引导等多种渠道,精 81 迈出了思想建设的有力步伐。

"不,不是打倒,我不会被打倒! 我永远不会被打倒! ……我知道自己的时日已经不多了,死前我只想说：我是一名共产党员,选择了入党就是选择了一生的信仰!"当乔明用饱含深情的声音朗诵这段独白的时候,全场静悄悄的,同学们都沉浸在了那感人的画面和崇高的精神中。

这是精 81 党课学习小组组织的一次以"党员先进性"为主题的情景剧表演活动。全班同学被分为四个小组,从开始选题,到编写剧本,再到实际排练无不一审再审、精益求精,最终《大爱质朴》、《试验田》、《第四个党员》、《信仰》四幕剧给同学们带来了深深的震撼,尤其是刘畅编写的《信仰》一剧,通过一个党员遭诬陷却坚持共产主义信仰至死不渝的故事,把现场的气氛推向了高潮。剧中当这名党员游街被纸团打得无处可躲时,当受到敌人的严刑拷打时,当被罪恶的子弹击倒时,他的坚强、他的悲愤、他的独白,都充满着坚守信仰的力量,是那么感人至深,在同学们的心中激起阵阵涟漪。

在激动和鼓掌之后,同学们明白了这样一个道理:党员的先进性,就表现在最危险的时刻坚持信仰,在最紧要的关头勇担重任!

实践出真知,精81的同学心怀天下,充分利用课余时间奔赴祖国各地开展社会实践。在大一的暑假,全班同学组成五支实践支队赴各地实践。阙辉星带队赴四川绵竹进行了震后重建的考察,考察的几天里他们都住在简陋的板房里,北方的同学不习惯潮湿的天气,有时晚上被蚊子折磨得只能睡一个多小时,醒来发现已经被叮得体无完肤。考察结束后,他们制作了长达一小时的纪录片,把绵竹震后重建的场景向全系同学展示,并获得一致好评,阙辉星也被评为"校实践银奖个人"。回顾起绵竹实践这段艰苦的经历,阙辉星说:"我只是希望通过自己做的一点小事能够让更多的人继续关注这里。"马冬晗组建的"春蕾"实践支队海南分队为实践地的孩子们带去了书籍、体育器材等物品,还在当地建立了"春蕾图书室"。马冬晗在接受当地电视台采访时说:"希望我们的爱心能让这里孩子求知的欲望发芽生长,这就是实践的意义。"在全校实践支队评比中,"春蕾"支队获得了校实践金奖第一名。

全班同学在汶川地震一周年之际,同学们自愿结成若干组,各自选题做展示,展现地震救灾时的感人瞬间、党和国家积极应对、震后重建和心理恢复,当一个又一个的感人瞬间映入眼帘,划过脑海,大家再一次感受到了这一方有难、八方支援的同胞情和社会主义制度的优越性。

全班同学还利用课余时间去北京民工子弟学校——金海河支教,给孩子们带来知识。为了使颇受孩子们欢迎的支教得以延续,并且扩大影响,让更多的人了解民工子弟学校,大家在清华招募了20余位志愿者坚持长期到金海河学校支教。卫超和张静娴得知班费只能为他们买有限的书本时,他们毫不犹豫地用自己勤工助学所得的补助为一个小女孩买了图书。问起这两位同学的想法时,他们说:"把爱进行到底,虽然我们能改变得很少,但是,关注本身也是一种改变。"

由5名党员、21名积极分子组成的精81就是这样在美丽的清华园里诠释着什么是共产主义信仰,什么是爱国奉献的精神,什么是青年的社会责任感。这信仰、精神和社会责任感构成了精81的品格,也筑成了精81追求进步、热爱祖国、乐于奉献的思想堡垒。

精心呵护，因爱并肩前行

精81的同学们清楚地记得，新生军训结束后，教官对大家说："你们是清华的学生，是很优秀的。我希望你们32个人聚是一团火，散做满天星，胜利永远属于你们！"

彼此陌生的同学怎样从相识到相知，并组成一个"聚是一团火"的集体？他们说，他们准备用32颗火热的心拼成大学四年最美丽的图画。

"我必须是你近旁的一株木棉，作为树的形象和你站在一起。根，紧握在地下；叶，相触在云里。每一阵风过，我们都互相致意……"当刘畅面对大树深情地朗诵《致橡树》时，周围的同学们早已是乐得前仰后合了。那是2008年的十一，全班同学在香山顶度过了第一个集体生日，大家围坐在一起，品尝着甜美的生日蛋糕，玩着真心话大冒险游戏。从此，精81的相册中留下了刘畅面对大树深情朗诵《致橡树》、戴辰晨的军体拳表演、卫超卖香肠的囧态，还有最后一张张涂着奶油的笑脸……第一次集体生日使相互间略显生涩的同学们成为了相互关心的兄弟姐妹。

之后的日子里，颐和园泛舟，南锣鼓巷品尝北京小吃，五一体验"不到长城非好汉"的豪迈气概，这都凝聚成难忘的回忆。

初入清华，班主任和辅导员号召"为祖国健康工作五十年"，告诫大家在紧张的学习之余一定要坚持锻炼身体。如何让大家在快乐中得到锻炼，成了体委韩笑傲关心的头等大事。最终，他不负众望地开创了精81班的一项传统活动——"紫荆之巅"系列争霸赛。乒乓球赛前，班委为每个人制作了精美的积分卡，并将班里的同学分成了六组，每组都由女生担任组长。纷飞的乒乓球、汗水浸透的衣服、精彩瞬间的欢呼，同学们在乒乓球馆度过了两个小时的快乐时光。除乒乓球赛外还有沙包大赛、羽毛球赛和"宿舍杯"篮球赛，各个操场和体育馆都留下了全班同学挥洒的汗水和开心的笑声。

系运会赛场上，精81班成为一道亮丽而奇特的风景。班里没有体育特长生，拿到个人项目优异名次的寥寥无几。然而，全班却几乎囊括了所有集体项目的冠军！在跳长绳项目,他们跳出了 3 分钟 358 个的好成绩,打破了此项目的校纪录！这是全班同学团结一致、刻苦训练的结果。

赛前半个月,每天晚上在紫荆操场都可以看到全班辛苦训练的身影。"小慧,你跳的时候再跟紧一点","涛哥,摇绳的速度再快一点"……即使在中间休息的时候,也能听到这样的对话。每次训练很辛苦,但是大家都憋着一股劲,做什么都要力争最好。伴随着摇绳的嗖嗖声,带着每次训练的汗水和疲惫,在其他同学的观摩指导下,10 名同学的配合愈加默契,成绩稳步上升。从一开始的100 个到200 个,再到300 个,每次的提高都是团结训练的结果。

在比赛场上,运动员零失误地跳完后,听到"358"这一惊人的数字后,全班情不自禁地拥抱在一起。

10×60 米接力赛、大脚射门、集体投篮……每位运动员都奋力拼搏。最后全班簇拥着冠军奖杯,用灿烂和幸福的笑脸给团结奋进的训练画上了完美的句号。

精 81 的爱由 32 颗心汇聚而成,也温暖了每个人。张祎不会忘记大一秋季学期的几十个日子,在篮球队的一次训练中,他不慎扭伤了脚踝。在场的戴辰晨和宋涛立刻将他送到了北医三院,挂号、拍片子、开药,向大夫详细了解伤情和护理要求。回到学校后,张祎暂时不能行走,男生一起帮他在宿舍中厅搭了一个舒适的地铺,使他不用因爬不上床而头疼;全班同学轮流负责给他喷药,打饭,辅导课程……就这样默默关心着张祎。在之后的班会上,张祎拄着拐竞选班委,他这样说道:"在我脚受伤的日子里,全班对我无微不至的关心,让我非常感动。我这次竞选班委,不为别的,就是希望自己也能为班里做些事情!"

聚是一团火,这团火燃烧在精 81 每个人心中,连成一片,组成一个温暖的家,这是爱的堡垒。

精益求精,不让一人掉队

从入学之初,精 81 班班委就把"发现每个同学的长处,帮助每个同学选择好自己的发展方向;增强集体学习氛围,促进大家相互学习"作为学风建设的目标,通过集体自习、学习交流等制度,大家互帮互助,全班形成浓厚的"一心向学"的氛围。

定期的学习交流会上,班委邀请老师、助教、学长一起来分享经验、答疑解惑、探讨职业规划,及时地帮助同学们解决出现的问题。刘蔚然在优良学风班答辩会上说:"我很感谢学习交流会制度,每当我感到茫然不知所措的时候,我总能从学习交流会中找到灵感和答案。"学委课代表制度则实现了学习资源的共享与对作业完成情况的监督,学习委员经常找来学长推荐的复习书目和材料介绍给大家,课代表负责统计大家作业上交和完成的情况,及时发现问题,督促同学保质保量地完成作业。

如何用新颖的活动来调动大家学习的积极性呢?精81发明了一些独特的方法。全班开展了别开生面的英语配音大赛,在原汁原味的英文电影之中,大家感受到了Titanic的凄美、阿甘的坚强、功夫熊猫的幽默,每个人都在"张开口,说出来"的理念中受益匪浅。全班组织了电脑使用沙龙,邀请了班上的牛人介绍制作网站、制作视频以及学习虚拟仪器的方法,对大家正确使用电脑起到了很好的引导作用。为了提升人文素养,班级同学发起了"开卷有益"的书目推荐活动,向大家推荐了《荆棘鸟》、《傅雷家书》、《把栏杆拍遍》等一大批优秀书目,使班级的文化氛围愈发浓厚。

在营造良好学习氛围的同时,精81同学也十分注意不让任何一名同学掉队。

班里有一名艺术特长生,由于入学时的文化课底子薄,乐队活动也比较多,在学习上显得比较吃力。为了提高他的自信心,使他感觉到大家对他的信任,他被推荐做了班级的紫荆联系人,增加了与其他同学交流的机会。在工作方面,拥有了自信的他不仅顺利完成了"十一"校园义务导游以及马拉松志愿者的宣传招募工作,还主动承担了双休日实践的工作;学习上,他与要好的三位同学被大家称为"四人小组",他们一起上课,一起上自习,一起讨论问题。在同学们的帮助下,他逐渐跟上了全班的节奏,不仅实现了零挂科的目标,学习成绩也有了不断的提升。

除了做好培养计划里的课程学习,精81的同学积极参加科技赛事,科研氛围浓厚,硕果累累,成为系里口口相传的一个"神话班级"。

三个学期以来,全班90%以上的同学都参加了各种各样的科技活动;3名同学入选了精仪系拔尖创新人才培养计划;三分之一以上的同学参与了 SRT 项目。在新生机械创意大赛上,精 81 班独占四支,斩获颇丰;虚拟仪器大赛中,参赛的三组同学从各个小组中脱颖而出,获得一个二等奖、一个三等奖;在今年的清华大学机械创新设计大赛中,9 名参赛的同学全部获奖……

台上一分钟,台下十年功。辉煌的成绩背后是大家对科技活动狂热的兴趣与无数艰辛的付出。新生机创大赛上,精 81 的一支名叫"惊涛骇浪"的队伍以机创举办以来的首个满分夺得了一等奖和最佳人气奖。当主持人公布成绩时,队员们激动地拥抱在一起。为了机创大赛,很少有人知道他们付出了怎样的辛劳。"智能书箱"的创意产生后,为了论证可行性,吴洋特意采访了图书管理员;为了达到更好的表达效果,宋涛开始自学 CAD,遇到问题主动请教老师;他们才刚刚开始学习机械制图,自己设计了五张 A3 图纸。同时,他们还钻研 PPT 使用技巧,制作了惟妙惟肖的动画效果,完美地诠释了作品的工作过程。他们中途也遇到过不少困惑,由于物理知识的缺乏,始终无法得到一个数据的理论值,久经思考后,班上一位参加过物理竞赛的同学和他们一起解决了这个问题。回顾参赛过程,吴洋说:"不论是机创,还是微积分,还是 3000 米,只要敢想敢拼,一切皆有可能。"

在机设大赛中,他们付出了更多的心血。为了找到合适的齿轮,高雨浩跑遍各个实验室,甚至自己动手制作零件;宋涛、李忆南、戴辰晨为了得出更全面的实验数据,利用课余时间在各教学楼、宿舍的楼梯上进行一次次的实验,对作品反复改进,经常工作到深夜……

一分耕耘,一分收获,正是这些一点一滴的付出,才铸就了精 81 的光荣。水涨船高,如今,越来越多的同学开始做 SRT,开始学 LabVIEW、Pro/Engineer,科技氛围欣欣向荣,与良好的学风相得益彰。一心向学,学以致用,这筑成了精 81 学风坚实的堡垒。

这就是精 81,短短的一年,32 个兄弟姐妹凝聚在一起,也奋斗在一起。从陌生到默契,他们相知相伴;从成长到成熟,他们坚定坚强;从学习到学术,他们精益求精。回顾身后的汗水、欢笑和荣誉,昨天的成绩仅仅是一个完美的起点,今后的征途却是更远也会更加艰辛,但他们会继续心怀天下,爱国奉献,团结友爱,健康成长,在建设祖国和实现理想的道路上攀登新的高峰!

在绿色的天空中翱翔

——记环境系环研五班

清华大学环境系环研五班属纵向班,同学主要来自环境系系统所和政策所,班级人数保持在 45 人左右,党和团与班级一一对应。近年来,环研五班根据学校关于研究生基层集体建设的相关精神,贯彻环境人崇尚的绿色理念,举办了一系列主题鲜明的特色活动,基层集体工作取得新成效,进一步增强了班级的活力和凝聚力,促进了研究生的全面发展。

党支部建设:绿色堡垒

党支部充分始终坚持以支部成员思想建设为核心,以群众力量和有效经验为基础,以组织生活为手段,在履行培养社会主义事业合格建设者和可靠接班人的光荣使命中发挥政治核心和战斗堡垒作用。在 2009～2010 年度的工作中,分别以"学习实践科学发展观"、"关注时事"为主线,开展了有组织有计划的共计 18 次组织生活活动。

与时俱进,加强思想建设。在新中国成立 60 周年之际,组织观看《建国大业》《南京!南京!》、国庆六十周年大阅兵,并结合自身经历进行了深入的畅谈,道出自己对新中国成立 60 周年巨大变化的认识,抚今思昔感受现今祖国强大。认真学习科学发展观理论,师生共同探讨国家学校未来之路。"纸上得来终觉浅",支部按照思想理论融入生活、赋予行动的理念,走出校门,参观航空博物馆的主题展出,回顾了 60 年来我国航空事业的发展历程。理论学习作基石,象牙塔外求真知,以学习历史为"起",以深化理论为"承",以走出校园为"转",完成了象牙塔与现实社会、理论积累与付诸实践的"合"。

学术交融,探索跨系共建。为加强支部之间的交流,扩大支部影响力和凝聚力,环研五党支部与自研22党支部联合支部工作机制成立,党支部共建强基础,班团共建强保障。支部分阶段有层次地开展了友好共建系列活动,如与自研 22 开展气候变化大家谈、友好支部共建林义务植树活动、联合春游等。通过这些主题活动,加强了不同院系之间的思想交流,扩展了同学的学术视野。

行思相辅,强调思考与实践。党员利用每个寒暑假,积极调查与思考社会上各种现象,带着丰富多样的见闻和感想,大家一起充分交流探讨。为将科学发展付诸实践,支部开展了研究生班级支部建设主题党日活动,用科学理论指导支部建设。集体观看了《惊天动地》,重温地震动魄瞬间,让党员深刻领会我们党在重大灾害面前与人民群众同甘共苦的情怀。组织同学参加到食堂的日常服务当中,从被服务者转变为服务者,让同学们体会到劳动的艰辛与光荣,躬行中体会奉献的快乐。理论学习,毫不懈怠,同学利用课余时间,自觉学习马列主义、毛泽东思想、邓小平理论、"三个代表"重要思想和科学发展观,做又红又专的 80 后。

从自我做起,从小事做起,环研五在思想建设方面取得显著成绩。支部以"党群 1+1"活动为载体,坚持成熟一个发展一个的原则,一批政治坚定、思想成熟、学习科研优良的同学成为党的一分子。本年度新发展预备党员 3 名,目前班级内的党员比例接近 70%,并有 4 名积极分子作为近期推优入党的对象。班内 6 人在校系级党团部门肩负校研团委实践副书记、校党委学生部政治辅导员等重要岗位,7 人次获 2009 学年度校级各类奖学金,更有多人荣获"清华大学优秀共产党员"、"清华大学校级优秀学生干部"、"清华大学一二·九辅导员"等校级以上荣誉称号。

学术之道:绿色旗帜

环研五发挥纵向班优势,通过优秀师兄师姐的典型带动,通过国内外的学术交流,在全所形成了崇尚科研、崇尚创新的学术氛围。近年来,全班同学参与科研项目、发表文章的数量和质量,都呈现可喜势头。在一些重要学术奖项上,环研五也取得优异成绩,2010 年蔡闻佳同学获得校学术新秀,张超同学获得全国挑战杯奖,研究生已逐步成为我所学术科研的一支重要力量,为祖国将来环境事业的发展贮备了可靠人才资源。

学术平台的"三化建设"则是学术创新的坚实后盾。一是坚持制度化,打破课题组界限,定期举办学术沙龙。在校内交流中,强调制度化,严格执行每两周学术报告和组会"两个一"不动摇。二是坚持畅通化,参与组织大型论坛,畅通学术交流通道。国内交流中力求畅通化,打破界限,参与组织大型论坛,畅通学术交流通道。本着前沿化的指导思想,积极推动国际交流。一年中与十几个国家的学者进行的几十场学术交流中获益匪浅。坚持前沿化,紧跟前沿技术与理念,建设一流学术交流平台。我们组织参与了模型专家 Virginia 大学龙梧生教授系列讲座、城市水系统学术报告,并主办了第三届中国环境投资大会,承办了清华大学环境论坛第 17 讲和多期研究生学术沙龙活动。8 名同学参与威尼斯项目获得出国交流机会。

高举绿色旗帜,利用所学服务社会、造福人民,是环境人始终坚持的学术之道。环研五同学积极参与社会项目,利用科学指导实践,在实践中发现科学问题。一年来,同学们的足迹遍布大江南北,参与了大连市总体规划环境影响评价、海河 973、环渤海区域环境评估、禽流感传播及控制策略研究、四川省德阳市地震灾区灾后重建评估、东莞水务信息系统建设、国家重大水专项、循环经济零距离等重要科研项目,把绿色的希望洒向全国,推动环境友好型社会建设。

综合素质培养:绿色平台

研究生是我国高等教育人才培养的最高层次,是高校学生培养的极为重要的组成部分。班集体作为研究生成长和进步的摇篮,是学生进行自我教育、自我管理和自我服务的重要平台。环研五构建了组织建设、就业引导、文体素质、感情建设、信息宣传五大"绿色"平台,给同学们营造出一片施展才华、抒写青春的广阔空间,使每名同学都能感受班级的温暖与力量,全面提高同学的综合素质。

组织平台建设是顺利开展班级工作的基础。环研五班始终把党团班共建作为增强合力的主要抓手。在党支部的统一领导下,班委和团支部结合自身实际开展相关特色活动。对于影响面较大、受众学生较多的活动,则由党支部联合班团一起开展。为保证党团班共建的顺利实施,建立了党团班定期碰头会制度,大活动共同协商制度。

就业平台建设始终是班级工作的重点之一。绿色起航系列活动之一的"清华就业形式介绍及环境系学生就业策略探讨"从不同角度、不同层面给大家提供经验和借鉴,让每个人都受益匪浅。班级充分利用校系和同学自身的就业实践资源,为同学实习实践牵线搭桥,每年均有多名同学到上海市政工程设计研究总院、宝洁公司北京研发部、深圳环保局实习实践,提前铺垫就业之路。

素质平台建设始终是班级工作的亮点之一。以羽毛球、乒乓球、篮球、保龄球、棒球五大品牌为载体,以促进身心健康为目的,环研五定期组织形式多样的体育活动。同时还成功申请学校特色体育活动基金,支持了各项体育活动的开展。为了培养同学的竞争意识,积极参与校内、系内的各种竞技体育活动,并取得优良的成绩。如绿缘杯系列赛事中,我班乒乓球、保龄球、羽毛球均获得第一名的好成绩,增强了同学的集体荣誉感。

感情平台建设始终是班级工作的热点之一。男生节、女生节到来时,男女生互赠礼物,一起做游戏、K 歌,兄弟姐妹般的同学感情愈加深厚。温馨热闹的元旦晚会,更是全所师生联欢的盛大舞台。

信息平台是班级工作对外宣传的金色纽带。利用不同类型的工具使得宣传方式多样化,组织不同范围的活动使得宣传对象全面化,针对不同类型的媒体使得宣传范围广泛化。一年来,环研五在博学网上发表稿件 20 余篇,发表焦点新闻 6 篇,大力提高了环研五在全校的知名度。

在"绿色堡垒、绿色旗帜、绿色平台"的特色建设理念下,在党团班一体化建设的工作机制下,在所有同学的共同努力下,环研五取得了卓越的成绩。环研五曾连续四年荣获清华大学"红旗团支部"称号,连续三年荣获清华大学"研究生先进集体"。2007 年,环研五更是荣获"全国先进班集体"的荣誉称号。过去的成就已成为历史,而我们坚信的是,在今后的路上,我们会越走越好,越飞越高!

学术为志，激情为趣，有爱为本

——记人文学院文硕七一班

"于千万人之中遇见你所遇见的人，于千万年之中，时间的无涯的荒野里，没有早一步，也没有晚一步，刚巧赶上了"，多少颂扬爱情动人之处的句子，最美的莫过于张爱玲笔下的这句。两个人的相遇尚且是小小的奇迹，而一群志同道合、心脾相契的人走到一起，其中的缘分也就无需多言了。这种感情，恰似邓丽君的那句婉转千肠的"如果没有遇见你，我将会是在哪里……"从相遇相识到相知，铁打的营盘里浇注的是每一个"兵"内心对这个集体的深深热爱。现已是博士生的孔令昭同学回想起这个自己曾经身处过的集体时，动情地说："在学术之路上、在生活旅途中，我与文硕七一班的兄弟姐妹们携手走过了人生中最为充实、最富激情、最有爱的日子。"

"充实"是因为这是一个"以学术为志业"的集体；"激情"是由于大家对教育都有一种真诚的赤子之心和理想情怀；而"有爱"，则是源于这一集体之本——血液中涌动着的汩汩深情。

以学术为志业

志业是一个人要毕其一生、全心全意投入的一件事情。文硕七一班便是这样一群希望献身中国"教育志业"的年轻人的集合体。

图书馆明亮的灯光中、宿舍里柔和的灯光下，在课堂上，在私下的交流中，学术已经融入了生命，得到了生长。初来文硕七一班，张淞云便被这样一种学术氛围所感动："大家自由地探讨教育的本质、教育公平、学术自由等话题，意见的交锋、思想的碰撞带给心灵太多的震撼。我也逐渐形成了一种对学术的认同感。"

党团班积极组织各项活动，将教育研究与社会责任相结合，使同学广泛参与到课题研究、主体研讨、社会实践等环节，真正认识到当前教育问题的复杂，厘清教育与社会的关系。

每一次学校和学院教育学术会议的召开,都令所有的文硕七一人激情振奋,静思教育质量和公平之灵。杜文钊提及这些学术会议时,总会回味无穷。对他而言,这意味着又一次可以接触到世界各地教育大师们掷地有声的见解和观念,又一次可以在与大师的对话中明晰教育的职责和使命。"也许为他们服务,一次简单的接待、一次会场的布置、一个微不足道的策划、一次简短的与之对话,都能够让文硕七一班的凝聚力更强,因为这让大家明白我们留着同样的属于教育的精神血液,我们在那些时刻能够产生心灵的共鸣,为了我们共同的志业。"

年终学术盘点、世界银行高等教育主管 Jamil Salmi 的《建设世界一流大学的挑战》报告、前教育部副部长周远清的《把什么样的高等教育带到小康社会》讲座、与美国印第安纳大学东亚研究中心和密歇根大学的学术交流……一扇扇的学术之窗被打开,展现在每位同学面前的是一幅广阔的世界教育图景。而这样一个全景,也深深吸引了同学们,在这些学术交流活动中,出勤率高达 100%。

2009 年 3 月,正是暮春时节,来自美国、英国、日本、香港和台湾地区的教育社会学界的巨匠来到了清华。在丙所不大的会议室里,各国的教育社会学家们各抒己见,或言辞激烈,或温文尔雅,对教育界的不公、不正、不义的现象进行了深刻而具有建设性的大讨论。会议室虽小,但是清华大学教育学人的声音有如洪钟之声,不绝如缕。文硕七一的全体学员们,更是备受鼓舞振奋,群情激昂!

既有搭台唱大戏,也有小楼细细谈。除了讲座等学术交流活动,文硕七一班的同学还自发组织了"学术工作坊"。文南楼 404,大家每两周都会在这里与学术"约会"。在这里,学术仿佛变成了有生命的音乐、舞蹈,可以"蹈之,舞之,歌之,和之"。

理论、知识只有会用,才算真正学会。教育研究以行动研究取胜,文硕七一的学子们纷纷进入具体的科研课题的项目之中。在行动中研究,在实地的教育场景中研究,在研究中学习研究,张淞云、管浏斯、冯李鎏等同学通过参与课题研究,都将自己的研究成果发表在了核心期刊上,同学们也学会了铁肩担道义,妙手著文章。

仰望星空，脚踏实地

"走过孕育的孤寂旅程，体味破卵而出的兴奋，我们文硕七一班经历了雏鹰初飞的羞涩之旅。也许这里地处偏远，无人问津；也许这里贫穷势弱，乏人关注；也许这里郁念堆积，困人身心，但这就是我们的岗位，我们身负责任和担当，也许我们不是最优秀的学员，我们却是最用心的学员，在教育的世界里，我们以身为尺，以行为度，来丈量和定位自己和职业。"这是一段写在文硕七一班班级日志中的话，也是每位同学的心声。

当还是在校的学生，当还是翅膀未丰的雏鹰时，文硕七一班的学生，已经迫不及待地希望能用自己的研究与知识为教育的发展做出力所能及的贡献了。

2008年，是改革开放三十周年，文硕七一班党支部牵头举办了"改革开放30周年高等教育回顾讨论"的活动。总结过去，展望未来，李一飞等同学的展示与发言，引起了同学对于教育的更多思索，也坚定了一种投身教育、承担责任的决心。

在学校，文硕七一班的同学也纷纷利用自己所学，走到了各个需要他们的部门和岗位上：詹逸思同学在校团委担任了辅导员；冯李銮同学主动请缨担当美术学院辅导员；孔令昭同学热爱教育，并作为教育扶贫协会的元老级人物，推动了这个协会的成长和发展。"清华大学的学生在学校里享有最优质的教育资源的同时，也必须责无旁贷地关爱给予我们权利的那些人们，必须将一种希望和信念传达给更多的人们。"这种责任心和理想主义情怀，是孔令昭以及其他同学孜孜以求奉献付出的原因。

步入社会，新疆教育实践基地是同学们的大本营。每年暑假，同学们都会不远千里，去感受天山脚下那片土地上神奇的魅力。"我实践，我快乐！即使新疆天山的高耸，即使黄沙漫漫，因为教育，我们坚定的一步步向前行走。我们是一群无疆的行者！"

同时，志愿服务也是每位同学心向往之并身体力行的活动。2008年北京奥运会中，清华共有13名奥运场馆管理实习生，其中3名是来自文硕七一班。任劳任怨的细心工作，也赢得了外界的肯定。曲莎莎获得了"北京奥组委先进志愿者"的称号,潘一林则是"首都教育系统奥运工作优秀学生"。

活跃在社会工作与社会实践的同时,文硕七一班的同学也醉心并沉潜于教育研究的深邃海洋,并体验到了用自己的研究成果推动政策改变的喜悦。2008年,赵琳、郭芳芳、王纾、孔令昭、吕宗伟、李一飞和管浏斯等同学参与到了教育研究院史静寰老师主持的"中国大学生学习情况调查"这一课题中。为了了解学生这一主体对教育的需求,同学们在清华校内调研了学生培养环节、课程体系设置、师生互动等备受关注的问题。在此基础上,课题组提出了要"建立以'学'为中心、注重教育过程的内在质量评价体系"的意见。扎实的数据、专业化的分析、详实的调研结果,不仅引起了清华大学校领导的关注,也在全国范围甚至是世界高等教育界得到了反响和反馈。

2010年,孔令昭同学参加了清华大学第二十六次学生思想政治工作研讨会。在会上,袁驷校长作报告时提到,要"转变人才培养理念,将办学优势转化为人才培养模式,把人才培养作为未来百年清华不动摇的理念"。当时,坐在台下的孔令昭同学,听到这段话时,内心涌动着的是一种激动、自豪。"我们的研究从专业角度为学校提供了数据、决策支持,甚至影响到了学校办学理念,这至少表明,我们是能够通过努力,使一些现实得到改变的。"孔令昭同学说。

袁驷校长的讲话,采纳了教育研究院老师和同学的研究建议;同时,在《清华大学关于进一步加强本科教育教学工作,促进拔尖创新人才成长的若干意见》的第25条中,也明确提出,要"关注学生的学习状态、学习过程、学习质量"。这些改变的背后,都凝聚着参与研究的文硕七一班同学的汗水和智慧。

在"动"的实践和"静"的研究的中,文硕七一的每一份子,都认识到教育工作以及教育研究者的神圣使命。他们响应清华大学提倡学生"立大志,入主流,上大舞台,成大事业"的号召,立志以教育事业报国、兴国、强国。有了这样一种仰望星空的理想主义情怀,他们也不忘脚踏实地地走好每一步。

在志业的召唤下,文硕七一班的学子聆听教育大师振聋发聩的志业高音,沐浴教育大师卓越智慧的洗礼,力行中国教育学人的"学为人师,行为世范"的价值取向,并纷纷到祖国最需要的地方去。2010年的夏天,在毕业之际,朱赛梅等两位同学选择到重庆做选调生,张春知同学则选择到曾经实践过的新疆工作,到艰苦的基层去实现自己的理想。正如朱赛梅同学所说,"教研院的每位同学其实都有一份朴实的理想，我们希望为祖国的教育事业、为祖国的建设事业贡献自己的绵薄之力"。

有爱为本，以情凝聚

"她就像是我研究生期间的一个家，在这里有我的兄弟姐妹，每当在学习上、生活上、社会工作上、感情上有了问题时，我都能在这里找到倾诉的人，得到支持。"孔令昭同学这样形容自己所在的文硕七一班。

孔令昭同学从本科阶段起就承担了大量的社会工作，并且学习科研方面也是名列前茅。进入研究生阶段后她一直在团委等岗位上表现优异，多次获得团委领导的赞许。然而，教研院成立后，她虽然承受着转入博士阶段沉重的学习任务以及繁忙的社会工作的双重压力，却仍然毫不犹豫地担任了教育研究院第一任研团总支书记，并且尽心尽力地开展工作。在她的带领下，教研院研团摆脱了"白手起家"的无序，时至今日已发展得有声有色，在 2010 年校研究生暑期实践项目评优中，首次以独立院系身份参加评比的教研院支队获得了铜奖，而教研院研团也获得了院系进步奖。有人不解她为何要让自己背负这么重、操这么多心？她笑了笑："我作为教研院的一分子，只要这个集体需要我，我不会有任何推诿"。不仅仅是研团，就算是班级的工作，她也都积极参与，从不会因为其他原因而缺席。

从履历上来看，陈永可似乎与孔令昭同学十分不同，然而他却有着同样的赤子之心。进入研究生阶段以来，陈永可在班级、学院或学校没有担任社会工作，然而他却是从不说"不"、默默奉献的同学的代表。不论是什么活动，他都积极参与，不怕苦、不怕累，甚至主动承担起许多重要活动的组织工作。

如果说，文硕七一班的同学，经过朝夕相处，建立了兄弟姐妹般的情谊的话，那么，教育研究院的老师们可以说是这个大家庭的家长和朋友。教育学家斯普朗格曾经这样总结，"教育是以爱为根的文化传递过程"，另一位教育大家雅斯贝尔斯也称，"爱是教育的原动力"。"教育即爱"，正是秉持着这样一种无私的情怀，教育研究院的老师和学生连成了一体。张淞云说："我觉得这个集体最让人感动的一点是，在这里，学生和老师打成一片，老师也能融入学生的群体。"

　　文硕七一班就是这样一个具有魔力、充满了化学反应的集体。在这个集体里每个同学都能够找到自己的位置,同时又将所有的热情和关爱倾注其中。即将毕业、走向工作岗位的何琦隽回想起在这个集体中度过的日子,感动地说,"这个班级对于我来说,就像是寒冬夜里的小火光,是很温暖的存在。"

　　2009 年 3 月经校学术委员会讨论通过,由校务委员会批准,教育研究院正式成立。文硕七一班见证了教育研究院的诞生,并随着学院的成立并入了新成立的教育研究院硕士班中。与此同时,她身上所具有的"热爱学术、仰望星空、脚踏实地"的基因,"学术为志,激情为趣,有爱为本"的精神也在新的班级中传承延续。

让集体帮你赶走郁闷

——记材料系材博 06 班

2006 年 8 月,44 个兄弟姐妹,来自天南海北,怀着激情、梦想与憧憬,汇聚于水木清华,从那一刻起,我们的心便紧紧地贴在了一起,我们每一个人也有了一个新的名字——"材博 06er"。从一开始,大家就将"班级凝聚力"视为这个集体的灵魂。让集体帮你赶走郁闷,使每位同学在集体中快乐地成长,是材博 06 一贯的目标。

转眼,近四个年头过去了,经过全班同学用智慧、汗水和情感共同奋斗,集体取得了一系列宝贵的荣誉:2006—2007 学年"清华大学工作突出研究生党支部"、"清华大学研究生红旗团支部";2007—2008 学年"清华大学工作突出研究生党支部"、"清华大学研究生红旗团支部";2008—2009 学年"清华大学研究生红旗团支部"、"清华大学甲级团支部"、"清华大学先进集体";2009—2010 学年"北京市先锋团支部"、"清华大学先进集体"。

回首来路,"思想立保障,科研结硕果,文体育真情,实践验真知"的精彩乐章贯穿了我们在清华园里的美好时光;远眺前途,空间不会阻隔我们的亲情,时光不会冲淡我们的激情,学习、探索、奉献将永远都是现在进行时。

思想为先,摆脱郁闷

思想建设之于班级,犹如清新剂之于空气——只有不断熏陶,方能芬芳常驻。

● 充分发挥集体的思想带动作用

一人好不算好,大家好才是好。我们的大家庭十分重视发挥集体对个体的思想带动作用,这包括老党员对新党员、积极分子和非党员的带动作用、优秀标兵、干部对群众的带动作用、科研"大牛"对所有其他同学的带动作用。榜样的树立极大地激发了同学们的干劲。在平时,党团班干部们带头,积极推动大家晚上回宿舍后敞开房门,互相走动谈心。事实上这是潜移默化地开展着一种最原始、成本最低,但也是最实在、最有效的感情建设。

不定期举办的"说出你的郁闷"活动让同学们诉说烦恼,大家一起分担,一起感受"家"的温暖。材博06班级是一个团结的整体。当其中的一分子遇到困难的时候,我们会发挥整体的强大力量去支持他、引导他、感化他。同学们以各种方式接近他们,以真情感动他们,设身处地去为同学着想,走进他们的内心,引导淡化他们的消极心态;"说出你的郁闷"倾诉平台更是为他们提供了一个集体的情感熔炉,帮助他们甩掉思想包袱,回归自我。以茶话会的形式让同学们互相倾诉烦恼,听了别人的发言,大家都觉得自己貌似不是最郁闷的人,感到身边的环境中更多的是美好。人的成长不可能一帆风顺,当我们遇到挫折的时候会产生负面情绪,这种情绪积累到一定程度就需要释放。这是一种非常正常的现象,我们应该以平常心去面对,同时以积极的行动去处理。只要我们怀着真诚的心,依靠有效的组织,运用得当的工作方法,就能够帮助集体中的每一个人战胜困难、摆脱彷徨。

● "党团班三结合"是法宝

材博06班级依托党团支部,利用党团组织强有力的组织纪律性,克服了班级活动时常出现的组织零散和参与随意的弊端,提升班级活动的系统性和思想性。占总人数75%的党员队伍,成为集体建设的核心力量。班委在组织活动前会与党团支部充分沟通,主动争取党团支部的支持,以求协调合作,这种工作模式取得事半功倍的效果。我们还在每个专业方向设立一名联系人,由党团班主要干部兼任,及时了解自己专业方向内班级同学的思想状况,努力营造内部互通有无的友爱共进氛围。这些年来,材博06党团班联动,除了坚持理论学习不放松之外,还开展了数量众多、题材广泛、形式丰富的特色专题活动,既有"走出去"的参观、访问、调研,也有"请进来"的报告、座谈。我们既注重体察基层的民生民情、感悟科学发展,也有意识地创造机会去接触了解一些地方政府、机关还有企业的运行模式,同时还不忘与兄弟专业院系之间的进行横向交流。博学网上20余篇焦点新闻真实地记录了大家进步的足迹。

得益于集体所营造出的健康向上的氛围,材博06班级向校系各学生工作部门输送出大量的又红又专的学生干部。"2009全国高校辅导员年度人物"候选人、"清华大学优秀共产党员标兵"、"清华大学优秀共产党员"、"清华大学学生干部标兵","清华大学年度工作先进党支部书记","清华大学研究生优秀团干部"、"爱国者优秀学生干部标兵","清华大学一二·九辅导员奖","优秀辅导员标兵"、"优秀德育工作助理一等奖"……这些称号和嘉奖都是对他们工作的肯定。

王婧,材博06成员,师从南策文教授。她作为清华大学辅导员的优秀代表,入围"2009全国高校辅导员年度人物"评选活动候选人。在研究生第一年的学位课学习中,王婧取得了92.0的学分绩,位列年级第2名;至今已在国际较高水平的期刊上发表SCI论文4篇,多次参加高水平国际会议并做口头报告;承担了国家"973"课题和国家自然科学基金的相应子课题的科研任务,多次协助举办"973"课题的学术会议及"香山科学会议"。王婧同学自2005年8月开始担任学生思想政治辅导员,其间于2005年8月至2006年8月担任系网络辅导员兼材5年级新生辅导员,2006年8月至今担任材6年级带班辅导员。2006年夏天,从材料系2006级新生入学的那一天起,王婧就将她的全部热情与这批学生的大学生活融合在了一起。带班辅导员工作,是从日常琐事到思想动态,从贫困资助到学风建设,一项都不能少的工作。从那时起,王婧就养成了抓紧一切科研以外的时间全力投入到与学生谈心的过程中的习惯。几乎每天晚上六点,当周围已是万家灯火,大家卸下一天工作的疲惫,调整和放松自己心情的时候,王婧会来到位于学生公寓区的材料系学生组办公室与学生交流和引导。王婧与学生的交流几乎是无所不谈的,无论是学习上的困钝、思想上的波动、信仰上的迷惑还是感情上的危机,几乎所有的材料系2006级学生都把她当做了"知心姐姐"。

王希林,材博06成员,2007年至今先后任材料系研究生团总支书记、系研究生工作组德育助理、校团委实践部副部长、组织部副部长、联络部部长,现任校研究生会副主席。已发表SCI论文多篇,目前进行国家自然科学基金项目《移相器用铁电陶瓷材料的制备及其介电特性与机理》的研究。2007年,王希林任系研团总支书记,推动各研究生支部举行了形式多样、丰富多彩的各项主题团日、党团共建活动,收到了很好的效果。2007 年暑期,组织材料系 4 支实践支队分赴浙江中铝、福建华清电子、山西晋西机器工业集团、大连高新技术开发区等开展就业实践活动,材料系研团总支也获得"07 暑期就业实践组织奖"。在王希林的带领下,2007—2008 年度的材料系研团总支获得了"优秀研团总支"的荣誉,材博 05、材博 06 两团支部入选"红旗团支部",材博 05 班入选"2007—2008 学年研究生先进集体"。2009 年 6 月,王希林当选为校研究生会副主席,负责研究生会体育部和女生部的工作。从负责体育工作开始,他就着力于以营造积极向上的校园体育氛围为工作重点,依托院系研究生分会,举办研究生运动会。2009 年清华大学研究生运动会是继 2008 年研究生运动会恢复举办后的第二届,为了增强运动会的竞技性和参与性,他多次与体育部的老师进行探讨协商,设立了 22 个田径类项目和 3 个班级项目。这届运动会参与师生达三千余人,60 多个研究生班级参加了班级项目的比赛。研究生阶段三年多的社会工作时间里,他以"做工作、带队伍、培养人"作为指导思想,以"又红又专"为座右铭,尽心尽责为同学服务,踏实认真工作。

科研有方,拒绝郁闷

科研历来是博士生的主业,在强有力的思想体系保障下,我们的科研取得了可喜的成果。如火如荼的学术活动是促使大家相互交流学习的好方法:院士报告会让我们领略了大家风范,坚定了献身科研的决心;"科研与成才","人生航标灯"等活动让我们早日规划人生,思考未来;学术论坛提供了互相学习的机会,让大家在交流中碰撞出灵感的火花。围绕部分同学科研困难,班级还组织一些科研优秀的同学与大家分享经验,互通有无,获得很好的效果。

通过大家的勤奋努力,相互帮助,我们取得了丰硕的在学术成果。全班共发表了 SCI 论文 150 余篇,其中不少发表在材料学、物理学、化学的顶尖杂志上,四分之一的同学单人第一作者 SCI 论文影响因子之和超过 10,最高的达 36。班级同学共申请获得 20 余项专利授权,真正体现了理论科学向实用技术的转化。全班大部分同学都获得过各种奖学金,1 人被评为材料系学术新秀,2 人被评为清华大学学术新秀。

伍晖，材博 06 成员，师从潘伟教授。研究方向主要为电纺丝纳米结构的电学、力学性能及应用。在 *Advanced Materials* 等国际顶级刊物上以第一作者发表学术论文 9 篇，总影响因子 36，被引用一百余次。另有第二作者论文 10 篇（总影响因子 30）。部分工作被 *Nature Asia*、*Chemistry World*、*Chemical Technology* 等期刊予以科研亮点报道，引起了国际同行的关注。2009 年被评为清华大学学术新秀。感言：进入材料系攻读博士以后，在导师潘伟教授的悉心指导下，我越来越深刻地认识到，在科研之路上，不仅要有浓厚的兴趣、持久的耐心，更应有意识地博览各学科的知识，开阔自己的眼界，活跃自己的思维，培养对研究的宏观把握能力。博士学习期间，我的理论功底和实验能力有了明显的进步，对材料研究的兴趣更是与日俱增。我选择纳米材料作为我的研究方向。目前而言，纳米技术还处在成长期，离成熟的应用还有很长的道路。我的理想就是在这条道路上走得更远一些，努力使纳米技术对我们的生活做出现实的贡献。

杨玉超，材博 06 成员，1984 年生于河北衡水，2006 年以北京科技大学材料物理系第一名的成绩免试保送清华大学材料系直博，主要研究方向为新一代非易失性存储技术相关材料与器件。2010 年被评为清华大学学术新秀。目前以第一作者身份在 *Nano Letters*、*New Journal of Physics*、*Applied Physics Letters* 等材料学、物理学著名期刊上发表 SCI 论文 9 篇，总影响因子 32，并以合作者身份发表 SCI 论文 6 篇。其中发表在 *Nano Letters* 上的论文在一年时间内即被他引超过 10 次，并且被 Nature 出版集团的 *NPGAsia Materials* 杂志作为科研亮点报道。主持国家同步辐射实验室研究生创新基金一项，多次在国际、国内会议上获奖，连年获清华大学综合一等奖学金（一二·九奖学金、清华之友—康宁奖学金）。

缤纷文体，远离郁闷

文体活动给大家提供了一个放松心情的机会，是班级感情建设的重要途径。生活中充满了快乐，需要我们去发现。集体过生日时的闪闪烛光，新春看电影的雪夜浪漫,男生节大家倾情放歌的风采、女生节神秘节目的温馨,新年晚会上各路能人露的那一手……美好的回忆我们永远珍藏在心底。摄影、轮滑、舞蹈、棋牌,都难不倒我们这些才子才女;马拉松、游泳、篮球、足球、乒乓球、台球、保龄球,咱们更是样样精通。系运动会上,材博 06 是唯一的博士班代表队,也是年级最高的代表队,这是班级凝聚力的展示,也是强健体魄、为祖国健康工作 50 年的践行!

实践志愿,告别郁闷

千里之行,始于足下。同学们非常珍惜在校期间的各种实践机会,去认识社会、服务社会。暑期必修课实践、短期挂职、博士生实践服务团、南方能源调研、新农村调研、就业实践……都是我们的舞台。我们的足迹踏遍大江南北,每一份实践报告都是我们心血的结晶和成长的明证。1 名同学为企业进行技术革新申请了专利,3 名同学获得暑期社会实践一等奖,1 名同学获得暑期社会实践三等奖。

零八奥运年,志愿者、知识手册、问卷调查、奥运与创新论坛等丰富多彩的活动见证我们的热情。同一个世界,同一个梦想;我们为奥运服务,为北京加油。巍巍清华,百年华诞,我们为学校的发展谏言献策。校园道路命名,系徽设计,都有我们班同学的积极参与。

杨静馨,材博 06 成员,曾任英国皇家物理学会国际杂志 *Biomedical Materials* 主编组秘书。至今已发表论文 6 篇,参加国际学术会议并进行口头报告 4 次,邀请报告 1 次。研究生阶段从入校起在清华大学学生部事务办工作,从最初的工作助理到政治辅导员,主要负责公寓、奖助学金颁奖会、学生活动,完成新生手册、多页的奖助工作手册等。曾任清华大学"唐氏支队"、"好读书协会"的指导教师。四年一直服务于班级团支部,任团支书、宣传委员等职务时班级支部皆荣获"清华大学红旗团支部"称号。清华大学 2006 级研究生开学典礼作为新生代表发言,曾主持清华大学材料系庆二十周年晚会。2009 暑期参加中国计算机协会组织赴山西吕梁扶贫支教,是唯一一名非计算机专业女博士生,以科技报告、访问座谈等形式,深入了解贫困地区计算机普及情况,并筹建实践基地。

2007 年、2008 年暑假分别赴青海柴达木循环经济调研和参与清华"海西民生行"科技成果转化、农村低保、林权改革博士生服务团。积极投身项目推介及调研会,建言献策谋发展,完成 20 余万字的调研报告和相关新闻报道 6 篇。作为餐饮主管志愿服务北京奥运会、残奥会,担任校园义务导游,志愿服务中日韩博士生论坛、国际聋人日、非洲开发银行年会……

回首过去,材博 06 创造的精彩让我们每一个人欣慰。这些成绩,是前行途中的一座座里程碑,更是对未来人生的激励。无论是思想上、科研上的进步,还是文体活动、社会实践的锻炼,成长的道路上总有集体帮我们赶走郁闷。

是缘分让我们相聚在一起,是使命让我们奋斗在一起,是真挚的情感、共同的理想让我们的心会永远在一起。母校,您的百岁生日,正是我们展翅高飞之日。祝福您,也祝福所有的材博 06ers,我们不会让您失望!

集体活动篇

不孤单，不落单，不简单

——记自动化系自 64 班

　　自动化系自 64 班由 22 位来自祖国各地的同学组成，在四年的学习生活中，同学们亲如一家，共同进步，使自 64 成为一个团结向上、和谐温馨的集体。自 64 班以其优秀的班级文化展现了清华大学本科生集体建设的风采。在任艳频老师的指导下，第一次班会就提出了"不孤单、不落单、不简单"的口号：不孤单，自 64 班是一个温馨的家园；不落单，他们不让集体中的任何一名同学掉队；不简单，他们力求在集体中成长为"又红又专，全面发展"的优秀人才。"不孤单、不落单、不简单"把每个人的成长和发展都和集体紧紧地绑定在一起，为未来四年的班级发展奠定了基础。

人人都要当骨干，自 64 班不孤单

　　自 64 班的同学都以自己是这个集体的一员为荣，每个人都争先恐后为班级建设奉献自己的力量。班上的每个同学都担任过班委，每个时期每个宿舍都有同学正在担任班委，同一个班委职务由多个人一起担任，增强了同学之间相互的交流，使得同学们的互补性得到了充分发挥。"人人有潜力，轮流当骨干"，同学们在力所能及的范围内都在为集体付出。

　　大一时，为了让大家打好基础，调整心态，适应大学生活，新生党员周载南、杨朴、张帆作为第一届班委付出了很多心血。他们从入学军训开始就创立了班级日记，建立新颖而温馨的交流渠道，通过这份日志分享大家各自的经历，开心加倍而郁闷减半，很大程度上克服了大家初入学的不适应感，并使班级感情迅速升温。每一位同学的生日都有专人负责为其精心设计活动并组织全班同学庆祝：班级为了给一位来自香港的同学过生日，组织了一次香山之旅；班级为了给一位酷爱足球的同学过生日，组织了一场特殊的足球友谊赛；班级还组织去班主

任的家中庆祝同学的生日,大家自己烧饭自己庆祝,其乐无穷。

胡振同学是自动化系学生科协的骨干,又是班上的学习委员,他将班级工作和科协工作结合起来,通过各种渠道为同学搜集学习资料,每逢系内重大科技赛事时在班内进行最快最好的宣传和动员。班里有一批像他这样的学术科技"凝结核",在他们的带动下,全班同学都努力学习,积极参加科技创新活动。在自64班,每个人的个性发展与集体建设相辅相成。同学们纷纷因为共同的兴趣爱好形成各具特色的小组,如爱好体育型、科技创新型等,大家求同存异,"和而不同",充分地交流分享,共同进步。就这样,大家相互信任,又彼此包容,每个人都得到了个性化的发展,这种多元化的个性发展非但没有使集体受到削弱,反而进一步促进了整个班级的发展。

学生节上的文艺表演自64班每次都是全员参与,《开心自典》紧抓校园生活,诙谐风趣,一些笑料在系里广为流传。《三顾茅庐》发挥了同学们善于表演喜剧的特点,更穿插了乡土味十足的舞蹈,笑料迭出。两次表演均获得自动化系学生节"最受观众欢迎节目"奖。正是共同的努力将大家紧密地团结在了一起,起初对集体活动不是特别热心的同学通过担任班委、参加全班活动也建立了对集体的认同感。

作为自64这个大家庭中的长者,任艳频老师与辅导员杨保华在自64班的建设中倾注了大量的心血。每学期之初的班会,任艳频老师都会为同学们确立学期工作重点及目标。在平时的学习生活中,她也给了同学们很多关怀,同学们有什么困难和烦恼都会去找任老师。辅导员杨保华与同学们住在一起,一直陪伴在同学们左右,给予大家关心和指导。每当班级遇到问题时,他总会及时给班委技术性的指导。对遇到困难的同学,任老师和杨导更是给予关心和帮助。

正如自64班任艳频老师所说,"自64班并不只是流于表面的其乐融融的集体,而是能相互信任、相互依赖的'斯巴达克方阵',集体主义的价值观为每个自64人所认同。"在自64,人人争当骨干,人人争着为班级建设添砖加瓦,自64大家庭其乐融融,从不孤单。

成绩奇迹大家创,自64班不落单

自64班并不是从一开始就如此优秀,恰恰相反,其大一学年的成绩是全年级 6 个班中的第 5 名，有 5 人 6 门次不及格。面对如此惨状，自 64 的同学们感到的不是灰心，而是想到"不落单"的誓言。从大二开始，自 64 班紧抓学风建设，采取一系列措施向优良学风发起冲锋。

这一系列措施主要从树立理想找到学习动力、集体学习营造学习氛围、单个指导解决具体问题三个方面进行。

大二的"四年大学路，十年发展途"主题素拓，大三的 IBM 研发中心参观，通过系友访谈和知名企业参观等活动，让大家有初步的职业规划意识，树立职业发展理想，知道为什么学习，学习有什么用，找到最直接的学习动力。

学风主题班会使班级建立起一种浓厚的学习风气，每个人都以积极的精神面貌对待学习，好好学习，认真学习。强化课代表职能、建立学科负责人制度、集体自习等措施，使班级每一个同学在学习每一门课的时候都感到自己不是一个人在奋斗，营造出一种集体学习的氛围，学习不再是一件枯燥的事，而是大家一起走过的那些有美好记忆的岁月。六教、四教、图书馆二层，都有一群自 64 人的身影，数字电路、模拟电路、自动控制，每一门课，都留下过自 64 人讨论的声音。学习的日子，是所有自 64 人的快乐时光。

学习"一帮一"、任课教师答疑会等措施，重在解决同学学习过程中的具体问题。每一个成绩较差的同学都有一个成绩较好的同学做帮手，如有问题同学解决不了，任课教师答疑会上尽可以发挥老师的优势。在《计算机语言与程序设计》的期中考试中，有同学没能及格，成绩较好的同学马上为他们进行补习，给他们专门讲解编程中最难的 Debug 操作，帮他们检查作业，期末考试时同学们的成绩提高了很多；有一名女生由于空间想象能力不强，《工程图学基础》学得不太好，同寝室的其他几名女生就将火腿肠切成一个个的模型，帮助她理解空间结构。一名本来成绩较差的同学在"一帮一"的带动下大三学年成绩提高近 10 分，从年级第 140 名前进至第 60 名，提高了 80 名。

除了以上三方面切实提高学习成绩的措施外，自 64 班还特别重视引导同学参加科研活动，拓展专业技能。从大一到大三，全班近 30 人次参加 SRT，许多同学投身科研工作，并在挑战杯、电子设计大赛、数模大赛等各项科技赛事中成绩喜人。大三暑期实习，有的去美国南加州大学交流，有的进入 IBM、GE、中石油等名企实习，有的在实验室参加科研训练，同学们收获颇丰。

通过一系列举措使学风建设卓有成效。在大家的共同努力和彼此帮助下，到大三时全班消除了不及格现象，平均学习成绩从大一时的年级第 5 名跃升至大三时的年级第 1 名，自 64 班用他们的行动创造了属于他们的奇迹。

经过大四的推研、出国、工作选择之后，自 64 班有 6 人免试攻读本系博士研究生，10 人免试攻读本校及其他高校硕士研究生，5 人出国深造，1 人进入企业工作。值得说明的是，进入企业工作的这位同学并非是由于成绩差不能读研，恰恰相反，他的成绩很好，尤其是编程能力很强，并因此获得了非常好的工作机会。

从第五到第一，自 64 人携手创造了成绩飞跃的奇迹，因为自 64 绝不让一个人落单。

思想文体齐开花，自 64 班不简单

自 64 一向坚持思想建设与学风建设并举，文艺体育共同推进的发展思路，在学风建设取得良好效果的同时，非常重视思想建设，将思想建设融入班级各项建设中；在体育文艺方面也形成了良好的传统。

自 64 班坚持以党建带团建，发挥党团组织在集体中的思想引领作用。到大四时班级党员人数占 1/3，党员和积极分子人数占 2/3 以上，班级全员参与党课学习。党课小组举办了多次理论学习，出版理论交流刊物，从党的十七大、"三农"问题、金融危机等时事热点入手，深入浅出地阐述党的理论，保证了学习效果。

主题团日也是思想建设的重头戏。同学们普遍认为及早规划个人的职业发展有助于成才，于是举办了"科学发展，成才报国"主题团日活动，在活动中，同学们从专业实际出发，认识国情和行业现状，分析自动化专业人才发展规律，树立了长远的生涯规划和科学的发展观。在"沉淀历史，扬帆远航"纪念改革开放三十年主题团日中，自 64 班回顾改革发展过程中的变迁，反思历史，把自身成长与国家命运紧密相连。大家回忆起家庭、社区、学校的变化，感受到改革开放的丰功伟绩，也意识到改革的步伐仍在继续，而重任落在青年大学生身上。

自 64 班有很好的群众体育锻炼传统。彭飞同学是自动化系的篮球健将，曾率队获得马杯男篮甲组冠军。他担任体育委员时，推出"强壮 64 计划"，有计划地组织形式丰富的集体锻炼活动，两周一次的集体锻炼一直坚持下来，同学们的

身体素质和运动技能都有了很大进步。自 64 班获得了系足球联赛亚军、篮球联赛季军，班里 3 名同学分别获得马杯女子 1500 米、男子立定跳远和象棋冠军等，体育特长在系内声名远播。

自 64 班的文艺节目在自动化系的文艺汇演中连续两年被评为"最受观众喜爱的节目"。班级共有 10 名同学担任了北京奥运会、残奥会志愿者，其中 1 人获"北京市志愿者先进个人"，5 人获"清华大学优秀志愿者"称号。

全面的素质培养使自 64 的每位同学实现了个性化的发展，专业之外的能力得到了充分的培养。从自 64 走出了许多全面发展的优秀学生干部，包括系团委两位副书记、系学生会和学生科协的多位副主席。

"又红又专，全面发展"是自 64 全体同学成长的共同目标，自 64 让这个集体中的每一个人都成长为一个优秀而不简单的人。

不孤单：三年以来从未落下任何一个同学的生日，坚持每周提出一个体育项目带领大家锻炼；集体建设永远都是班级最基础也是最重要的工作，因为集体，让同学们有归属感，有前进的动力。

不落单：从大一到大三，自 64 班始终怀着一个最简单也最认真的信仰——"零不及格率"；学习困难的时候，有"一帮一"互助，期末复习的时候，有各科的总结辅导——自 64 班最终消灭了不及格，取得了年级第一名的成绩。

不简单：自 64 以科学的规划带动学风建设，带动全面素质培养；从基础学科，到专业科研，自 64 的同学都崭露头角；在校系社工岗位上获得肯定，在各项体育赛事、文艺活动中取得了辉煌。

如果说同学成就了集体，那么 22 个朝气蓬勃的青春构成了自 64 完整的意义。不孤单，是自 64 集体主义的精神；不落单，是自 64 以人为本的情怀；不简单，是自 64 科学发展的目标。

在自 64 班，集体主义的精神结出了丰硕的成果。班级对同学的帮助从不间断，而且越做越好；成长过程中的一次次努力让同学们紧紧地团结起来为集体奉献，在集体中成长。相信自 64 班的每位同学经过大学四年的锤炼，在今后人生道路上一定能披荆斩棘，创造辉煌！

全面发展的医学人

——记生物系生 64 班

2006 年 8 月的那个阳光明媚的下午，一群互相生疏但注定会相伴8 年的孩子们，带着些许的生涩，在六教的某间教室汇聚。通过参加精心准备的活动，我们从陌生走到了熟悉，从拘谨走到了放松，从个人走向了集体。当其他同为大一新生的同学告诉我他们还只能和同班同学用眼神交流时，我们已经开始从心灵上交汇了：从解人结到横渡亚马逊，再到风险投资；从舌头黄了到星光灿烂，再到"green more, more green"；从立志当香水设计师到经典的节约理论。新生军训和新生团队训练营，我们用短短的两个星期完成了也许别的团队要半学期才能完成的事情：相互熟悉并成为好朋友。生 64，一个充满活力的集体组建完成，在今后的两年半里，在清华这块承载着理想与奇迹的土地上，我们注定会留下属于我们的足迹，而这个美好的校园，也必然见证我们全面的成长。

行健不息须自强——思想建设

清华是一片神奇的土地，从这里不知走出了多少致知穷理的学术大师、气概一方的兴业之将、运筹帷幄的治国之才。归根结底，是清华给了她的儿女们坚定的理想和精神的力量！不论人生的航船历经怎样的风浪，清华留给我们的深深烙印都会帮我们牢牢的掌握风帆。

共同的理想让生 64 的 29 名同学走到了一起，悬壶济世的理想始终是我们克服困难，不断前行的动力。面对曾经的困惑，我们邀请到协和心内科的沈老师与我们交流"医学生的将来"；我们邀请到已经进入临床见习或实习的师兄师姐为我们讲述"实习一天的见闻"；我们邀请到协和医学院院长助理黄建始老师为我们讲述"医生是什么"、"怎样成为一名好医生"。黄老师讲到的"医生需要一个很小的胃，一个很大的膀胱"让同学们在分享幽默之余也感受到了肩上的重任；

黄老师也语重心长地教导我们要锻炼好身体,"将来的医生生涯是非常辛苦的,没有一个好身体是吃不消的"。从众位老师、学长的话语中,我们感受到了成为一名医生的光荣,深切地看到了成为一名医生的使命与责任,也感受到了成为一名医生的困难与重担。我们,生64的同学们,从未停止对于理想、对于未来事业的思考和追求,正是这样认真而深入的思考坚定了我们学医、从医、从事卫生事业的信念。怀抱着我们共同的理想,生64的同学们还将一路并肩走下去!

在今天的中国,党组织还是不是最先进的群体?成为一名党员还是不是每个要求进步的人们的愿望?生64的党员、积极分子、普通同学们给出了自己的回答。生64班入学时有中共预备党员4人,全部按期转为正式党员;新发展预备党员1人;还有2位同学已通过年级党支部考察,成为了重点发展对象。此外,从大一年级至今,共有9人递交入党申请书,成为入党积极分子。生64班成为了全年级,乃至整个生物系中最积极向党组织接近的群体之一。而对于为什么要向党组织靠拢,为什么要入党的问题,同学们给出了各自的回答:"身边的党员同学很优秀,由此观之,学生党组织应该是一个由优秀的青年们组成的集体,在这样的集体中成长,是对我的肯定,也会对我产生积极的影响";"一个人、几个人的力量是有限的,只有把自己的力量融进一个集体才能发挥更大的作用,我们都是将来想要为祖国做些贡献的人,党组织就是我们最想去的地方";"在我对共产主义的理解中,有两个字格外显眼——解放,人类的发展就是不断从旧的桎梏中解放出来,不断开创新的天地的过程,而在当今的时代里,共产主义就代表着这种先进的方向和必然的趋势,选择共产主义就是选择了历史发展的必然规律"……班内先后有4位同学担任年级党支部书记、组织委员、宣传委员职务,成为了生本6II党支部的核心力量,生本6II党支部上学年荣获"优秀党支部"称号。生64的同学先后有超过一半的同学学习了"党的知识概论"的课程,大家都从中获益匪浅。

思想不是空洞的,它就体现在日常生活的每一天中。生64的同学们积极参加和组织了各项志愿活动,奥运赛场、民工子弟小学、暑期实践的支教活动,到处都活跃着生64同学们的身影。当5·12地震来袭,生64的多名同学奔向C楼参加义务献血,捐款捐物。生64同学们的正直、热情,感动并激励着更多的同学们昂扬起自己的精神,用自己温暖的双手去温暖更多的人。

清华人思想品质不是被"教"出来的,而是"熏"出来的。清华昂扬向上的精神氛围给了生 64 同学们克服困难的勇气和不竭的动力。我们从书本中学到知识、在实践中锻炼为人处世的本领,在困难中磨炼自己的意志,在对梦想的求索中体悟精神。两年半的时光是短暂的,又是难忘的,请我们的母亲放心,您的儿女们已经长大,他们不会忘记这些让他们为之感动、为之拼搏的精神与信念,无论他们走向哪里,"清华人"已经成为他们共同的姓名!

同仁一视,泱泱大风——情感建设

生 64 是一个家庭。我们有活泼有力的组织建制,我们有具有领袖气质的支书、班长;宣传委员极具艺术细胞,用宣传阵地把生 64 展示在全清华人面前;组织委员是一个有一定号召力并且肯干事的人;调研员不一定要有强健的体魄,但需要有一个有条理、有想法的大脑;我们还有认真负责的学习委员、热爱运动的体育委员、热情细致的生活委员和认真观察生活的文娱委员。生 64 的班团委各自支撑起一片天空,又一起合作完成素拓、主题团日、组织生活、学生节、体育比赛等支部活动。生 64 在他们的带领下,充满着热情与激情。

感情建设是一个支部的基本工作,也是思想建设、素质拓展等一切活动的基础。可以说,在两年中感情建设始终贯穿着生 64 的所有活动。大一学年,我们给班里满 18 岁的同学们过集体生日;熄灯之后,所有人围在紫荆 4 号楼下的石桌边,鲜花、礼物、蜡烛、蛋糕,还有所有人的祝福,这个成人礼难忘而充满温情。男女生节简直就是为感情建设量身打造的。生 64 大一刚入学的第一个男生节至今还被当作男生节的经典范例。女生们为男生精心打造了一款"寻找真爱"的游戏:静谧在机房的电脑究隐藏着怎样的信息? 邮局管理员的祝福又渲染着怎样的色彩? 水果摊大妈的微笑包含着什么样的暗号? 女生四号楼楼长为何神秘失踪? 男生一号楼楼长在落日的余晖中呈上的信封是否又传递着新的危机? 寻找真相——竟是一张张白皮包裹的淡淡的肉香……吃饱了,喝足了,男同胞们纷纷拿出女生送来的"情书",清冷的夜,弥漫在生 64 男生女生间的是暖暖的情。

大二学年,我们班的篮球队在生物系"微生物杯"篮球赛中一举夺冠,还有新生拔河、足球赛、乒乓球赛、班级趣味运动会,所有 64 支部的成员们尽情挥洒汗水,激情呐喊。与此同时,学习是不变的主题,我们将全班分为5个学习小组,学习小组每周定期活动,共同讨论课堂问题,思想与思想间经常碰撞出智慧的火花。素质拓展,我们分别以奥运、打工为主题,走出象牙塔,我们在马路上宣传奥运,在餐馆里端盘倒水,在大街小巷穿梭,领略北京的人情与风韵。还有我们到植物园、雍和宫,春游野餐,等等。

感情建设就这样"润物细无声"地充盈在生64支部的各种活动中:学习、素拓、实践、男女生节、学生节、体育比赛;我们把学生节的精彩剧照制成海报;每学期制作高品质班刊,并在宿舍、教学楼里展览;我们搭建班级短信平台,转播各项比赛、报道班级近况;我们尽可能调动所有同学参加甲级团支部展示;这一切让支部里的同学们走得更近了,也在全校打造了生64这样一个品牌,增强了集体自豪感与凝聚力。

学问笃实生光辉——学风建设

学习是永恒的主题,对于学风建设的探索,则是我们每届班团委工作的重心之一。

大一学年,在学习委员的号召之下,同学们对课程分章节进行总结,然后汇集成册,一起攻克难关。

大二学年,我们将学风建设确立为我支部学期建设主题,为了明确学习目的,我们邀请协和的老师及毕业学长进行了"惜在水木,习在清华"、"医学生的多项选择"一系列讲座。我们还创立了学习小组的学习模式,这种小组学习的模式让同学们对于知识的理解更加全面,也让学习更加高效且有趣。今年,这种模式得到更好的贯彻,也得到其他班级的肯定。他们现在纷纷效仿,图书馆的学习讨论区成了生物系六字班同学们的"学习小组专区"。大二学年,生64获得"学风优良先进班"称号。

器识其先,文艺其从——全面素质

"临床医学专业的同学课业负担那样重,哪有时间呀?"说到课余生活,其他专业的同学们发出了这样的感慨。是的,要用两年半的时间完成其他专业将近四年的课程学习,临床医学专业的同学们常常需要付出比别人多很多的努力。可是生 64 的同学们不但没有显示出任何疲态,反而在保证学习的情况下,获得了比别人更大的成就。

"《寒城》演出成功啦!"在生物系学生节的舞台背后,生 64 的同学们簇拥在一起,欢庆演出成功,许多天来的辛苦排练和准备终于凝结成了"吾生飞扬"生物系学生节晚会上的一个高潮。由于宣传工作的出色组织,许多外系的同学们纷纷慕名前来观看,并给出了一致的好评。以一班之力,排演出这样高水平和有创意的节目,让人不得不佩服生64同学们在艺术上的修养和能力。这其中首屈一指的要属"大导演"闫姝洁同学,她一个人编剧导演,组织大家排练,可以说居功至伟。而今,闫导又担任了协和六毕业剧《戏》的导演,拍摄工作已经结束,正在进行后期制作,也非常令人期待。生 64 的同学在系内的文艺工作方面发挥的作用可见一斑。有人曾评论说:"学生节的工作,生 64 一个班就撑起了半边天哪!"。

"生物系有个《荷风》,生 64 有个《旅程》。"要说生物系系刊《荷风》在全校的知名度那是响当当。在我看来,我们生 64 的每学期必出的班刊在系内也是一大亮点。其中不仅有每位同学的专访稿,促进同学间的了解;还有实时信息介绍等。每学期一期的频率和其优质的水平创造了班刊创作的一个范例。

"人文—社会—生物医学模式将是医学发展的一个趋势"。当景军老师在《医学社会学》课程中讲述这一原理的时候,生 64 的同学们正在身体力行地去实践这一理念。医学不是一项冰冷的科学,在医学界有句名言:"时时去安慰,经常去帮助,有时去治愈"。医学更多的是一门让病人得到身心安慰和帮助的学问。学习人文类课程,提高自己在各方面的文化修养,是我们目前提升自己综合素质最为直接的途径。生 64 的同学们先后选修了各个方面多门选修课程,包括第二外语、历史、科技、艺术、经济等,这些都为提升大家的综合素养奠定了基础。

在合唱队、舞蹈队、交响乐队、校广播台,到处都有生 64 同学们的身影。迎新演出、全国大赛,他们追求高雅艺术的步伐从未停止:季瑜婷同学在交响乐队已经一年多了,在这期间,她的琴技不断提高,"参加了很多演出,感觉很有收获","每周都有几个晚上在舞蹈排练室里度过"。生 64 班的余鸿雁、池玥、盛峰都是校国标舞队的成员。崔立强、张颖两位同学是合唱队的骨干队员,曾参与歌唱队大大小小多场演出，最近他们还组织了清华合唱队与协和医学院合唱队的一个交流活动。对于艺术的追求丰富了生 64 同学们的课余生活，同时也从另一个方面促进了学习。

"生 64 的同学们真厉害，系学生会、系团委的部长组长中，竟然有 8 人都是生 64 的。"难怪有人会发出这样的感叹，生 64 的同学们在社会工作中表现的特别出色，在各个业务口都打头阵。学生会副主席、文艺部部长、体育部部长、学习部部长、生活权益部部长、团委组织组组长、实践组组长、干部组组长，这样一个个头衔背后是生 64 同学们任劳任怨的付出、勤勤恳恳的工作和点点滴滴的积累。两年多来，社会工作给了生 64 同学们很大的锻炼和收获，是一笔宝贵的财富。

还记得录取通知书上的一行字："清华，你一生的骄傲！"直到今天，我们将要离开她的时候，我们才深深地体味到这句话的韵味，也许将来，我们还会体味的更深！清华，我们亲爱的母亲，生 64 的儿女们不会忘记在您怀抱里的日日夜夜，不会忘记您教会他们的点点滴滴，请您相信，有一天，他们也会成为您的骄傲！

思考让我们一路向前

——记工物系工物 72 班

工物 72 站在大三的末尾,经历了三年美好的大学生活。三年中,每一次的班会或组织生活都是一次共同的思考,思考我们三十名同学如何共同奋斗,画出各自精彩的一笔。这些精彩汇集起来后,就成为了一股强大的力量,也成就了工物 72 的精彩。

思考让我们抓住重点

走过青涩懵懂的大一,火热激昂的大二,进入大三。经过两年,支部的集体建设已然全面成熟,工物 72 的面貌井然有序,有如在规整的轨道上快速行进的列车。在这样的情况下,团支部的进一步发展应该是什么样的? 工作的重点在哪里? 这是我们大三支部一直在思考的问题。

大三是一个崭新的成长期。面对未来的选择,在理想和现实的差距与冲突面前,每个人都会感到或多或少的困惑和迷茫;但单纯的迷茫却不能解决问题。只有通过不断的尝试,让理想在现实打磨,才能找到属于自己的完美的结合点。

就着这个思路,从同学需要出发,引导大家积极规划未来,并落实到具体的行动中去,就成了支部全年工作的思路和重心。

一如既往地,工物 72 支部开展了丰富多彩的活动。"我们的未来不是梦"素拓项目:毕业班经验交流会、实验室全接触、生涯拓展训练营、大学生面试礼仪指导,我们支部以一个平稳的态势进行着每一项活动。两次主题团日也都以如何实现个人发展作为切入点,引导大家从更长远的角度看待当前的学分绩、推研等问题。这一系列的工作是为了告诉同学们,只有把握现在,充分了解自身与行业,才能最终筑梦未来。

作为"我们的未来不是梦"系列素拓活动的一个环节,"Search Research 实验室全接触"活动旨在帮助同学认识专业、了解科研、增进师生交流。

先是开展广泛的调研宣传,了解同学们的专业兴趣,采取同学兴趣与自愿相结合的原则,将班级同学分成 8 个小组。各小组全面接管实验室的调研访谈任务,采访前利用各种渠道(系主页、中国期刊网、Google 学术搜索等),对实验室进行了初步的探索,拟定了详细访谈计划;活动中,同学们深入到工物系的各个实验室,与老师及研究生师兄师姐就关心的问题进行了广泛的交流和讨论。交流的内容涉及该专业方向的发展现状与前景、所需要的基础知识以及对人才的需求、近几年的推研情况以及研究生阶段的学习生活与本科生的不同、大三的学生能为将来做哪些准备等多个方面。在交流过程中,老师们对于专业深入浅出的介绍,让大家对各个专业方向都有了全新的认识。采访后,各组结合访谈经历,提交了实验室全接触活动报告。

作为前进的一部分,我们也更加抓紧了学风的建设。

为了切实地帮助同学们解决学习上的问题,结合实际情况,我们开展了"温馨自习室——考前集体自习"活动。在期中、期末复习阶段的 1～2 周内,动员同学到指定教室集体自习。

活动前,团支委、班委做好分工,保证每天有专人负责短信通知,并有 2～3 名成绩优秀同学坚持在集体自习教室,为同学解答问题。同时做好宣传工作,宣委在班级宣传栏中开辟了"自习时间升级"专栏,同学们可以将自己的自习时间以色块的形式标注在宣传栏自己的头像上:既是对自己的勉励,同时也能营造班级整体的学习氛围。

此项活动对于及时解决复习疑难、充分了解考试信息、帮助学习困难同学、营造学习氛围都起到了非常明显的作用。最终,支部的学习成绩在上学期实现了从年级第二到年级第一的突破。这一切都离不开一个重要的基础,那就是工物 72 支部集体强大的凝聚力。正是这份凝聚力,让我们在之前的两年里乘风破浪,让我们在第三个年头仍然奋勇向前。走过了平凡的校园生活中不平凡的路,让工物 72 不再是一个简单的名字。

前进的路上,不是没有挫折,不是没有困难,但那种执着的精神、踏实的态度、团结的力量,让我们少了一分稚嫩,多了一分成熟。大三的我们迈着稳健的步伐,等待着下一次的奔跑。

对于每一位清华学生,大二是真正开始丰富多彩的大学生活的时刻。然而对于工物72,这个趋势体现得更加明显。在大二开始的时候,整个支部如同装上了超高速的引擎,骤然加快了脚步,各项工作全面铺开,同学们以不可阻挡之势活跃在系里所有舞台上。从这个时候开始,团支部经历了最为激动人心的一段时期,激情澎湃,活力四射,沉淀下无数的财富,确立了今天的位置。

思考让我们全面发展

在2009年的"清华大学优秀团支部展示会"中,工物72选取了"滚滚长江东逝水"为展示主题。没错,这正是工物72给人的最直接感受:充满激情,永远向前,追求卓越,全面进步。这股滚滚而来的气势,让我们获得了广泛的赞许。

大二期间,工物72始终保持年级第二的成绩,并与第一名逐渐缩小差距。科技活动蔚然成风,12人完成SRT(本科生科研训练),其中5人入围"大学生国家实验室创新计划"。包括挑战杯、智能车比赛、创业大赛等各项科技赛事均有多人次获奖。

社会工作是工物72同学成长的一大亮点。作为总人数30人的集体,大二学年全支部有29人在校、系担任社会工作;大三学年更是产生了系团委副书记、系科协主席、系刊主编、校学生会、校科协部长等一批重要的学生干部。他们在系、校的各学生工作岗位贡献力量,同时实现个人的全面成长。

工物72人常怀奉献之心,积极参加志愿活动。其中奥运会、残奥会志愿者13人次,2009年国庆阅兵群众游行中有12人参加,工物72也被学校评为"国庆阅兵游行优秀集体"。此外,明圆支教等各类志愿活动都有着工物72人的身影。

此外,在"工物实践,心怀天下"的口号下,我们在实践中表现极为突出。大二上学期,支部以最大的论文数和最高的论文质量获得"工物系寒假实践优秀支部"称号。暑期实践除去志愿者外的19人全部参加,7支队伍在校级评比中获得1金2银2铜的骄人战绩。工物72人的实践足迹分布在全国各处,了解国情,感受民生,工物72人在实践中茁壮成长。

丰富多彩的素拓活动是工物72的另一大特色。从大一下学期起,工物72坚持每学期做一次素拓。大二的"清华一家人",力图探寻清华后勤工作人员与清华普通同学的沟通之路,以全校第一名的成绩获"支部特色类校级金奖"。一次又一次极为优秀的素拓活动不仅丰富了大家的大学生活,也让支部凝聚力更在实战中得到显著提高。

在"清华一家人"素拓项目活动中,组织同学进行对清华内工作人员调研、采访活动并及时进行总结交流,让同学们在对工作人员的接触和了解中亲身体会到他们工作的辛苦与生活的艰辛,并为他们乐观的生活态度、无私的奉献精神、随时随地为同学着想的品质而感动,从而对自己平时的行为进行了反思。在素拓总结交流会上,有同学说:"自己缺少一种感恩教育,不知道工作人员那么辛苦,而把他们的工作当作理所当然,我们的素拓其实就是一种感恩过程"。本次素拓活动以全体同学的高度参与完成了一次切身实际的思想教育。并以全校第一的名次获得校级金奖

支部的同学,个性十足,全面发展。支部内部也是处处充满活力,洋溢激情。出品了大二的班剧《你,新来的吧》,大三的 DV 剧《Time Box》,都是学生节的热门节目。为了丰富文化生活,举办了"工物72读书茶话会"活动,还办起了"工物72图书角"。

仅凭以上的数字,就足可以体现出工物72强大的凝聚力。除去这些能叫出名字、写出数字的项目外,在工物72的每一天都被值得为之欣喜、为之奉献、为之思考的事物所充斥着。

曾有学长为我们担忧:学生工作太多、科技活动太多的支部,集体建设或许会有困难。然而对于我们,正是蓬勃向上的集体建设,推动了工物72同学在各个舞台上锻炼自己。在集体的工作中,处处渗透着"全面发展"的理念,渐渐地成为了支部同学的共识。所有的活动,都向着唯一的目标——卓越,这正是一个富有激情的大二学生所应该追求的东西。也只有在追求卓越的过程中,才能明确以后奋斗的方向。

因而,这一切成绩都不是偶然的。看到身边的同学优秀,于是自己也要变得优秀,使得同学们对所有事物都有了激情。我们不再为停滞不前而担忧,反倒苦于没有时间停下来思考。充满激情的集体,如同滚滚向前的江水,或者可以比作乘风破浪的船。同学们在各自的舞台上合作、奋斗,不断地成长。没有时间彷徨犹豫,因为每一天的辛劳和汗水过后,都不得不准备迎接新的挑战,需要鼓起更

多的勇气。

当大二的激情逐渐淡去,转变为坚实的行动后,我们发现支部内早已形成这样一个共识:工物 72 是一个优秀的支部,72 人做出的事情就应该是出类拔萃的。正是"追求卓越"的支部氛围影响下,72 人认真地做事,茁壮地成长,就像滚滚东逝的长江水,一涌向前,永不后退。这也是充满激情的一年留下的最为宝贵的财富。

大二秋季学期的团日主题为"30 年峥嵘岁月,新时期再创辉煌",代表工物系参加学校集中团日,被评为校级五个重点团日之一,校党委统战部部长唐杰老师、核技术研究所副所长魏义祥老师、工程物理系学生组组长曾志老师以及工物系七字班韩雪峰辅导员应邀参加了活动,支部全员参与,内容务实,形式多样,包含"愿望瓶"等新颖创新性的环节,思想深刻,深度挖掘改革开放三十年以来行业发展的原因,从而激发起大家投身祖国核事业的热情,同学们受益颇丰。

思考让我们更加凝聚

大一期间,我们做的活动远不如大二般火热,也不如大三般沉稳,毕竟是新生支部。但是每一次我们都把所有同学尽可能地发动起来,让所有同学都过一个集体的大学生活,而不是仅有自己的生活。不知不觉间,大一的目标变得简单、明确。它却成为了今后工作的铺路石。

没错,对于工物 72,那是一个始终被重视的理念。

纵观三年来的工物 72,组织的活动从没有一次为同学参与度不高而担忧过。工物 72 的同学,在任何场合都可以自然而然地告诉别人自己的集体有强大的凝聚力。这是作为支部一份子的最深切的体会。

回想我们的大一,就如同其他刚刚成立的支部一样,在以新生之姿开始探索大学生活的同时,班干部开始考虑一些未来发展的事情。也正如大部分的新生支部,一开始的状况都不能算尽善尽美。我们也像别的支部一样手脚匆匆开始了布局。

我们设立寝室长负责制度,设立了集体自习,晚间集体锻炼,这些措施收到了一定的效果,为班级初期的凝聚起到了重要的作用。另外,也注意在每一次的支部活动中,力图促进同学之间的交流,因为我们的共识就是"感情建设为重"。现在想来,当时的很多工作方式都不够完善,许多举措都有加重同学负担的嫌疑。特别是随着同学们学业压力的增大,使得这个矛盾更为尖锐。

此时的工物72,在其他方面还有着许多的问题。学习成绩一直居于年级第二,无法超越隔壁的兄弟班级。所有的建设都处于起步阶段,没有形成明显的"班级传统",也没有出现出现在学习、科技或者其他第二课堂极为突出的一批同学。

然而,就是在那样的情况下,我们发现了本支部的一个特色:不论是在什么样的学习压力下,不论是班级工作、体育活动、感情建设活动,只要是支部里的事情,就一定能有极高的参与度。我们大一的班干部正是紧紧抓住了同学们对集体的热情,一步步把各项工作推上了正轨。当时我们便相信,工物72的感情建设、支部建设,以及以后的所有发展,都会与此息息相关。

正是从那个时候开始,工物72支部渐渐变得更加优秀起来。我们一面放心大胆地做活动,一面小心翼翼地照顾着这股还不够强大的向心力,在潜移默化中让它更强。

凝聚力需要推动,我们渐渐学会在暗中推动它。同学之间每天的交流、沟通,或者同学们共同面对的事情,都是激发凝聚力的契机。为了尽量增多同学们交流的机会,我们有意地把寝室长拉到了班干部的例会中,一起出主意、想办法;我们煞有介事地将班里的任务,原封不动地转达给同学,让每个寝室自己去讨论、决策;除此以外,出游之前的踩点、活动之前的准备,即使心里有了计划,也特地去问同学,常常能得到更好的回答;通知事情先发短信,再去找同学问,有时听他们发发牢骚,等等。同样的,为了让同学们有共同的目标,我们会过分强调学习成绩和邻班的差距;我们会在展示的时候,强调"本班所有活动都接近全勤",这更多是给同学们听的;或者在做一项活动的时候,让同学们也看到全系甚至全校的广度,激发起更多的斗志。就在这些看似琐碎的个人行为之中,让同学们对于集体有了介入感、信赖感。每个班委都有他自己的方法,但是我们的目标一致,行动也就一致。

凝聚力也需要磨砺。每一次活动,都是一种磨砺,是对于凝聚力的检验。如果我们不把握好每一次活动,凝聚力只是一个空谈。因而,在班级活动中,我们常常动用一切可能的手段,让所有同学都看得到措施,看得到成果。我们相信,如果一个活动不能让更多的同学参加,或者不能使同学获益,那么下次的人就会更少;所以,在这件事上我们无比严格地要求自己,也明确地要求着同学。就这样建立起了威信,这威信不是属于班干部的,而是属于整个工物72。在这个过程中,支部凝聚力得到了锻炼,变得更加坚实。支部的事情,成为了同学们心中重要的事情。

诚然,大一的我们,也仅仅是对此有朦胧的认识,并付诸行动而已,只是不知不觉就有了一明一暗、一刚一柔的手腕。我们当然也做了很多其他方面的努力,而经过了三年,经过了沉淀,经过很多观察和思考,我们最终确信,工物72的所有成绩都是来自于"凝聚力",这个对于我们有着特殊意义的词汇。

每个集体都靠着凝聚力来维系,每个集体都以自己的凝聚力为骄傲。可见它的重要。那么,如果把所有的工作,都统一到这个明确的目标里,就一定能够打造出优秀的集体。

凝聚力是一切支部活动的最大动力,因而,强大的凝聚力就能让我们更成功地把支部工作推向高峰,也留在同学们的心中。

凝聚力,追根究底是同学之间的认同、沟通,是一种强有力的纽带。所以,同学们之间不断互相影响着,默默互相帮助着,也悄悄竞争着,使得每个人都更加追求卓越,勇于超越自我。

正因如此,工物72的同学,后来活跃在校、系的诸多舞台上,让工物72的向心力变得更强。工物72也一直没有出现"核心人物",因为这个集体里的每个人,都对身边的同学有着足够的影响力。也可以这样说,工物72的每个同学都是一个"核心"。工物72,就是这样一个特殊又普通的集体,在凝聚的过程中,每个人都获得了属于自己的一份果实。

每一次的班会或者组织生活都是一次全体同学共同思考的过程,我们在思考中挖掘下一步工作的重点,在思考中让支部成员能够全面发展,在思考中让同学们凝聚起来,工物72正式这样在思考中行动,在行动中追求卓越。

法九之家，行且珍惜

——记法学院法九班

2009 年的夏天，当这群带着些许青涩的孩子们满怀期待地走进清华园时，欣然地发现他们的学生证上印着"法九"二字——也就是从那一刻开始，一个新的集体诞生了，一段属于他们的清华法律人的历史开始书写了。

"一个优秀的集体会给同学们的一生带来深远的影响。"校党委副书记史宗恺老师的这句话，深深地印在了每一个法九班同学的脑海中，建设好法九这一集体，对集体中每一个成员都意义重大。作为集体的"主心骨"，新当选的法九班班团干部面临着一个共同的问题：同学们来自五湖四海、性格鲜明各异、彼此志向不同，如何将大家凝聚成一个团结、温馨、多元的班团集体呢？经过深入的思考和讨论，法九班班团干部提出了一个目标——为大家提供展示的舞台、打造成长的平台，用激情与梦想建设一个健康温馨的"法九之家"。

爱国奉献、勇担责任
——打造"法九之家"的稳固基地

思想建设，是法九集体建设中最基础、最重要的一步。为了给"法九之家"打牢地基，法九团支部围绕社会主义核心价值体系、"爱国"与"成才报国"的担当精神和道德文明教育等，通过各种新颖的形式组织相关活动，将看似"宏大"、"遥远"的精神与思想，以具体、直观的形式展现在大家面前。正是通过这样的方式，"服务祖国、勇担责任"的精神已经在每个法九人心中扎根，成为了"法九之家"最稳固的根基。

作为一届特殊的新生，九字班的同学有幸在军训结束后，参加祖国六十周年华诞庆典的群众游行 4A 方阵。对于法九的同学们来说，国庆游行成为了集体思想建设的绝佳契机。在开学之初的军训中，法九人就对清华精神、青年责任等有了深刻的感悟。当军训结束后,学校开始组建国庆游行4A方阵时,法九全体同学积极踊跃地报名。由于名额有限,只有部分同学能够参加庆典当天的游行,而另一部分同学只能参加训练,或者在游行时作为"替补",还有一部分同学不得不留守在校园内。但这并没有减弱大家参与的决心,抱着服务祖国、服务人民的热情,全体同学仍然在第一时间提交了申请表。就在国庆当天,仍有不少落选的同学积极询问辅导员,是否可以作为"替补的替补"随队出发。这是法九人对祖国的一篇赤诚之心,对责任的勇于担当和对集体的强烈归属感。

就在大兴训练期间,法九辅导员和班团干部组织开展了一次主题团日——探讨游行方阵的意义。同学们深受鼓舞与触动,提出了一个响亮的口号:"祖国给我们一个机会,我们还祖国一个奇迹!"尽管时间紧、任务急、训练条件艰苦,但是同学们纷纷表示,要通过实际行动证明自己的赤子之心,为祖国六十华诞献礼。"在关键时刻有担当,这才符合清华的为人准则。"就是这样一句朴实的话,让法九人扬起了斗志,圆满地完成了任务! 八天七夜,这段特殊的日子为"法九之家"的集体建设起到了极大的促进作用。法九同学们在这个温馨的集体里,不畏艰苦、共同训练,为祖国添光增彩。他们互帮互助、亲如一家,刚开学时的生疏感不复存在,建立起来的是彼此间的认可、信任、帮助。借助这个服务"祖国大家庭"的独特契机,"法九之家"的建设已经初显成效。

大一一年中,法九团支部借助国庆游行带来的积极影响,组织同学观看《建国大业》和《八天七夜》等影片,进一步增强了大家对社会主义国家的理解和成才报国的价值观的认同。通过参观北京市延庆县人民检察院、旁听法院审判、与法学院行政法专业老师探讨热点话题等活动,法九人了解到了社会现实,也感受到自己肩负的责任,同时认识到,爱国最好的体现就是成才报国。从实践体验到深化认识,法九集体的思想建设一步一个脚印,不仅使同学们坚定了努力学习、报效祖国的决心,为学风的建设奠定了良好的基础。经过一年的努力,法九班团委在集体思想建设方面取得了令人满意的成绩——加入党课学习小组的积极分子43人,占非党员人数的75%。

点点滴滴,尽收心底。一年来,法九班团干部们借助时代的契机和身边一切宝贵机会，为"法九之家"树立了爱国奉献、勇担责任思想根基，为"法九之家"将来的建设打好了稳固的地基。

励志笃学、成才报国
——给"法九之家"添砖加瓦

"又红又专"是清华大学对每位同学的期望，"术业有专攻"也是法九每位同学对自己的要求。学好专业知识是能否实现成才报国梦想的重要前提，因此，促进专业学习成为了法九班团集体建设的重点工作，优秀的学业成绩成为了"法九之家"的承重墙、顶梁柱。

在学风建设上，团支部一方面倡导形成刻苦认真的学习风气，另一方面积极开展学习方法与内容上的互帮互助。例如，学委为大家整理文科数学的复习资料、发动同学主动联系老师组织了专业课程的案例讨论等，班委还积极与院学生会合作，联系任课老师举办专业讲座，并组织同学积极参与学生会举办的其他各种学术讲座等等。在学术活动方面，团支部本着"促进个性"的思路，组织、宣传各种院内、校内学术活动，并号召同学们积极参加。在2009年度的法学院"燕树棠法学论文"征稿中，法九年级共有九名同学参加，其中古欣、刘业帆、张帆三位同学还一举夺得了"学术新人奖"，大大增强了同学们对学术的信心和兴趣。在院法学会的组织下，民法和国际法读书会也相继开始。法九班团干部发现，有几位非班委同学对读书会有浓厚的兴趣，于是鼓励他们组织读书会活动，参与到班级学习建设活动中来。在这几位同学的辛勤努力下，读书会活动办得有声有色；师兄师姐们的带领下，同学们研讨专业案例、前沿理论，解惑于集体探究，闻道于前辈点拨。

通过将专业学习与集体建设相结合的方式，同学们不但很快适应了大学专业知识的学习、掌握了学习方法，而且明白了研习法学是一种气质培养，是一种对正义孜孜不倦的追求。作为清华法律人的法九，懂得了不仅需要为自己的职业生涯做规划，更要肩负起中国法治社会建设的重任，励志笃学、成才报国，争做"二十一世纪需要的法律人才"。"法九之家"立足学习，建立起一幢结实、挺拔的"法九大楼"。

投身集体、全面发展

——为"法九之家"雕梁画栋

　　法九团支部坚持志愿实践、体育、文艺全面发展,组织各种课内外活动,为同学们提供充足的展示自我、锻炼能力的平台。将集体建设融于综合素质培养之中,让全体同学投身到集体活动当中,法九团支部让每个同学发挥特长,并增进了感情交流,加强了集体凝聚力。"法九之家"在坚实的基础上,增添了一抹亮丽的色彩。

　　例如在志愿实践方面,支教的提议获得了热烈的反响,全班同学都表达了强烈的参与愿望。于是,班团干部组织同学们来到了新希望和肖家河两所农民工子弟小学支教。每个周四下午,均有二十多位同学参与其中,坚持半年之久未曾间断。支教活动让大部分同学看到了自身所处的象牙塔和简陋的农民工子弟小学之间的差距。支教归来,不少同学在日志中写下了这样的话:"相信大家不仅会记得孩子们天真无邪的笑脸,更会明白我们在为中国的发展做出自己的贡献","所谓位卑未敢忘忧国,那么身享国家优厚待遇的我们更加有责任为社会中需要帮助的人们提供力所能及的帮助,去回报社会。"集体支教,不仅让同学们有所收获,也给小学里的孩子们留下了"法九"这个优秀、善良的集体的印象。

　　法学院的体育活动不仅数量多,而且给人留下了深刻的印象:马拉松长跑、趣味篮球赛、马杯排球乙组决赛、法学院"三角杯"足球联赛、法学院趣味运动会……尤其是法学院排球联赛,是法九独立承办的最成功的体育赛事。其参赛人员规模空前宏大,包括了院内所有年级的本科生、研究生以及教师们。虽然比赛组织过程中遇到时间协调、规则制定等方面的挑战,但是团支书的带领下,全体同学齐心协力保证了比赛顺利举行。就是这样,在丰富多样的体育活动中,法九同学们不仅强健了体魄,锻炼了自己的能力,更是在震天的呐喊声中加强了法九班的凝聚力和集体认同感。

　　又如文艺方面,法九成功承办了法学院新生晚会,除了少数班委因为一直坚守幕后工作没能参加表演,其余同学全员上台表演展示,使得新生晚会成为了法九人充满激情、热闹非凡的"狂欢夜"。而在法学院"KISS"卡拉 OK 大赛、学生节等活动中，法九同学也总是精心准备，用自己编排的一个又一个节目使学院经典活动锦上添花。一个集体的成长不可能总是一帆风顺，但是让法九人倍感幸福的是，关键时刻有人站出来、引领大家走出困境。大一下学期学生节排练阶段，法九的舞蹈节目在一审、二审中均被评委判为不合格。眼看距离三审只有十多天了，大家的士气陷入了低谷……关键时刻，班团干部站了出来，体委靠着超强的个人感召力把大家聚在一起，坚持每天高强度排练舞蹈，并请来班里的两位舞蹈特长生指导其余的二十个同学，体委吴雨桓同学还用自己的钱给大家购买零食。这十多天的魔鬼训练非常辛苦，然而也是令人感动的。最终，大家在体委的带领下鼓足干劲、连续奋战，终于在三审中获得了评委的一致好评，并且最终在学生节中大放异彩！

正是这些丰富多彩的课内外活动，正是在法九班团干部的热情组织、勇担重任，正是法九同学的全情参与，让法九成为了一个学术上静如处子、活动中动如脱兔的优秀集体。"法九之家"不仅有着铜墙铁壁，也雕梁画栋、缤纷多姿。

汇聚真情、凝结感动
——为"法九之家"补充阳光雨露

感情建设是维系集体的关键因素，是"法九之家"得以继续前行的阳光和雨露。所以在大一学年，感情建设成打造"法九之家"的重心。

早在军训时，受伤缓训的同学们总是会赶在其他同学训练休息前，给每个人的水壶中倒满水；在4A方阵集训时，同学们轮流照顾生病的同学，给在学校留守的同学寄去浓情四溢的信件；每一次同学过生日，生活委员总会短信通知大家，然后寿星接受大家"狂轰滥炸"的祝福短信……

进入清华后的第一个男生节，女生们大清早冒着大雪来到男生宿舍，打扫卫生、赠送礼物。晚上，女生们又集体来到男生寝室串门，送来写着温馨祝福的自制三明治。作为回馈，法九男生按照班长董吉男的创意，为女生们缔造了一个温馨而浪漫的女生节——清晨在每个女生宿舍门上贴上玫瑰，并为每个女生实现一个愿望；夜晚天降小雪，男生们摆出阵型，在女生楼下"情歌串烧"，放声高歌；邀请女生一起到空旷处放飞写有人生理想的孔明灯。随着一字排开的十几个孔明灯徐徐飞上夜空,大家都欢呼雀跃起来,女生们更是感动地声泪俱下,将一整天的温馨与温情推向了最高潮。法九男生住在紫荆 6 号楼,而女生住在 34 号老楼,相隔甚远,但创意、温馨的男女生节完全打破了宿舍之间地理隔阂,让大家变得更加亲密、友爱了。

一个又一个的集体活动,无不使法九同学们一次又一次地感动,在法九班团干部的努力下,大家体会到了法九大家庭的欢乐、团结与爱。每一次聚会、每一道丰盛的饭菜、每一次举杯,都象征着法九大家庭的团结友爱;明媚冬日的出游,洒满一路的欢声笑语,都诉说着法九大家庭的动人故事;每一次合影,我们都努力地把所有人挤进镜头,因为法九大家庭一个也不能少。飞信、人人网、水木 BBS 等,各种沟通工具与平台也都成为了团支部宣传班级事务和感情建设的重要阵地。班团干部们通过它们,提醒同学天气变化,通知院校各种活动,把法九大家庭的关怀送达到了每一个人。正是这些点滴关怀、次次感动,为“法九之家”送去了阳光和雨露,让法九成为了一个更有生命力、更有温情与活力的优秀集体! 经过一年的相处和坚持不懈的感情建设,法九的每一名成员都相信:我们都有一个家叫做“法九”!

时光粼粼,何其迅疾。“法九之家”的成员们还来不及感叹,大一的时光就已倏忽远逝。“凌波不过沉香路,锦瑟年华与君度”,在法九同学们看来,正是每个人的参与,才使这段时光变得立体丰满,成为了一段荡气回肠的回忆,筑造了一个有着醉人温馨的“法九之家”。

一位团支部成员在他的日志中曾这样描述法九大一的回忆:“在法九共同成长的日日夜夜中,我们一次次体验并实践着梭罗在瓦尔登湖畔黎明的感觉——一天的奋斗已经过去,另一天的努力又将开始。记录下此时此刻无以言说的繁复心情,让我们的青葱岁月总显出绿水长流的生机,让光阴的飘逝激发出不断的怀想和思考。”相信法九的每一位同学都会铭记这一年共同生活奋斗的岁月,并在未来的路上继续相携而行。“法九之家,行且珍惜”,相信,这群法九大家庭里的同学们将为传承清华精神、担负清华法律人的历史使命而不懈奋进!

个人是水，集体是河

——记电子系无研一二班

无研一二是电子系信息与光电子学研究所的一个纵向集体，由43名研究生组成。其中，党员29人，团员43人（含入党积极分子4人）。

一直以来，无研一二集体有着光荣的传统，曾连续三年荣获"清华大学工作突出党支部"，"清华大学2009年先进党支部"，"清华大学2008—2009学年度红旗团支部"以及"清华大学先进集体"提名。一份份荣誉见证了无研一二的成长。一份份荣誉激励着无研一二的每一位同学继承精神，弘扬传统。

伴随着集体的不断成长，无研一二的同学们也不断进步，在学术科研、社会工作、实践就业等方面取得了很好的成绩。清华大学优秀共产党员、优秀研究生德育工作助理、电子系学术新秀、清华大学社工特等奖学金、清华大学综合一等奖学金……无研一二人斩获了无数令人羡慕的奖项。他们在享受成功喜悦的同时并没有忘记，是集体的力量帮助他们进步和成长的。个人是水，集体是河。个人的小水滴只有融入集体的大河中，才能够入主流，最终到达实现梦想的大海；集体长河只有将所有的水滴汇聚在一起，朝着同一个方向前进，才能够充满活力，川流不息。

党群是水，支部是河

党员和群众的血肉联系是中国共产党的优良传统。我们党一贯重视加强党员联系群众的工作。从2008年起，无研一二党支部率先执行了"党群1＋1"联系体制。对于非党员同学，无研一二党支部通过谈话、邀请参加党组织生活和思想交流等方式，帮助他们提高对党的认识、建立共产主义信仰。同时，无研一二党支部还积极邀请非党员同学参加到党组织生活中，这样更进一步加强了党员同学与非党员同学的交流。通过"党群1＋1"联系渠道，无研一二共有6名同学表示了入党的意愿,占非党员人数的 28％。

依托于强大的积极分子后备力量,2009—2010 学年度,无研一二党支部共召开发展大会及转正大会 4 次,共发展党员 8 人,目前党员比例已提高到 67％。其中包括勿忘国耻缅怀先烈圆明园特色党员发展大会,在庄严肃穆的大水法下,30 余名党员和积极分子一同瞻仰了列强侵略的遗迹,激励了大家的爱国之心、强国之志。

除了党员发展工作,无研一二党支部也十分注重党组织生活多样性和实效性。2009—2010 学年度,无研一二党支部共召开组织生活 16 次,涵盖了理论学习、就业引导、志愿服务和学术活动等多个方面,其中有 4 次校级特色组织生活,7 次系级特色组织生活,发表各类新闻稿 9 篇,并承担 3 项党建研究基金,其中校级基金两项,系级基金一项。

研究是水,学术是河

在党团班联合带动的积极向上的集体氛围中,无研一二的学术成果更是百花齐放。2009—2010 学年,无研一二全体同学共发表论文 61 篇,其中 SCI 收录 33 篇,EI 收录 4 篇,国际会议 24 篇,申请专利 2 项,参与国内外学术交流活动共 12 项,其中发表在 Applied Physics Letters 上的一篇研究成果被 *Nature China* 评为亮点。在 2009—2010 年度学术新秀评选中,无研一二的三名同学被评为电子系学术新秀,占全系学术新秀总数的 75％,其中辛明、万锐媛两位同学已成功进入校级学术新秀前 20 强。

班级奖学金覆盖率达 37％,其中社工特等奖学金及综合一等奖学金获得者 5 名,占电子系综合一等奖学金获得者总人数的 30％。

实践是水,就业是河

无研一二班积极响应学校"胸怀民族复兴、投身伟大实践"的号召,积极参与各类实践活动。2009—2010 学年中,无研一二班共参与和承办短期实践活动 4 次,基本覆盖了全班所有同学。2009 年暑期,无研一二的同学们积极投身暑期就业实践活动:3 位同学分别积极担任了上海光机所支队、西安 206 所支队和四川东方电器支队的支队长，共有 12 位同学参加了本次暑期就业实践活动。西安 206 所支队和四川东方电气支队在校级评优中分别获得了银奖和铜奖。雷诚同学以其优异的实践组织工作被评为清华大学优秀实践标兵，李鹏霄同学由于在实践中表现出色，被评为清华大学优秀实践个人。

就业引导工作一直是学校和院系工作的重点，无研一二也形成了关于引导、协助班级成员就业的传统。无研一二在充分尊重个人选择的基础上，积极引导班级同学奔赴与专业相关的重点行业工作，在班级中倡导"科学发展，成才报国"的职业规划与就业选择理念。为了进一步落实就业引导工作，培养同学们"立大志、入主流、上大舞台、成大事业"的价值观和择业观，提高就业实践的覆盖面，无研一二班积极参与和承办电子系品牌实践活动之"电子有道、勤而行之"短期实践活动。

无研一二的就业引导相关工作贯穿始终，为同学营造了一个思考个人成才之路的良好氛围，取得了良好的效果。2009—2010 学年度，无研一二班共毕业 17 名同学，其中有 15 名同学选择到包括航天、航空、军工和政府在内的国家重点行业和企业工作，行业布局更加合理，重点就业率近 90%。

个人是水，集体是河

除了突出的学术和就业引导工作，无研一二集体还涌现出了许多优秀的社会工作骨干，其中研究生德育工作助理 4 名，各社会工作岗位的骨干占集体总人数的四分之一以上。他们不仅在我们集体中发挥着模范带头优势，增强集体凝聚力，更为学校和系里更多的同学默默的服务奉献，实现了集体发展与个人发展的和谐统一。

一滴水怎样才能不干涸？它必须流入江河奔向大海；一个人怎样才能更加优秀？他必须依托集体迈向更大的舞台；江河如何才能更加的汹涌？它需要容纳无数的水滴；集体如何才能更加的强大？它需要我们有共同的事业、共同的目标。无研一二历来重视成员们的个人成长，因为优秀的集体成员是打造优秀集体的基石，也是促进集体共同发展的驱动力。因此，如何充分发掘先进个人的先锋模范作用是集体建设的关键之一。

思想和组织建设方面,清华大学优秀共产党员、优秀研究生德育工作助理、电子系党委研工组副组长曲迪同学,一直都是无研一二的骄傲和榜样。从担当班里的党支部书记,到担任党建助理和研工组副组长,他那强烈的责任感和使命感一直让人钦佩。因此,支部请他在民主生活会上与每位成员分享这份心得。当他说到"责任心是最重要的,要充满热情、非常用心地去做事",那慷慨而朴实的话语感染了每一位成员。宣传委员会后说,"看到曲迪那么认真、充满热情的去做事情,我们也就自然的被带动起来,感觉和他在一起做事情很有活力,很有干劲。"在曲迪同学的影响下,无研一二涌现出了一批社会工作骨干,比如电子系党建工作助理万锐媛、电子系研究生会主席樊博宇、校研究生团委实践部副部长王杨等。参与社会工作的同学占集体人数的 25% 以上。这样一群有责任感的同学为无研一二营造了奋发向上、团结友爱的良好氛围。

就业引导方面,无研一二秉承"请进来"和"走出去"的思想,邀请从本班毕业的同时又投入到国家重点单位工作的师兄师姐再次加入到组织生活中来。在 2009 年秋季学期的民主生活会上,以支部名义邀请到了在中国兵器工业集团公司工作的张超师兄,与同学们分享了半年来的工作感受以及军工和民用研发的特点和区别。另外,在每一次到国有企业进行实践,如果有无研一二集体中走出去的同学,同学们都积极地邀请他们与同学们座谈。这样的就业引导模式是最生动、最有说服力的,因此也必定是最有效的。通过这些同学的引导,我们班 2009—2010 年的 17 名毕业生中,有 15 名最终选择了国有重点企业单位的工作。

学术建设方面,由于无研一二由三个课题组组成,同学们在每个课题组中挑出一位学术牛人作为这一组的学术带头人。这三位同学不仅代表着三个课题组的科研成果,还会在暗自比较中竞争奋进。无研一二的工作则是将这三位同学的紧张、积极的科研精神最大程度地宣传到每一个人,以感染和激励身边的同学。他们的任务之一是把每个人发表的科研成果转发给大家,一方面可以及时了解周围同学的科研动态,另一方面也是对自己科研工作的激励。无研一二还组织了一次以他们为主讲的课题组间学术交流活动。这样,整个集体的学术氛围就非常浓厚。这三位同学也全部荣获电子系学术新秀,其中两位还进入了校级学术新秀的前 20 强。这来之不易的荣誉更强有力地肯定了他们的科研态度和成果。一年来，由于充分发挥了这些学术牛人的作用，无研一二集体的学术氛围紧张有序，共发表论文 61 篇，在电子系名列前茅。

无研一二，电子系一群朝气蓬勃的年轻人，团结、拼搏、奋进。每个人是一滴水，集体是一条河，他们正谱写着一曲意气风发的青春乐章。

秉承传统，开拓创新

——记自动化系自研一班

自研一班拥有光荣的历史和传统，曾获多次"清华大学研究生优秀党支部"、"清华大学研究生红旗团支部"、"清华大学研究生先进集体"、"北京市先进班集体"、首都高校"先锋杯"优秀党支部、首都高校"先锋杯"优秀团支部等荣誉。自研一班在工作思想上秉承"党团班一体化建设"的传统，工作方法上充分运用"三大法宝"（即党团班联席会议、顾问团制度、支委扩大会议），在继承优良传统和工作方法的基础上开拓创新，探索出一套纵向班党团班特色建设的新思路和方法，在各项工作中均开创出了富有特色的新局面。

组织建设：一体化，小组制

自研一是一个拥有 100 多人，成员分布于 3 个研究所的大纵向班集体。这样的特点一方面给集体活动带来了组织工作量大、出勤率难保证、效果难突出等困难，同时另一方面也使得自研一的活动组织具有人才众多、可调动各方面积极性的优势。自研一党支部和团支部在长期的工作中，逐步探索出一套扬长避短的小组制度以及党团办一体建设的工作思路。

在组织建设和工作机构建设方面，自研一以党支部牵头，充分发挥党团班联席会议、顾问团制度、支委扩大会议的联动作用。党团班联席会议在集体的决策工作以及整体工作规划中发挥主导作用，支委扩大会议负责工作的具体策划和指导，在工作开展过程中，顾问团发挥经验指导和决策支持的作用。

在具体工作开展中，自研一还建立起"新生组长牵头、支委班委指导为辅、积极分子为骨干、顾问团提供建议"的小组制度，一方面发挥纵向班优势，充分调动新生党员、积极分子和老支委老干部等各群体的积极性，另外一方面后期从组长中选拔下届支委班委，从而为班级骨干后备力量建设打下了基础。该制度在组织生活、支部特色活动、班级感情建设活动等各项工作中发挥了重要作用。在党群1＋1的开展方面，自研一历来就有党员新生2＋1的优良传统，支部牵头密切结合团支部和班级，指派2名老党员联系1名新生，为期1年，帮助其尽快适应校园的学习、科研、生活环境。

大纵向班集体的活动开展扬长避短，一方面利用"分组制"充分调动和发挥各方的积极性，另外一方面运用"项目负责制"明确各方分工，从总体上减轻工作量。自研一的经验是有所为、有所不为、有分有合。

有所为。一方面指的是保证特色活动有实际内容（以志愿服务为主，以参观调研为辅），防止形式化和表面化；另一方面指的是在活动过程中始终发挥党团班的联动作用，在工作开展过程中调动一切可以调动的力量和资源，分工明确、责任到人，充分发挥新老成员的作用：通过任命新生作为组长，培养锻炼新兴骨干力量；发挥自研一特有的"顾问团"制度，为老同志发挥作用提供空间。

有所不为。一方面在活动开展过程中充分发挥党小组自主性，赋予小组更多的发挥空间，支委、班委和顾问团只发挥决策支持和监督作用，而对具体工作不做过多干涉，在节省工作资源的同时充分锻炼新生组长和积极力量的能力；另一方面发挥积极分子和骨干力量作用，通过具体工作的实施调动积极分子、新生骨干力量的积极性。

有分有合。"分组制"并不是单纯的单独行动，而是互相补充互相辅助的关系，在活动开展过程中注重经验交流与分享，才能从整体上达到较好的效果。

思想建设：学理论，重实践

在思想建设工作中，自研一一方面加强党支部团支部的主导作用，以党、团为主导，通过形式多样、内容丰富的组织生活引导党员积极分子开展理论学习，或研习经典著作，或把握时代脉搏，或紧跟校系步伐确定学习主题。如2009年秋开展的十七届四中全会学习、"六个为什么"学习、新中国成立六十周年学习、2010年春开展的两会热点讨论、错误思潮分析等。在思想建设工作开展过程中严格保证组织生活数量为每学期8次，同时注重活动形式创新，通过专家讲座、辩论赛、知识竞赛等方式调动参与者的积极性（如承办"自强论坛"专家讲座，开展"模拟议会"辩论赛等)。党支部的组织生活,理论深刻而又形式多样。平时,大家在各个实验室里学习或者工作,每两周便有一次,能和众多同志们汇聚一起,或是畅谈人生理想、或是深思党政时事、或褒扬、或批评、或是追忆历史、或是展望未来。每一个人,有投入,便有收获,投入越多,收获就越大。在平时是师兄弟,此时便是战友与同志。有人说,这是一个信仰缺失的年代,而他们,却一直在思考和追求,乐此不疲。

自研一注重知行结合,结合团支部和班级开展特色活动。这方面自研一始终坚持"走出去,办实事;坐下来,说实话"的原则,重点开展志愿实践活动,如"走进社会,服务大众——紫冬花在行动"系列志愿活动,"红色支部1+1,服务新农村建设","走进和谐社区,共建信息化社区","爱心支教,服务教育事业"等特色志愿活动,引导同学深入社会考察问题、总结问题并力所能及地协助相关单位解决问题,在加深对社会现实的认识的同时增强大家办实事解决问题的能力和责任感。

自研一的特色志愿活动以"走进社会、服务大众"为主题,作为自动化系"紫冬花在行动"系列志愿服务活动的一部分。根据班级的党小组管理体系,分三组开展活动,分别以"红色支部1+1,服务新农村建设"、"走进和谐社区、共建信息化家园"、"爱心支教,服务教育事业"为主题,活动以志愿服务为主,以调研考察为辅,意在促进党员全面了解国计民生,服务社会公众。

"红色支部1+1,服务新农村建设"。班级党员深入北京市昌平区酸枣岭村——新农村建设先进村,开展志愿服务与调研活动。志愿服务以关怀孤寡老人、村镇小学志愿支教为主,同时辅之以参观、调研访谈等形式的新农村建设调研,重点考察新农村建设和生态农业建设的现状、成就与存在的问题。活动还向酸枣岭村支部捐赠了支部自主编辑的《甲流预防手册》。

"走进和谐社区、共建信息化家园"。班级党员和团员赴北京市石景山区翠谷玉景小区,开展社区服务活动。该社区对信息化建设的重视程度较高,但社区居民对计算机、网络等方面的知识较为欠缺,同时社区图书室也缺乏相关书籍。我支部结合自身专业优势,协助该社区开展网上银行使用、网上购物、QQ使用安全、杀毒防护等方面的志愿专题讲座。同时发动支部成员开展图书捐赠活动,向该社区捐赠相关方面的书籍,活动另一方面通过开展走访住户、参观社区等形式对当前和谐社区、信息化社区建设情况进行考察调研。

"爱心支教，服务教育事业"。积极开展爱心支教活动是自研一支部的优良传统，在以往的工作中，我支部曾多次赴不同单位开展不同形式的支教活动，积累了丰富的经验。为发挥这一优势，继承优良传统，本次系列特色支部活动专门抽调支教骨干力量赴平谷区夏各庄初中开展志愿活动。活动与紫荆爱心支教队联合开展，面向该学校的不同年级，内容方面结合支部成员学科优势，开展多形式、多方面的科普知识讲座，满足学校教学方面的不足，活动进一步积累了我支部在支教方面的经验，展现了自动化系党员的优良风貌。

氛围建设：抓感情，促交流

感情建设是自研一班工作的重点之一，班级一直认为团结和温暖的氛围是集体发展的基础，该方面的工作以支部牵头，通过党团班联席会议和顾问团联合党支部和团支部共同开展。新学期看望新生是班级一直保持的优良传统。由党支部和班委、团支部的全体成员深入宿舍看望每一位新同学，同时通过"党群2＋1"为每位初来清华的同学安排了有经验的热心党员学长担任联系人，另外通过组织传统的迎新班会，让全班新老师生欢聚一堂，互相认识。所有这些安排不仅有利于新生尽快熟悉环境，更能让大家感受到自研一班集体的温暖。逢年过节，党团班干部牵头一起组织节日活动，从中秋到男生节、女生节，每个同学都会在集体的节日中加深对集体的感情。自研一还非常重视新生集体荣誉感的培养。在新生欢迎会上就向同学们讲述支部、班级的优良传统，用老党员、老干部的亲身经历感染大家在为同学们服务、为集体作贡献的过程中完成自身的成长。受到他们对集体的热爱，对荣誉的珍惜之情的感染，新生才有了为这样一个优秀的大家庭努力奉献，共同奋斗的动力。同时"师生共建"也是自研一感情建设工作的基础，以党团班骨干牵头联系，通过班集体与教师开展感情建设活动加强师生交流。

在宣传工作方面，自研一班参与编写制作了多期自动化系红色刊物《青春之歌》，并持续一年参与相关工作。班级及时对支部特色活动、自强论坛等品牌活动进行宣传，并多次投稿发表在博学网上，提升了自研一班乃至自动化系在学校的认知度。

自研一班坚持继承传统，开拓创新的工作思路，通过发挥党团班联席会议、顾问团制度、支委扩大会议"三套齿轮"的作用，在工作思想和方法上逐步探索出一套大纵向班党团班特色建设的工作体系和制度，使党支部、班级和团支部的各项工作都上了一个新台阶。自研一在今后的工作中将继续在集体工作的各个方面不断尝试创新，努力为学校纵向班集体建设贡献力量。

科学奉献祖国

——记物理系物研 07 班

茫茫历史长河中,物理学科的进步和突破,往往成为推动人类发展的最原始动力。大家普遍认为,物理系学生聪明,肯钻研,有独特的兴趣和追求,但未免书生气重,与社会脱节。国家的稳定和发展为当今理科学子提出了新的要求:如何既有仰望星空的情怀,又有脚踏实地的作风,如何一面追求着漫步科学圣殿的精神享受,一面心系祖国人民,用知识回报社会,服务大众,是摆在物理系学生面前的难题。物研 07 集体用行动交出了这样一份充实的答卷:科学学习,科学成长,科学建设集体,科学奉献祖国。

科学巩固党建

物研 07 的党员们以身作则,严于律己,从小事做起,身体力行,感染周围同学,吸引他们积极向党组织靠拢。建立党群 1+1 机制后,支部共吸纳了 12 名优秀团员加入党组织,各种支部活动也有声有色,不仅集体内的非党员同学原意参加,友邻班级的同学也纷纷主动参与。07 党建的成功主要归因于两点:

一是党员发展不功利化。坚持"成熟一个,发展一个",决不走纸面形式。业余党校培训要学有所成,思想汇报要说真心话,联系人考察要深入谈心,自传志愿书等要写真人真事。支委会严把党员发展关,特别是对积极分子学习基础理论的引导:为每位积极分子准备党章,要求他们在组织生活上进言献策,不经意地接受教育和考察,也通过他们的理论知识调研让老党员们温故而知新。此外,每次组织生活都会为积极分子布置学习任务,如让他们查阅党的全国代表大会设置,召开时间、与会人士、历史上的重要会议等,在下次组织生活中为大家进行系统讲解。

在发展期内,积极分子的入党申请书、思想汇报、积极分子考察表、自传和入党志愿书都由支委把关,严禁抄袭。自传由支书亲自修改两次,志愿书先电子版模拟填写修改后方能正式誊写。发展大会前准备细致,要求发展对象学会《国际歌》,党章 11 个章节主要内容熟记于心。发展会上,营造宽松环境,鼓励大家充分发表批评意见,同时严格执行匿名票决制,真正尊重每一个正式党员的投票权,对组织负责,对发展对象负责。

二是"严肃活泼"地开展党的组织生活。严肃体现在"不以规矩,不成方圆"。首先,理科研究生平时活动分散,集中开展的支部组织生活就显得至关重要,他们建章立制:规定请假制度,提高假条"门槛";迟到者予以当面批评,无故缺席者通报批评。规定开始实现较困难,需要集体监督,支委们身体力行,坚持数次,必有好处。其次,在报送党员发展月报表及党组织生活月报表时,力求详实、准确、及时,并不定期以党支部工作汇报的方式向研工组汇报支部发展状况。最后,支部建立了较系统的集体学习制度,每次会上针对某一专题着重展开,如十七届四中全会、2010 年两会等,每次确定一个主讲人,然后讨论。活泼就是不形式、不拘谨、不沉默。平时的组织生活,遵从"循环嵌套、活泼学习"的原则:每次会上,首先回顾上次的学习内容并解决遗留难题,开会时互动交流,提出新问题,布置新任务,让大家带着问题散会,带着问题会后思考,第二次会上邀请大家进言献策。这种会上集中"学",会后分散"思"的方法,形散而神不散,着实做到"学而不思则罔,思而不学则殆"。

科学建设集体

在科学的指引下,物研 07 班实现了科学的改革,科学的建设! 为响应学校精神,方便党的组织生活、集体感情建设、研究生就业引导等活动的开展,从 2009 年到 2010 年,物理系实现了"支部建在横向班上":以物研 07 班为基础,组建了 07 党支部和 07 团支部;以党支部为龙头,统筹带动班团工作,三者相辅相成,收效明显。

物研 07 由来自五湖四海的 48 名同学组成,包括三名少数民族同学和一名外籍同学。大部分同学共同经历了研一的课程学习阶段,彼此熟悉,感情基础好。横向班建制更是有利于同学们在面对科研各关键环节容易出现的困惑和挫折时能够互补资源,分享经验。此外,物研 07 有着素质过硬的干部队伍。原物研 4 支部大部分成员并入物研 07,留下了若干位经验丰富的支委成员,包括现物研 07 党支部书记陈牧;系党建助理周立功同学兼任 07 团支部书记,前研会主席张盈担任班长。不论是在日常工作或是特色活动中,物研 07 的干部队伍都起到了强劲的带头作用,也得到了同学们的大力支持和配合。

细致关注同学,沟通渠道多样化,思想动态勤掌握。物研 07 支委和班委充分利用 QQ、飞信、校内和 Gmail 等与同学进行沟通,确保能及时发出通知并获得反馈;响应学校号召建立的党群 1+1 机制进一步加强了集体成员间的联系:对于入党积极分子,安排经验丰富的老党员为其联系人;对于学业和生活上有困难的学生群众,由班长和班委直接担任其联系人,以便将问题暴露在萌芽状态,不让一个同学掉队。例如,班里某非党员同学学业上与导师不合,导师不愿再进行指导,他曾努力联系其他导师,无果而终,即将面临延期毕业甚至辍学的危险。班委得知后,与他本人多次谈心,与研工组的协调,为他牵线搭桥寻找新导师。几经努力,现在该同学已经重新确认了导师,对求学之路也找回了自信。

科学引领学术

物理系科研氛围特别浓厚,集体很多成员更认为研究生就是以研究谋生的人,从一开始就树立了成为科学家的远大志向。"板凳要坐十年冷",做科研的辛苦不同于书本学习的辛苦,需要屡败屡战,在挫折和打击中磨炼人的意志,一些研究方向更是需要同学们长期扎根实验室,为了采集好的实验结果舍弃部分休息时间。比如做低温试验,在液氦 4.2K 工作状态下,24 小时花费达数千元。为此有些同学三班倒做实验,让仪器全天高效运转,顾不得自己的苦和累。

精诚所至,金石为开。辛勤的工作迎来了丰硕的回报。一年来物研 07 同学们的研究成果源源不断地发表在国内外学术期刊上,截至 2010 年 6 月,统计有共同作者 38 篇 SCI 文章,其中第一作者 25 篇,突出个人如丁一同学(SCI 文章共 13 篇),李耀义同学(1 篇 *Physical Review Letters*,1 篇 *Advanced*

Materials），宋灿立同学（1 篇 *JACS*），程鹏同学（1 篇 *Physical Review Letters*）。*Advanced Materials* 和 *JACS* 恰好是材料和化学领域影响力最强的杂志，说明物理系同学在交叉学科上斩获也颇丰。

除了数量，学术论文的质量也上了一个很大台阶。除上述外，程鹏同学和常翠祖同学分别以共同作者的身份在影响因子高达 16.8 的《自然》杂志子刊上发表论文。其中今年 1 月份 *Nature Physics* 上的文章被日本东京大学 Yukio Hasegawa 教授在同一期杂志做了新闻评论。中央权威网站人民网也以"清华发现单原子层超导体、中国超导技术获重大突破"为题做了深度报道。成绩毋庸置疑，但学海终无际，同志仍需努力。

科学完善自我

学术是成长的一个方面，如何科学成长为国家社会有用之人，物研 07 想同学们所想，组织系列活动，旨在开阔大家眼界，培养综合素质。

很大一部分物理系研究生在完成学业后面临择业就业，而物理学科的特殊性使得他们面对人才市场时无法像工科学生那般有竞争力和自信心，困惑颇多。为此充分利用系友资源，开展了"树业有约——优秀校友教你成功就业"系友访谈活动。活动邀请到三位系友嘉宾，分别在政府事业机关、知名大公司和科研院所就职，职业分布具有代表性和广泛性。三位嘉宾对同学们坦诚相待，毫无保留地回顾了自己当初就业时面临的选择和难题，并以过来人的思维细致地分析了在选择面前如何取舍才能符合内心真正的呼唤。互动中，他们认真回答了同学们的问题，由于嘉宾身处不同领域，思维认识不同，信息方面多，极大地开拓了大家的视野。

在支部组织生活和其他班级活动中，总有一些同学偏安一隅，一言不发，偶尔请他发表个人意见，也是推三阻四，扭扭捏捏，无法很好地表情达意。清华提倡"行胜于言"，但研究生除了埋头做事，也应该明白怎样去表达，宣传学术成果，做到"行而善言"。恰逢《朱镕基答记者问》一书公开出版发行，我党支部以此为契机，开展"人民心声，总理情怀——品味总理答记者问"特色组织生活，通过学习朱镕基和温家宝两任总理答记者问的精彩视频、文字资料，让支部成员们了解并初步掌握如何在庄重严肃的公众场合,以语言为主,以体态为辅,针对某个具体问题,鲜明、完整、调理地发表自己的见解和主张,声情并茂地阐明事理或抒发情感。支委会也想借总理的实例,让支部成员们互动学习,如何在言行举止上与党中央保持一致,在涉及主权、国计民生和原则等重大政治问题中,既表明立场而又机智幽默地化解海内外媒体的"难题"。活动新颖别致,收到了很好效果,同学们散会后纷纷主动撰写心得,表示受益匪浅。所有到会同学也都得到了组织生活的特别珍藏纪念品——总理答记者问的纸质材料和视频光盘。希望他们会后依然能时时温习总理精彩的演讲,并锻炼口头表达能力,不仅"行胜于言",而且"行而善言"!

物研 07 将"科学"二字诠释的淋漓尽致,在科学的指引下,他们科学组织活动,在科学的道路上走的越来越远,科学强大的力量也会让未来的物研 07 越来越强。

宇宙的浩瀚令人神往,而仰望星空的人,必然对脚下的土地也有着最深沉的关注。"路漫漫其修远兮,吾将上下而求索。"今日之桃李芬芳,明日之国家栋梁。我们相信物研 07 集体在未来的日子里一定能够涌现出更多的学术新秀,乃至各行各业的中流砥柱;也相信物研 07 集体一定会继续加速成长,凝聚成一股更加活泼向上的力量!

就业引导篇

牢记国防使命锤炼战斗集体

——记电子系无61班

"记住！男人！不能说不行！""是！"——他们倔强地回答着教官,略显稚嫩的眼睛里迸射出无比刚毅的目光。

"依靠集体的力量不让一个人掉队！"——他们从容地面对着逆境,深感沉重的内心里澎湃着坚韧不屈的力量。

"我志愿为国防事业奋斗终身！"——他们肃穆地仰望着军旗,铿锵激昂的誓词中凝聚出坚定不移的志向。

这就是无61,由34个铮铮男儿组成的优秀班集体——"不抛弃,不放弃！"橄榄绿的使命和责任使他们凝聚成钢并肩前行。

在这里收获的不单单只是荣誉,更重要的是共同奋进的经历、至纯至真的战友情和一个钢铁般坚强的战斗集体。

苦学而不屈——无61的精神战壕

刚入学时,35个最普通的学生,携带着"志愿书",来到了这个"特殊"的集体。之所以是"特殊",首先因为"国防生"的特殊身份——从踏入校园的第一天起就注定毕业之后进入军队,其次还有入学政策上的特殊。无61的大部分同学是降分录取的,有的甚至是降了几十分录取的,这种巨大的差距是一个国防班的"要害"所在,同学们容易产生"不如普通学生"的不自信心理。针对这个问题,无61入学以来的第一次班会就以"献身国防事业,将无61班打造成优秀班集体"为主题,以此来增强大家作为国防生的自豪感,强化对国防生身份的认同感。

但是,刚来到强手如云的电子系,学科基础相对薄弱的无61男儿不得不接受一个现实——纵然每个人都很努力,但是第一学期班级平均成绩仍是倒数第一,而且各科主课的成绩也都是倒数第一。这或多或少在每个人心里蒙上了一层阴影。记得一位任课老师得知无61是国防生时,很随意地说了一句"噢,难怪,期中考试不及格的都在你们班……"或许,老师只是无意的陈述客观事实,但这对无61人来说无疑是一个莫大的刺激。"凭什么不及格的都要在无61国防班?凭什么国防班就要是成绩最差的?凭什么无61就不能迎头赶上?"虽然我们处于落后的处境,但是无61人都有一颗不断拼搏、绝不服输的心。我们是未来的军人!我们绝不甘于落后!

结合班级实际情况,第一次期中总结班会上,班主任王侠老师提出了班级建设的理念:"狠抓学风,依靠集体力量,全班共同进步,不让一个同学掉队!""无61要奋力向前!"这是每个人对这个班级的诺言。在接下来的两年里,无61班每个人都不懈地努力着,他们用实际行动践行着自己的誓言。

大一上学期,一名边境城市来的同学期中考试有好几门课不及格,班主任老师了解情况以后,得知"语言不适"对其学习造成很大的困难。于是王侠老师安排班里的骨干同学,逐一负责帮助他学习各科课程,工作细致到每一个基本概念的理解对他都进行辅导、对作业做得有错误的地方,给他指出并讲解。就这样,这位同学在集体的关怀中一步步地渡过难关,最终在期末考试总评成绩中轻松及格,而且还很不错。通过这样互帮互助的学习方法,无61在大一、大二两个学年中,做到不及格零人次,同学们备受鼓舞。

"还记得那是在无61的集体自习室,自己连续三天奋战150道电路计算题的奇迹……还记得对门那夜深人静时依然点亮的台灯和那一次又一次台灯下埋头苦读的身影……"那是周学思在一个期末考试周认真弥补自己课程知识点的情景。

"我印象最深的就是在做微机原理大作业的时候,张腾和周伟两位同学为了更好地模拟CPU的性能,眉头紧锁在屏幕前调试了一整天,最终他们想到了一个绝妙的想法完成了作业,成功的时刻他们欢呼雀跃……"为了学以致用,他们学习的目的不仅是针对考试,更多的是注重知识的理解和应用。

一位同学在日志上回忆道:"前天,我和任奇一调试电路板,从上午9:00一直调试到第二天凌晨5:00,20个小时持续战斗的玩命般经历,是无61挑战自己的真实写照。"他们追求的不仅仅是学分绩,更加注重动手实践能力,因为到了部队的科研单位以后,这群男儿就会面对一些实践性很强、很具体的工作。

在不懈努力的过程中,无 61 班同学逐渐养成了不怕吃苦的学习心态、一丝不苟的学习精神,也许方法不同,但他们的目标是一样的——为了他们的诺言,为了他们的信念而努力学习!

三年以来,无 61 每一位同学都在自己原有的基础上取得了不同程度的进步。班级的学习成绩从第一学期的年级十个班之末位,逐学期稳步上升,第二学期第七、第三学期第二、第四学期第四,第五学期第三……他们不断提高自己的学习能力,将巨大的劣势扭转为优势,连续两年被评为校级优良学风班。这一切对于信息学院的历届国防班来说,不仅是来之不易的,甚至开创了先河!

这是无 61 所有人用不懈的奋斗换来的成绩,这是无 61 赋予集体中每个人的力量。优良的学风建设是无 61 国防班凝聚在一起的精神基石!

苦练而不挠——无 61 的迷彩情怀

"兵,男人中的精品"——这是无 61 在 2008 年暑期国防生集中军训的二十天里收获的一句话。

无 61 的生活就是这样,作为清华的学生,在学习上丝毫不能放松;作为由军队依托高校培养的后备军官,接受军政素质教育是无 61 每个人应该履行的义务。每周的出操训练,每月的国防生会操,整齐的队列和一致的步调,响亮的口号和盛大的气势,是身着迷彩的无 61 最有"兵味"的时候。

但是,"最难忘的还是那个战火青春的二十天",一位同学感慨万千。那是 2008 年在北京市某卫戍区国防生集中训练基地的一段故事。

记忆犹新,在那段集中军训的日子里,无 61"享受"着所有的条令条例,具体到被褥叠成豆腐块以后的高度、腰带放置时离被褥的厘米数、牙膏与牙刷放置时应夹角的度数……还有每日的生活制度:从起床到集合完毕开始早操,从早操后的洗漱、整理内务到训练操课,从晚饭前的体能训练到晚饭后的新闻联播。

日子就这样如同被框架锁死一样,再加上高强度的训练,单调枯燥,也夹杂着一点苦闷,久而久之,无 61 面对"命令"也就有点麻木和依赖了,于是产生了"只要命令不下来,咱就不主动干活"的消极心态。按照部队里的生活制度,每次操课回来,无 61 应该在午睡之前打扫卫生和整理内务的,比如床头柜里的衣服要叠成"方块"。有一次,也许是因为天气太热的原因,班里的兄弟们回到寝室后显得有点疲惫,还来不及擦拭身上的汗水,而且当时教官也没有下达"午睡之前整理内务"的命令,于是无61都躺下睡着了。一觉醒来之后,发现原本凌乱的床头柜里的衣物全被叠得整整齐齐,而教官正在细致认真地叠一个同学的枕套。无61大吃一惊,原来教官放弃了午休的时间,把无61没有做好的事情一一做好了。当时无61面面相觑,大家都沉默了。事后,副班长王禹在当日班务总结会上发言:"我觉得无61离真正的军人还差一大步。"无61都默默点头。生活委员王蒙也很有感触地说道:"一个真正的军人难道就只是跟着'命令'一步一动的吗?不是,军人的本色是教官今天的表现……"从此以后,几乎不用等教官下达命令,无61就主动将该做的事情做好。无61就是这样耳濡目染的被军营里的士兵们熏陶着,也成长着,努力培养自己形成一种"优秀军人"的意识。

　　现在回想起来,那二十天里,无61所有行动都是在一个旋律下进行的,"一二一……一二一",这是对身上那抹绿色的赞歌。

　　"体能训练"是无61最值得回味的时光,摸爬滚打,同甘共苦,它最能体现无61每一个人对自己的"不放弃",对集体的"不抛弃"!无61班孙翔同学本身体质就不太好,再加上轻微有点"神经衰弱",几乎承受不了长时间大强度的训练。但是在一次5公里越野中,他一直坚持着,还几次差点摔倒,连教官也劝他"不行就下来吧",但他始终咬着牙,"我不能给咱们班丢人啊……"最后无61两个兄弟扶持着他最终完成了整个5公里越野。当冲越终点的那一刻,无61欢呼道:"无61没让一个人落队!"但是考验依然没有结束,因为体能训练的标准是:5公里越野,50个俯卧撑,100个高抬腿……在越野项目中大家都惨不忍睹地坚持着,但是跑完5公里后,就开始很明显体力不支。当排长说"俯卧撑,准备!"的时候,我们的身体和精神都濒临崩溃!但是这是命令!对于一个军人,命令就是生命!我们前迈一步,双手撑着地面,地上的石子已将皮肉磨出了鲜血,我们在乎的是能不能继续坚持下去,做完一个又一个感觉比登天还难的俯卧撑。排长一边数着数,我们一边抽动着肱二头肌,一边大喊杀声,一边滴下充满杀气的汗水,一边面目狰狞地告诉自己是男人就要坚持……那一天,过得那样的惨烈。那天,我们从排长那收获了一句士兵的名言:"男人,不能说不行;军人,更要有铮铮铁骨!"

军训的日子里,几乎每一天都千篇一律地重复着。带出带回,日升日落,有苦有乐,有声有色,但是似乎一直有着什么东西给无61以无穷的力量,使无61不懈地坚守着。

李麟同学在他的回忆日志里这样写道:"那是第一次站哨,那个夜晚,星辰依旧,没有城市的喧嚣,有的是一份独特的静谧。凌晨3:10,我起来接岗。教官用简洁的语言教会我用军语接岗,一个标准的敬礼,'哨兵同志,李麟前来接哨',一个标准的回礼,'枪械齐全,军备完好,请接哨'。一个英姿飒爽的细节,一次身临其境的洗礼……我似乎意识到了这次军训的意义所在,那就是无61要零距离地了解基层部队,理解献身国防需要从当好一个基层的兵开始的誓言,不知兵者,何以为将?"

训练场上的生活,无61几乎每时每刻都和泥土打成一片。脚下是一片黄土,头上是一片晴空,这种心路历程,也只有身着"橄榄绿"的无61才能体会到了。就这样,军训的日子让无61的心深深地扎进了军营里,让无61的心涌动着拳拳的国防情。每当无61带着一身灰土,映着满空晚霞地带回营房时,无61总会以高昂的声音唱首歌:

> 有一个道理不用讲
> 战士就该上战场
> 是虎就该山中走
> 是龙就该闹海洋
> 谁没有爹
> 谁没有娘
> 谁和亲人不牵肠
> 只要军号一声响
> 一切咱都放一旁

选择橄榄绿——无61的无悔追求

身为无61人,最让我们对未来人生有所触动和启发的就是先后多次赴军区部队单位学习参观。

2008 年暑假,在系党委副书记郝智彪老师的带领下,无 61 又来到了海军某试验区学习实践。当聆听部队领导对通信设备的讲解,了解到雷达装备的应用和研发状况时,无 61 看到了专业课知识和部队现代化建设的结合点,让大家在思想上对部队有了更深的了解和认同,无 61 人对国防生将来能在国防事业中发挥如此之大的作用而倍感自豪。在与军区首长的就业座谈中,他们殷切地对无 61 说:"中国下一代的钱学森、邓稼先将从你们当中涌现啊⋯⋯"我们深深地感受到他们对清华学子所寄予的厚重期望!

为了让同学们近距离接触部队、获得更多的感性认识,并且对就业能有更深入的思考,班主任王侠老师专门联系广州军区的领导,克服了种种困难,争取无 61 每一个人都能去广州军区学习实践。无 61 在王侠老师以及系里张颢老师的带领下,先后在 2008 年、2009 年寒假,两次赴广州军区学习参观。

当触摸到国防第一线的通讯技术设备时,我们了解到现代化部队对电子人才的要求。当无 61 和基层部队的大学生官兵们交流座谈时,官兵们恳切的告诉无 61"到部队就要摆正位置,积极转变角色,以务实的态度努力工作。""你们无法决定将来会在什么样的岗位上工作,但是你们能够决定是否出色地完成任务。"这些话,让我们看到了理想和现实间的分别,让我们真正开始思考该如何面对这些差距,并进行正确的角色转化。

无 61 班黄桂平同学立志要到基层部队去带兵、去历练,在这次广州军区中他注重了解部队单位中连队的建设情况。在一次走访中,他和一位曾经也是国防生的连长同志会心地交流起来,"你觉得兵最服气的是什么样的人啊?"连长回答道:"当然是有本事的人啊,是能带着他们做一些他们原本做不到的事情的人⋯⋯"黄桂平细细品味连长的话,并进行了深思。回到北京后,他在实践总结报告中这样写道:"清华人,到部队去,优势就在于有着较强的理论水平,这是无 61 建功立业的基础! 我更应该珍惜在清华的时光,努力学得真才实学!"

谭维兵同学和大家分享在广州军区最大的收获就是"到部队以后要过三关:一是家庭关,二是同学关,三是适应关⋯⋯说到底一句话,到部队来工作,就是要清心寡欲,到了部队,就是奉献。"这些想法让同学们对未来有了更为理性的思考,对自身的价值和思想境界有了更进一步的审视和提高。

"革命军人一块砖,哪里需要哪里搬",杨泉同学这样说道,"我想不管做任何事,只要踏踏实实,迅速找好自己的定位,坚持自己所学,积极钻研,找到使自己开心的乐趣,并有干好的信心和决心,并决定为信心和决心付出汗水的时候,就一定会有好的收获。"

邱磊同学对部队里那种"特别能吃苦,特别能战斗"的精神感慨颇深,在面向班级其他同学的实践总结宣讲会上,他说:"这正是无61的精神啊,咱们班能有今天,不就是靠着这种精神一步一步踏过来的吗?"

广州军区之行中让无61深受触动的还有在路途中的列车上张颢老师说的一句话:"你们这次来参观,其实就是回家,部队就是你们的家。"是啊,国防生,为国防而生,携笔从戎,以身许国,难道不正是无61体现自身价值的最佳方式吗?

就是在这样一次又一次的深入思考和思想冲击中,无61的思想政治素质不断地提高,这种思想体现在无61对投身部队、奔赴军营的决心上,体现在对人民、对国家的无私奉献的精神上。无61的34名同学,无一不是党课小组成员,已经有29名同学提交了入党申请书,成为入党积极分子。

2009年1月初,《解放军画报》的记者来到清华,找到清华大学选培办主任蒋晓明大校,记者想要采访一些清华园里的国防生,为军队里人才建设的宣传采集一些资料,蒋晓明大校就推荐了无61班。就这样,一张无61班34名同学的集体照片成为了2009年1月《解放军画报》的封面,照片中无61以红色为底、黄色为字的班旗上镌写着"电子国防,锐不可当"。清华园二校门前一个个朝气蓬勃的面孔成为了"国防生"这个光荣群体的形象代表!封面上对无61代表的中国国防生有着这样一句评价:"国防生,绿色方阵里的人才新军"。

"无61的生命中有一种庄严的色彩,那就是橄榄绿!"无61对部队的向往,不仅仅体现在两年前的一纸合约,更是体现在无61在思想上不断强化献身国防的理念,在学习上不断发扬自强不息的精神。

电子国防人,

血内蕴忠魂。

胸中藏丘壑,

无限走河山!

怀揣着"携笔从戎,报效国家"的满腔豪情,经过三年的反复自我锤炼,无 61 逐渐成为了如今这样一个思想过硬、成绩优良、积极向上、凝聚力强的先进集体。

作为国防生,无 61 深知肩上的重担。无 61 坚信,"祖国终将选择那些选择了祖国的人!",无 61 会以实际行动来实现对祖国许下的这个庄严承诺,把握现在,思考未来,无 61 都要做新一代国防事业的脊梁!

追梦路上同成长

——记新闻学院新法 7 班

2007 年,清华大学承接了组建第一届文科国防班的光荣使命,为中国人民解放军培养"新三战"后备人才做准备工作。来自全国各地的 19 名同学肩负着重任,怀着对清华园的向往,怀着对绿色军装的激情,汇集到了清华。懵懵懂懂中,大家带着众多期待的目光,开始了自己在新法 7 班的征程。

转眼间,时间已经过去了近三年。为了完成母校的寄托和对祖国的承诺,新法 7 在期待中成长了许多,在不断奋斗中更加坚定了携笔从戎、从军报国的理想。

理想是人生航行中不灭的灯塔,而共同的理想更是新法 7 成长的动力之源。大家因共同的理想走到一起,在一起追梦的过程中成长。

战友情谊在理想中绽放

刚走进新法 7 的 19 名同学是来自天南海北的陌生人,大家虽然都知道自己肩负着重任,但对于"携笔从戎,从军报国"所包含的真正含义理解甚浅。而作为第一届文科国防班,又没有前人的经验可以借鉴,于是新法 7 班的成长过程就成为了他们共同的寻梦之旅。

"第一"这个词汇,总让人浮想联翩,崭新、活力、开拓,人们总是会用混合了生命蓬勃激情的语言去勾勒"第一"的美好。作为第一个文科国防班,没有人知道他们将走入怎样的发展轨迹。在报到时,每个人心中都有几分对于未来的迷茫和忐忑。对未来的担忧和彼此之间的戒备,让这个新生的班级弥散出一股淡淡的衰朽气息。军训期间,班里的一名同学突然决定退出国防班,回去复读。于是,"退学"、"复读"成为了班里同学茶余饭后的焦点词汇。就在表面的平静就要被打破时,辅导员组织了一次生日会。生日会很简单,就在宿舍旁边的操场上。

瓜分完超市的零食和蛋糕,也许是由于辅导员的劝导,也许是由于夜晚真的是一个适合交流的时间,每个同学都或多或少地谈论起了自己内心的真实想法。随着话题的延伸,更多的东西从曾经封闭的心墙中涌了出来,大家谈起了高中时对大学的畅想,曾经梦想的破碎和重新选择的代价,让大家走入了同样的,却又完全未知的人生轨迹。当然,在场的所有人,没有一个能够解决这种困境,即便是辅导员,对于他们的未来,也只有模糊的轮廓。那场生日会让大家意识到,原来所有人的感受都是一样的,自己可以尝试着去分享,乃至理解。就这样,20 个人的班级并没有因为一个人的离去而崩溃,相反的,从那个晚上起,新法 7 才真正成为剩下 19 名同学大学生活的重要组成部分。

随着新生运动会、军政训练等一系列活动的开展,这群过去没有丝毫交集的同学逐渐走到了一起。春天,长城旁树木刚刚抽出的绿芽,听见了夕阳中他们的笑声;夏天,草原上一片繁盛的绿色,感受着他们的策马奔腾;秋天,香山的落叶里,依稀印刻着他们的脚印;冬天,学校的主干道上,似乎回荡着他们铲雪的韵律。他们收获着属于新法 7"同窗、战友"的共同记忆。

在理想慢慢清晰进而逐渐坚定的过程中,19 名同学也从陌生人真正成为了同窗战友。携笔从戎、从军报国,共同的理想让新法 7 从"第一"的青涩中找到了自己的方向,逐渐走向"崭新"、"活力"、"开拓"。

思想素质为理想奠基

在携笔从戎、从军报国的理想指引下,新法 7 班的同学们深刻认识到作为清华大学的国防生,作为未来的军人,提高自己的思想政治觉悟是非常重要的。要成为能在"新三战"中为我党我军服务的有用之才,过硬的思想是基础。

新法 7 班的同学们坚持对党绝对忠诚,做到了思想上的绝对过硬,能够深入学习理论并指导实践。每周一次的党课小组课程学习,每两周一次的党组织生活,都是以实际行动在实现"又红又专"的目标。同时,新法 7 党支部联合党课小组在班级内部组织了多次实践活动。大家关注国情,集体讨论改革开放三十年来的成果;关心时政,理论结合实践关注时事新闻;理论学习不放松,集中组织学习十七届四中全会报告与第十一届全国人民代表大会政府工作报告,不仅做到人人通读报告,还能互相帮助理解,互相交换心得,积极开展理论知识辩论活动。每次党组织生活中的激烈争论成为支部活动的一大特色。

作为第一届文科国防生,没有前人经验可以借鉴,又要为后人铺路,因此新法 7 对实习实践十分重视。作为国防生,他们在延安、北京卫戍区老虎团感受军人的生活气息,知道了志归军旅的他们将迈向何地。实习的心路,让象牙塔里的书生品读了社会,坚定了同学们服务我军的信念,让大家迈向未来的步伐更加坚定。

上一学年里,新法 7 班还成功组织了 8 次面向全校、全院的活动,如中国经济现状分析、日落圆明园·历史追问、五四精神与青年责任、大学生信仰问题讨论、科学发展与知识强军、大学生与雷锋精神等等。这些活动均获得了广泛的好评。

各项活动取得了很好的效果,大家的思想认识和水平也在一次次活动中不断提升。到大四时,新法 7 班 19 名同学均已成为党员或入党积极分子,其中党员所占比例达到了 42.1%。大家一致认为过硬的思想是大家实现共同理想的坚实基础。在理想的大旗下,新法 7 做到了人人思想一样红。

专业素质为理想铺路

在新军事变革时代,"新三战——舆论战、法律战、心理战"已在时代前沿崭露头角。新法 7 的同学们深知要想实现携笔从戎、从军报国的共同理想,就是要成为新三战的合格后备军。要想将来在新三战中打胜仗,现在就必须打下扎实的专业基础。因此,新法 7 的同学们紧抓学风建设,锻炼专业素质。

大一开学,班级就制定了"学风建设公约",建立互相监督的体制。主要内容是坚持良好的作息制度,争取在晚上 12 点以前就寝。另外,还规定了周一至周五禁止玩电脑游戏。这个约定大家一直坚持,为班级提供了良好的学习环境。法学、新闻还各自成立了专业学习小组,同学之间互相讨论交流、笔记共享,尤其是法学专业的宁涛、曹成程、汪大林,经常到寝室中厅研讨法学难题、分析法律案例。期中期末时,学习小组骨干同学还会组织大家一起复习,集合班集体的智慧,查缺补漏,解惑答疑,备战考试。两年多以来,新法 7 每年的平均学分绩都高出第二名班级 4～5 分,全班 19 名同学成功完成了从理科生到文科生的转型,走入新闻、法学两个院系,多位同学还选修了二学位,发展了全面的专业素质。

肩负着我军未来舆论战的使命,新法 7 通过舆论战模拟对抗演练等形式,让大家对"新三战"有了更加深入的了解,并逐渐开始从事一些专题研究。在大二的学习中,为了提升专业素质,学院开设了《舆论战导论》的课程。在课上,他们通过老师的讲述与问题的讨论,掌握了舆论战的基本理论;在课下,19 名同学分为红蓝两个小组,针对当前国际形势中的舆论战问题(比如朝鲜导弹危机等),搜索舆情、分析预判,进行背靠背的模拟对抗演练。通过不断的讨论、分析、争论,同学们加深了对于时事的了解,学会了基于文本分析的舆情分析,掌握了舆论战的基本研究方法与策略,并且培养了同学们团队合作的精神和严谨求实的态度。

为了拓宽大家的国际视野,新法 7 班专门开辟了紫荆 2♯509 宿舍中厅作为"时政中厅"——报刊阅读室和时事讨论间。班级订阅了《解放军报》、《人民日报》、《参考消息》、《南方周末》、《中国国防报》等报纸,《解放军生活》、《解放军文艺》、《军营文化天地》等多种杂志。侯融、王伯川、高松还将学院老师赠送的一百五十元一期的《领导者》杂志贡献出来,在"时政中厅"跟同学们共享。同学们通过阅读报纸杂志,培养了时事敏感性,增强了对国际形势的把握。中厅的墙上还贴有中国地图和世界地图,供大家随时参考,在浓厚的学习氛围熏陶下,同学们对国际时政有了更深入的了解。

身为新闻人、法律人,他们在国务院新闻办、中央电视台、解放军报社等权威机构进行了与专业相关的培养锻炼。寒暑假期间,同学们加入了赴北京市西城区人民检察院司法实践支队、赴西藏拉萨民主改革调研支队等社会实践支队,以各种方式增强自己的专业实践能力。李运猛同学还积极与学院实验室的老师联系,在上学期组织成立了视频拍摄小组,参与校内外学生、学术活动的拍摄,积极锻炼业务素质。此外,在 2009 年,新法 7 承担了全国人大提案课题的撰写,代表清华大学参与了全国军事研讨,调研项目"借鉴军事发达国家经验,依托国民教育培养军事人才"获得了校级调研银奖,并得到了中央军委领导的认可。

携笔从戎备三战,为了能在新三战中打胜仗,打漂亮仗,新法 7 的同学们共同练就了一根硬笔杆;为了能够投身理想的事业,一个具备过硬专业素质的新法 7 班逐渐成长起来。

军政素质为理想壮行

从立下携笔从戎、从军报国之志的那一刻起，大家就知道自己今后将献身军旅，成为一名军人。作为一名优秀的共和国军人，过硬的军政素质是基本要求。为了成为合格的军人，从军报国，新法 7 班集体努力，认真参加各项训练，提高军政素质。

新法 7 班的队列训练实行轮流带操制度，每个同学都能够有一个月的时间带操和指挥同学出操，这样每个人都会得到锻炼。同学们到了部队都需要做指挥人员，因此在学校期间就需要在这方面有所锻炼，都要掌握基本的指挥技巧和具备基本的指挥能力。而这种轮流带操的制度就起到了很好的作用。此外，新法 7 还在全校国防生中首创"晚操制度"，除了每周四的早操，他们一周中会固定一天集体出晚操，加强队列动作训练，同时也提高班级整体队列水平和配合的默契程度。通过这些努力，新法 7 班在历次的国防生队列会操比赛中，都取得很好的成绩，多次获得第一并摘得流动红旗。此外，晚操制度也得以在全校国防班中广泛推广，使全校国防生整体队列水平也有了大幅提升。

体能对一个军人来说就是立足之本，没有良好体能的军人就不是一个合格的军人。新法 7 班从大二开始就紧抓体能，制订了体能训练计划。新法 7 班每周都有两次的集体体能训练，训练内容为引体向上和 4000 米长跑。每周三、周五的晚上，在东操的单杠上，或者是西操的跑道上，都能看到一群穿着绿军装的人在锻炼，这就是新法 7。在训练中，同学们互相帮助，互相激励，传授经验，共同进步。经过长时间的锻炼，同学们的体能都有了很大的提高。在去年的北京国际马拉松比赛中，有一半以上的同学都参加了相关项目，更有三名同学跑了马拉松的全程。年末的国防生军事大比武中，韩惊龙和宁涛同学荣获全能王称号，这都与他们平时的体能训练有着密不可分的联系。

新法 7 班在过去一年队列会操、体能训练和内务卫生评比方面均取得了骄人的成绩，其中队列会操更是勇夺第一。在连续两年的期末军事大比武中均获得佳绩。在国庆 60 周年游行训练的教官中，每 6 名就有 1 名新法 7 班同学。

新法 7 的同学们时刻谨记从军报国之志，铭记共和国军人肩负的神圣使命，一直用军人的标准要求自己,磨炼身心。宝剑锋从磨砺出,梅花香自苦寒来,新法7正集体向合格军人的队伍迈进。

转眼间新法7班的同学们已经临近毕业,虽然同学们将奔赴祖国各地,但是大家深知,即使将来从事的工作可能很普通,但是投身的事业却是伟大而光荣的。身着绿军装,胸怀军营梦,求学清华园,他们知道自己肩负着"强我国防,树我形象"的历史使命;他们期待有朝一日能为国家和军队献出自己的微薄力量。

只有把自己的理想追求同国家民族的命运联系起来,才能体现自己的人生价值。清华的记忆,是珍存永久的财富;祖国的事业,是光荣一生的归宿。新法7班的全体战友们,为了共同的理想而不懈奋斗。

亮剑铸军魂,学思报家国——新法7在继续努力,继续成长,继续在美丽的清华园里,开启一生光荣的梦想,为携笔从戎,从军报国的共同理想扬帆远航!

团结奋斗，无坚不摧

——记航天航空学院 74 班

　　2007 年的夏天，或许偶然，或许注定，我们相聚在向往已久的清华园，十八个男生加一个女生的神奇搭配组成了必将不凡的航 74 班。伴着夏日的蝉鸣，徜徉在学校的大道小路上，一切都是那么新奇，那么的让人心跳不已。满眼的绿色仿佛要一泄而出，恰似我们满腔的热情与希冀。还记得第一时间一见如故的眼神，一拍即合的默契，而如今我们早已亲如兄弟。说起理想我们总有聊不完的话题，好吧，那就让我们在这神奇的园子里将它们一一放飞。这朴实的约定注定了我们要在这里书写属于我们自己的故事，留下我们成长的足迹。

　　国防班是一个平凡而特殊的集体，说它平凡是因为我们与所有班级一样有着自己的喜怒哀乐、壮志未酬和酣畅淋漓，说它特殊是因为在航 74 我们十九个人不但是同学、朋友，更是战友、兄弟，每一次风雨的洗礼都让我们更加团结，让大家相互信任，让这个集体更有力量。回望三年旅途，我们身上发生了巨大的变化，唯一不变的是团结如一的作风、永不服输的品格和那献身使命的豪情。

十九个人的学习，十九个人的生活

　　那是在初秋的一个夜晚，航 74 的全体战士都聚聚在一个小小的教室里，等待着首长的指示，这首长就是班主任杜建镔老师和赵雪川辅导员。

　　在清华，最重要的是学习，是一切问题的中心。为此，辅导员赵雪川将自己的经验，告诉航 74 的孩子们，"十九个人学一门课总比一个人学得好"，也许这群初来乍到的学生那时还不太理解这句话的深意，但这大学的第一课令他们至今记忆犹新。带着这句嘱托——航 74，扬帆起航！

　　从空间上讲，大家首先想到的就是集体自习。开学伊始，集体自习就成了"航 74 班规"中的一条，全员参加，不得缺席。不少人都认为大学生以个性的培养为主,特别是清华的学生,崇尚自由和民主,集体自习是否当行起初饱受争议。不过大家普遍认为:在一个集体中,尤其国防班,这样硬性的规定和要求是必要的,这样可以避免大家的惰性,激发学习兴趣。真执行起来大家才发现,集体自习,我们收获的不仅是知识,还有快乐和友谊,可谓趣味良多。于是,集体自习很快便成为大家欣然接受和推崇备至的学习方式了。

十九个人一起学,必须要有探讨的环节。而自习室的环境不太适合展开深入的讨论。于是,集体自习就成为发现问题的时间,而每晚下课之后回到宿舍的一个小时就成为解决问题的时间。这样,不论是在新水的自习室,还是在宿舍,航74人看到的不是一个人埋头学习的背影,不是一个人冥思苦想的神情,而是一群人,是所有的19个人都在学习!可是期中之后,我们又发现了一个新的问题——我们的成绩按照宿舍排列位置呈三角形分布,即一个宿舍的总体成绩遥遥领先,与之相邻的宿舍则呈逐级递减的趋势。为此,航74班团支部会议迅即召开,一起讨论解决方案。最后,大家发现,原来是交流问题的区域受到了限制。于是团支部建议每个人下课之后多到其他的宿舍,大家一起交流感情,交流问题。这一方法收到了很好的效果,其他宿舍都在迎头赶上,我们的最终理想是要实现齐头并进。

空间问题好解决,如何把大家的精神统一在一处又成了摆在我们面前的重大问题。班委和团支部决定把感情建设和学风建设摆在同样高度,通过集体感情建设来凝聚大家的精神,让所有"战士"都从心底里为其他十八个同学着想,最终真正实现十九个人学习一门课的构想。于是:

集体生日,一句句祝福与感恩在我们之间流转,这异乡的温馨让我们更加珍视,透过闪烁的烛光默默许下友谊地久天长的真挚愿望。

集体出游,五一、十一,我们把笑声和足迹留在了黑龙潭,留在了野三坡,留在了凤凰岭……留在了我们的心底。阳光雨露我们一同沐浴,欢声笑语我们彼此分享。

集体吃饭,在雷打不动的紫荆三层,我们有着不必言说的约定。此刻,大家品尝的不是熟悉的饭菜,而是不变的温馨。

一起打球,一起上课,一起在校园里踏青,一切一切做起来都是那样的自然,蓦然回首,才发现我们的友谊早已积淀的如此深厚,我们一起用真诚的付出营造起一个家一样的航74。如此这般、这般如此的感情建设在集体中展开,表面看似乎占用了学习的时间，但是从长远看，是必要的，也是有效的。这样的感情建设不单单缓解了学习的压力，更让彼此间亲如手足！

大家的感情好了，宿舍之间互相交流的习惯也养成了，接下来的学习活动也就好组织了。譬如期末复习期间，每个人有什么小道消息和非官方的复习题时，都会马上复印十八份。期中考试过后，各科的大牛同学都会将自己的学习经验倾囊相授，为同学们答疑解惑，当起了班级的"义务助教"。范航同学多次为大家开辟专场，深入浅出地讲解《计算机硬件技术基础》这门"硬课"。而多年以来被冠以"学术大师"之称的刘钒同学，更是经常乐此不疲地和大家交流学习经验，效果好，口碑更好。

三年来，航74人相依相助，共同拼搏，也曾崎岖坎坷，终获累累硕果。班级平均学分绩稳坐年级第一把交椅，过半的奖学金流入我班，邢东旭同学、孟轶男同学先后拿到国家奖学金，贾雷明同学更是获得凯风公益奖学金。

十九个人学一门课总比一个人学得好，这是我们的名言，更是我们的信念。这句话深刻的道出了我们班级精神的内核——团结。十九个人，就像一个人：有十九双发现问题的眼睛，有十九个思考问题的大脑，有十九张解答问题的快嘴，更有十九颗不怕困难积极奋进的心。这样的人，这样的集体，能解决的问题一定不只十九个或者一百九十个，而是千千万万个。

不抛弃，不放弃

航院国防生历来都是一个优秀的集体，初来航院，学长们写下的辉煌事迹让我们很是敬佩。我们担负着继往开来的使命，开学之初，航74人就许下了壮志豪言"争第一"。大一学年，我们第一次为航院摘下全校国防生会操的桂冠，第一次为航院拿回国防生内务检查的锦旗，还多次在国防生的活动中因纪律严明、行动统一而受到学校及选培办领导的点名表扬……仿佛一切都伴随着鼓励与掌声。

然而，在大二学年国防生的一次大比武活动当中，航74人受挫了。在体能上面，我们确实有点技不如人了……心理的落差使大家难免垂头丧气，但我们并未放弃，青春笑纳成功，也从不拒绝失败，我们要迎头赶上，不是要战胜别人，而是要超越自我。回来后，辅导员，班委和大伙很快地总结了原因，制定出了详细的体能训练计划,并得到了大家一致的同意。大家从满满的日程表中抽出周二早上,周四和周六下午的时间进行一周三次的体能训练。每次三千米,四十个俯卧撑,四十个仰卧起坐的大运动量着实让一些体质较差的同学有点吃不消。汗水伴着泪水,一同奔跑的节奏记载着我们共同的奋斗。在人生的跑道上,航74人也是一个紧密的队伍不断前进! 从大二开始,航74班又形成了集体锻炼的习惯,每周两个下午的跑步外加各种锻炼,一直到大四,到现在,还在坚持着!《士兵突击》中许三多挂在嘴边的那句话是"不抛弃,不放弃",在航74,我们一样找不到放弃的理由。身边的每一个人都是那么可爱,那么值得托付。在任何时候,面对任何困难,我们都不是一个人,不抛弃,不放弃,共同奋发努力,共同经历挫折,共同享受荣誉,共同战胜困难。

我们都是好样的兵

　　身为国防生,我们也时刻不忘自己是一个兵。携笔从戎,我们未曾有悔。想当初,在做出这样的抉择时,有着坚定也不免忐忑,不知自己能否成为一名合格的国防生。入校后一系列的讲座、座谈和参观,不仅带来了军队对我们国防生真诚的关怀和殷切的希望,也使我们更加了解军队,更加坚定自己的志向。还记得熊光楷将军给我们讲解国际军事形势时的大气与从容,还记得总后西藏兵部政委贾新华那"钢钎插不进,人也要扎根"的忠诚与豪迈,还记得田永清将军为我们指点人生时的慈祥可亲和语重心长。每一次与军队的接触都让我们豪气激荡。

　　2008红色之夏,航74奔赴革命圣地延安,重温革命传统精神! 在杨家岭岁月斑驳的黄土墙边,王家坪历经风霜的老槐树下,在烈士陵园青山相伴的将军冢旁,我们近距离地感受到了那种伟大的精神——自力更生、艰苦奋斗、不怕牺牲,星星之火可成燎原之势!

　　2009年暑假我们在北京卫戍区赫赫有名的老虎团,经历了为期两周的军训洗礼,烈日下我们浑身湿透,练兵场上我们摸爬滚打,我们在这里学到的不仅是军人的各项基本素质,更是军人坚韧不拔的品格,这将是我们战胜一切困难的宝贵财富。

　　随后,全班同学便投入到国庆游行科技发展方阵的训练当中,我们班有三名大队副总教练，四名中队教官，其他同学也争当排头兵，和几千清华师生共同训练，风雨无阻。在与祖国共奋进的路上，我们感受到祖国发展的最强音。十月一日走在长安街上，我们感受了中国的目光、世界的目光，我们承载的，不仅是清华荣誉，更是中国的荣誉，那一刻我们的心与祖国贴得是那么近。

今年暑假我们又到军校科研实习，学本领、长见识，了解军队现代化建设的趋势和最前沿，为我们的前进指引方向。到沈阳军区基层部队学习实践，广大基层官兵不顾艰苦，不计得失，立足本职工作，苦练本领，为国家、为人民贡献着青春和才智，用实际行动践行着当代革命军人核心价值观，耐得住寂寞、受得了辛苦，他们为我们上了生动的一课。

青春年少的我们有着不知愁为何物的书生意气，也有着一个准军人应有的百折不挠。不服输，这便是我们共同的性格。

成长的过程伴着拔节的苦痛，走过之后才发现每一个脚印都盛满了醇香的回忆。三年来，团结向上的航 74 肩并肩、手拉手书写着辉煌。我们将入学成绩的劣势转化为了奋斗的动力，共同学习，相互促进；我们将团结的精神带入到军事训练当中，让团结成为集体力量的源泉；我们将"不抛弃，不放弃"的作风融入每一次集体活动当中，用凝聚力催生战斗力，让这个集体战无不胜！我们坚信奋斗的青春更珍贵，正是这样的信念，让我们的青春最灿烂的绽放！

转眼间我们都已大四，再有一年，我们即将走进军营，奔赴国防现代化建设的第一线，到祖国最需要的地方去。

还记得在一次活动中，校党委副书记史宗恺老师曾这样对我们说过："祖国的未来肩负在你们的身上，作为清华学子，你们要真正无愧于你们所承担的责任。"

还记得大一新生军训，吕冀蜀老师在给我们上课时多次动情的说道："祖国的明天如果不强大，那就是清华人的责任。"

这不仅仅是两位老师对我们的希望，不仅仅是清华大学对我们的希望，更是整个社会对我们的寄托。清华二字从来就意味着一种担当。

面对使命，我们从未胆怯；

携笔从戎，我们何曾有悔。

不求一帆风顺，唯盼风雨同舟。

筑梦青春，无坚不摧！

继承传统，不断前行

——记土木建管系建管研一班

　　清华大学土木水利学院建设管理系也许是清华园里规模最小的系，但却孕育着一个朝气蓬勃、奋发向上的班集体——建管研一班。

年轻集体，传承光荣传统

　　建管研一班为纵向分班，由来自工程管理研究所、国际工程管理研究所和房地产研究所的 80 名硕士和博士研究生组成。从建班历史来看，建管研一班是以原建管研班作为基础成立的纵向班集体。建管研班拥有着良好的历史传统，十年来，先后 8 次获得清华大学优秀班集体、红旗团支部的称号，3 次荣膺北京市优秀班集体。建管研一班在这样的历史传统的积极影响下，通过全班同学的共同努力，在 2010 年 4 月获得清华大学先进集体的光荣称号。

　　当然，作为新成立的纵向班集体，新生同学们对彼此都还有一定程度的陌生。为了让大家尽快融入集体，在以"传承与进步"为主题的新生交流会和迎新班会上，副系主任郑思齐老师以及原建管研一班的师兄师姐们，分别向大家介绍了建管研班集体的优良传统，并就同学们在学习、科研、生活等方面所可能遇到的问题与困惑给予了帮助和指导。通过新生交流会和迎新班会的活动，新生同学们在逐渐消除陌生感与拘束感的同时，更深入地了解了班集体优良的光荣传统，而建管研究生班集体的优良传统，也正是通过这样的方式一代代传承下去。

以党领航，加强思想引领

　　思想建设和党建工作历来是建管研一班的特色和传统。严谨踏实的支部建设和丰富多彩的组织生活，构成了党建工作的主旋律。从"奥运记忆"到"纪念改革开放三十周年"，从"中国之路"到"科学发展观"，理论学习、报告交流、参观展览，各种形式的党建活动使同学们受益良多，坚持不懈的思想引领也取得了丰硕的成果。

2008年5月12日汶川大地震发生时，在时任党支部书记谢娜的发起之下，建管研一党支部开展了同北川中学高三（一）班的"心连心"活动，正式与北川中学高三（一）班结成了互帮互助集体。之后的日子里，建管研一党支部的全体同学以"爱心助学金"的形式，每月为北川中学高三（一）班的同学汇去三百元钱，并坚持至今。元旦期间，建管研一党支部的支委同学们特意购买了清华大学纪念明信片，并在每一张卡片上认认真真地写下了祝福和期望，以此传递对北川中学高三（一）班同学的牵挂和思念。新年过后，建管研一党支部的同学也收到了一份来自北川中学的珍贵礼物，那是由高三（一）班全体同学用工整的字迹写下的真挚的话语，大家读过之后无不为之感动。为了给这些正处于高考冲刺阶段的学生加油鼓劲，建管研一党支部的同学们将自己当年高考的经历和排解压力的经验寄给他们做参考。为了帮助北川中学高三（一）班的同学们在高考结束之后填报好志愿，建管研一党支部的同学们还尽其所能帮助他们处理好报考志愿的选择工作，让那些正经受着人生苦难的同学们早日步入理想中的大学，早日实现人生的梦想。

维族同学艾利肯江·阿布同学，在党中央向全国大学生发出到祖国需要的地方去的号召之后，毅然决定放弃内地的优厚条件，回到新疆工作为家乡人民贡献力量。他说："如果你来自西部，希望你也能同我一样，回到那片土地，那里真的比北京更需要我们这些儿女。"2009年五四前夕温总理在和清华大学毕业生座谈时，对艾利肯江的选择给予了肯定和褒奖，鼓励他投入到对家乡和祖国的建设中去。他也成为了建管研一班同学们的骄傲。

学术活动，营造科研氛围

秉承学校对研究生提出的"勇攀学术高峰"的要求，建管研一班始终将学术实践作为班级工作的重点，并将其具体落实在组织一系列学术活动等方面。"学术组会讨论"、"咖啡厅学术沙龙"、"学生科技竞赛活动"和"海外学者短期课程"

等学术活动,已经成为同学们之间开展学术交流、碰撞学术火花的重要途径。尽管受到建设管理专业自身学科特点的影响,我系研究生发表 SCI,SSCI 等高水平学术论文的难度较大,但这并未影响研究生同学投稿国际高水平学术期刊的积极性。2009 年,建管研一班的柯永健和陈莹两位博士研究生同学,就成为建管研一班的学术明星。其中,柯永健在博士研究生期间,先后发表 SSCI 一篇,SCI 两篇,EI 四篇,并出版专著一本;陈莹在博士研究生期间,先后发表 SCI 两篇,EI 两篇,并出版专著一本。两位优秀博士研究生不仅包揽了院系仅有的两个一等奖学金、还分别获得了系里学术新秀评比第一、第三名的好成绩,此外,柯永健同学还入围了学校学术新星的评比,他们都是建管研一班的学术骄傲。

　　特别值得一提的是,由建管研一班承办的"金门建筑—清华大学建设工程与管理创新竞赛"也成为培养创新精神、提高实践能力与促进专业交流的特色学术竞赛活动。2007 年以来,"金门建筑—清华大学建设工程与管理创新竞赛"已先后成功举办四届,其影响力也从学校内部,逐渐延伸到全国各大建设管理方面的领先高校,已经成为建设管理领域具有影响力的全国性竞赛活动,活动主办方还希望在不久的未来,通过与 CIB 等国际机构的合作,将该项竞赛活动推广到全球。

文体活动,促进集体凝聚

　　建管研一班有着良好的文体活动氛围,2009 年栋梁杯三连冠是光荣簿上最闪亮的一笔。建管研一班新生更是土木建管系一二·九合唱主力军,他们牺牲休息时间、全身心投入合唱,并帮助院系书写了清华大学研究生一二·九合唱比赛六连冠的辉煌。除此之外,建管研一班级内部的文体活动异常活跃。根据同学们的需要,班委先后组织了"保龄球大赛"、"师生乒乓球友谊赛"等,用实际行动秉承着"为祖国健康工作五十年"的光荣传统。在课外活动中,建管研一班的同学也不忘将个人与学校紧密结合。2010 年 11 月,建管研一班以清华大学百年校庆为契机,联合土硕 10 班,前往八达岭长城向中外游客宣传百年清华,展开"清华百年校史知多少"调研活动,在锻炼体魄的同时,也向社会宣传了清华大学建校百年来的历史与发展,可谓一举两得。

就业引导，共创辉煌人生

只有深刻了解研究生同学们真实的就业需求与求职困惑，才能够帮助同学们有效地解决求职过程中的实际问题，更好地引导同学们选择更加适合自己的职业发展路径。同时，班集体作为最贴近同学的组织，在研究生就业引导中富有重要责任。

2009 年以来，建管研一班联合土木建管系研团总支就业实践组，一起开展了专门针对我系研究生的就业引导系列活动，希望通过此类活动让同学们能够更好地了解本系研究生的就业形势，并提早对未来的职业生涯发展进行规划，最终实现帮助和引导同学们选择适合自己的职业发展路径。

为了能够更好地获得来自学校相关部门的支持与鼓励，建管研一班联合系研团总支共同申请了学校开设的"研究生党建研究基金项目"——《研究生就业引导工作的理论与实践探索》，并将此作为深入开展研究生就业引导工作的重要基础。基于此，建管研一班制定了由理论研究到应用实践的工作计划，并通过开展学生调研、举办就业特色活动、整合院系校友资源、组建暑期实践基地、搭建就业信息发布平台等各种形式，了解同学们的就业需求与所面临的实际困难；并在此基础上，提供相应的求职资源，让同学们更好地了解行业、企业特点，帮助学生做好未来的职业选择；针对即将求职应聘的同学，建管研一班通过及时有效地发布就业信息，让他们更加便捷地获取实效的招聘信息，并通过制作适用于土木建管系研究生的"求职指南"，帮助同学们更加具有针对性地找到适合自己的工作，寻求一个好的职业归宿。

建管研一班希望通过这些活动是班级同学受益的同时，也能够促使同学们形成馈母校、服务于祖国和人民的意识与习惯，最终实现优良氛围的代代相传。

尽管建管研一班是一个年轻的班集体，但他们却传承着建设管理系研究生班集体的光荣传统，并通过实际行动，让这个充满活力、奋发向上的班集体，创造出新的辉煌。

全面发展，情系河山

——记水利系水研二班

在水利水电工程系水研二班——岩土工程研究所，活跃着这样的一群人，他们憨厚可爱，总是以最诚恳的态度待人；他们勤恳踏实，多才多艺，每日奔忙于试验室、办公室，学习、科研、班级活动、社会工作进行得有声有色；他们乐观向上，把自己的科研工作戏称为"地球修理工作"，把自己称为"土拨鼠"。

就是这样的一个集体，这样一群人，年复一年，创造了连续多年获得清华大学优秀集体或红旗团支部的辉煌，2009 年他们又获得了"清华大学优秀集体"，"清华大学优秀党支部"，"全国优秀班集体"的称号。

这其实是一群普普通通的"土拨鼠"，他们编成了一段"新闻联播"，向别人讲述自己的故事。

"土拨鼠"奋斗在岩土工程研究最前沿

业精于勤，荒于嬉。一年来，土拨鼠家族十分重视技艺培训，相继开展了一系列丰富多彩、形式多样的课外学术活动，包括学术会议、专家报告、学生讨论、学术论坛等，取得了显著成效。

2008 年 5 月 12 日，汶川爆发 8 级地震，土拨鼠专家和科研人员在第一时间赶往紫坪铺展开震灾调查，为研究地震灾害留下了宝贵的资料，而这篇文章已被《水力发电学报》录用。

学习和科研工作是水研二班的同学们最核心的工作了，做好自己的学习和科研是任何事情的前提。班级踏实的学风影响着每一位同学，为同学的工作奠定了基础。"在水研二班，我从一个懵懵懂懂、对科研一窍不通的门外汉慢慢开始学会自己在探索中去做事，去搞研究，这里的老师和同学无时无刻不在影响我。"水研二班的王建同学这样告诉我们。在学习上，每一届的几个同学结合成学习小组，不管是在平时的上课还是课后讨论，大家都互相帮助；科研上更是利用班级的优势，"老人带新人"，师兄师姐带着师弟师妹，大家共同进步。

岩土工程的研究是涉及的面非常广泛，上可登天——"载人航天返回舱的副着陆场的勘察与试验"，"月壤的物理性质研究"，下可入地——"强烈地震环境下北京市地铁地下结构抗震设计与对策研究"，也可以巩固地方，保障民生——"长江堤防防渗墙施工过程中堤身产生裂缝的机理研究"。"土拨鼠"们利用自己的专业特长，发挥自己的科研优势，在岩土工程的最前沿默默的辛勤工作。2008年5月12日，汶川爆发8级地震，举国震动。水研二的同学在老师的带领下在第一时间赶往紫坪铺，对大坝进行展开震灾调查，测量大坝的受损程度，评估大坝的安全性，为研究地震灾害留下了宝贵的资料。

另外，水研二也狠抓课外科技实践，第21届校学生实验室建设贡献奖评比中共获得1等奖两人次，二等奖1人次、三等奖1人次。

"土拨鼠"奔赴祖国建设第一线

《土拨鼠日报》近期发表评论员文章《我的事业在岩土》。文章指出在这一年中土拨鼠不仅与退休党员回望改革开放三十周年光辉历程，开展知识竞赛拓展素质；与汪部长畅谈人生理想，开展一系列的职业生涯规划讲座、就业经验交流会以及各种就业引导实践，理论联系实际，走出了一条有土拨鼠特色的就业引导之路。

今年，绝大多数毕业的土拨鼠们入主流、上大舞台，积极投身国家重点行业，30%的毕业生奔赴祖国边疆支援西部建设。

水研二班开展了大量的活动，对同学们进行人生观与就业方面的引导。前水利部长汪恕诚是清华人的杰出代表，了解他的发展经历对同学的人生发展有重大意义。2009年4月9日，水研二班的部分研究生与汪恕诚学长在西阶会议室进行了名为"畅忆往昔峥嵘岁月，传道今朝莘莘学子"的亲密的座谈交流。学长从在校学习期间的生活，谈到基层工作的细节和体会；从人生发展需要努力培养的素质，谈到当前的社会、经济问题。努力发展自身能力，将自身发展同祖国的需要联系在一起，这样的道理贯穿始终。近一个小时的时间里，学长和大家分享他的成长历程,谈吐优雅,风趣幽默,语重心长的教导令同学们受益匪浅。"立大志,上大舞台,干大事业",学长用他的教导,用他一生的经历做了最精彩的诠释。

水研二班是纵向班,班级内部既有高年级的师兄师姐,也有低年级的师弟师妹。水研二利用这个优势,进行班级内部就业经验交流会,高年级的同学向低年级同学传授就业经验和心得,也增进了班级的感情。

水利事业是一个关系国计民生的大事,水利人当有着"天下兴亡匹夫有责"的精神,将个人的发展同国家发展和人民生活的改善结合起来,这样才能真正得到发展。

正是在这样的引导和良好的传统的作用下,在历年毕业的研究生中,有大约30%的同学都选择了去西部工作。水研二班的同学们总是能够选择到祖国需要的地方,那里才是真正的大舞台。

"土拨鼠"坚守思想阵地,注重宣传工作

土拨鼠们积极响应国家、学校、院系号召,坚守思想堡垒,实践主题教育。"改革开放三十周年"主题团日活动中,利用专业特长,为照澜院门球场提供了义务测量服务。

为了增进和周边群种的交流和联系,土拨鼠将每次优秀活动的开展和经验教训发到博学网,注重宣传工作。

2008年是改革开放30周年,水研二的同学们在南区老年大学,就改革开放三十年各方面的变化,与校内几个社区的老党员们进行了深入交流。老党员们根据自己工作和生活的经历,介绍了社区的信息以及改革开放以来社区的巨大变化和近年来社区各方面取得的成绩。社区的文化体育活动、环境、道路、绿化等都有很大改善。活动让大家走出理论,走入社区,从与社区干部的交流中深刻体会改革开放三十周年祖国的巨大变化,在同学中引起了强烈反响。

水研二的同学们也特别注重专业知识的运用,用来为社区服务。2008年11月22日下午,水研二的同学们利用自己的专业特长,为照澜院社区门球场的翻新进行了义务测量活动。下午1点半,同学们扛着从测量实验室借来的经纬仪等

测量仪器，来到了照澜院的门球场地翻新的工地上，利用自己所学到的测量方面的专业知识，为社区正在翻修的门球场地提供水平校正、平整度监测等技术服务。这个门球场承担了海淀区大部分社区的门球比赛服务，对于社区来说十分的重要，特别是对于社区的老人来说，对于丰富大家的生活具有重要的意义。从调仪器到立水准尺，从读数到记录，再到标出草图中各点的信息，每个人都干得一丝不苟。经过三个多小时的努力，大家将把四块门球场地的相关数据测量完毕，圆满地完成了任务，最后将测量绘制成等值线的形式交给了社区的负责人，受到了社区工作人员的好评。

水研二的同学们还十分注重宣传工作。向研团总支提供很多信息稿、《知水——水利系研团信息简报》稿件；博学网焦点新闻7篇、院系新闻1篇，另外同学们积极努力，在《清华研究生》上还发表文章6篇。大量的宣传工作不仅仅让其他的班级了解了水研二班，也让同学们的干劲儿更足，更加珍视这个集体，珍惜在这里的每一天。

"土拨鼠杯"系列文体活动奏响青春之歌

"土拨鼠杯"新春联欢晚会，师生载歌载舞，欢笑满堂，喜迎新春。

"土拨鼠杯"篮球联赛上，土拨鼠们倾巢而动，其乐融融。

本年度"中流杯"系列赛事保龄球赛上师生并肩作战，共同谱写赛事传奇。

春秋时节的北京是让人流连忘返的旅游胜地，乐山乐水的土拨鼠总会在这时结伴出动。

快乐的雌鼠节，鲜花礼品向工作和奋斗在科研第一线的雌鼠们传递了真挚的情谊。

活动的魅力，源于创新。第四届趣味运动会的举办将"全民健身，通力协作"作为一种文化传承开来。赛场内外，真是你来我往，群雄逐鹿。最终"倾巢出动"队技压群雄，摘夺桂冠。趣味运动会开创了学校研究生趣味体育运动的先河，给其他类似的体育活动提供了丰富的素材和创意。目前土拨鼠专利委员会已经成功申请了申请版权保护，现已成为"水利系"地区最高体育赛事。

班级感情是班级凝聚力最好的体现，也是一个集体赖以发展的基础。水研二的土拨鼠们多才多艺,他们也深刻懂得在班级感情建设中各种活动的重要意义。每年的新春晚会都是班级工作的重要一环,这是一个师生共聚一堂,喜迎新春的好机会。通过这样的活动,同学和同学之间更近了,同学和老师之间更近了。

趣味运动会是水研二的传统项目,在水利系乃至整个学校都有一定的知名度。趣味运动会将趣味性,竞技性有机融于一体,引人入胜。2008 年 10 月 23 日下午两点,水研二的同学和部分一起,参加了运气球、打沙包、盲人敲锣、踩气球、骑慢车等五个项目的角逐。趣味运动会将所有同学集中在一起,既达到了锻炼的效果,又达到了增进班级感情的目的。

"土拨鼠"家族的故事还很多,翻过去的每一页历史都印证着它们勤勉的足迹。这群"土拨鼠""在努力中不断反省,在反省中不断进取",水研二班也在不断进步。在过去的许多年里,水研二班的同学们共同努力下,获得了很多的荣誉。但是对于这群"土拨鼠"来说,荣誉固然可贵,但是憨厚可爱、勤恳踏实才是他们真正值得不断发扬和继承的财富。

这是一群充满着激情和干劲的"土拨鼠",一群即将担任走向大舞台的"土拨鼠"。

今年的新闻联播节目就播放到这里,欢迎明年同一时间大家继续关注我们的新闻报道。谢谢收看!

立足三航大舞台，展现就业真风采

——记航天航空学院航博 05 班

航博 05 成立于 2005 年 8 月，是航天航空学院成立以来的第一个横向博士班集体，现有人数 33 人，其中党员 23 人，占班级人数的 70%。这个团结友爱的大家庭，已经走过了五年的风风雨雨，在一起度过了难忘而又充实的美好时光，先后获得"2007—2008 学年度清华大学研究生红旗团支部"、"2009—2010 学年度清华大学先进集体"等荣誉称号，集体部分成员参与并获得"2008—2009 学年度清华大学研究生暑期就业实践铜奖支队"。

作为航天航空学院的研究生集体，积极开展就业引导一直是班级工作的重点，党团干部共同努力，立足于航院的专业特色，引导班级成员投身祖国的航天航空事业，并以此为基础，带动思想建设、学术科研和集体建设，展现了航博 05 人又红又专、全面发展的风采。

立足"三航"，全面发展

依托航院，立足于航天、航空、航海这"三航"的大舞台，航博 05 集体成员始终心怀祖国，以报效祖国为己任，勤奋努力、刻苦钻研，力争早日为"三航"事业贡献自己的青春和力量。

航博 05 在班级建设过程中，非常重视党支部的领导作用，形成了党支部牵头、团支部协作、以班级为依托的工作模式，使整个集体相处更加和谐，运作更加高效。党团班通力协作，共同开展形式多样的思想与组织建设活动，如"学习杨帆精神"特色支部活动、"学习劳动模范，励志航天报国"劳模进校园先进事迹报告会等一系列具有鲜明"三航"特色的党组织生活。

在党支部的带领下，航博 05 掀起了深入学习杨帆精神活动的高潮。通过召开"学习杨帆精神"为主题的专项组织生活讨论会、观看杨帆同学"清华圆梦"专场音乐会视频、聆听杨帆同学的学术报告等形式多样的学习,了解杨帆事迹、讨论杨帆心路、畅谈杨帆印象、学习杨帆精神,同学们深受鼓舞和启发。航博 05 班在杨帆身上看到了航天精神的缩影,决心以身边的榜样作则,不断在学习中完善自己的世界观、价值观和人生观,从而为党、为人民做出更大的贡献。

　　班级成员在学术上取得了累累硕果,2009—2010 学年共发表 SCI 文章 27 篇,在专业顶尖期刊(如:JFM、$JMPS$,一篇即可达到博士毕业要求)和业内一流期刊(如:$JNNFM$、$Langmuir$ 等)上均能检索到集体成员的名字。另外,还发表了 EI 文章 8 篇,核心期刊文章 3 篇,7 人次参与国际会议,30 余人次参与国内会议,获得授权专利 3 项。

　　班级成员充分利用横向班级专业各异的优势,开展了跨一级学科和二级学科的交流合作,典型案例如:夏热同学(固体力学)和王建立同学(工程热物理)就纳米多孔金材料的导热性能进行合作研究和探讨,其成果在国际著名学术期刊 $Nanotechnology$ 上顺利发表;王庆华同学(实验固体力学)和廖剑晖同学(计算固体力学)共同探讨有限元模拟方面的问题,取得了可喜的研究成果,并联合发表 SCI 论文 1 篇。

　　除此之外,班级有不少同学入校伊始就接触到力学与航天航空及国防密切结合的研究项目,作为重大课题项目的主要完成人,有些同学承担了 973 项目、863 项目、国家自然科学重点基金等基础研究项目,还有些同学负责了具有"三航"特色的国防科技重点实验室基金、中国航天科技集团公司下属研究所的重大攻关项目等。这些课题项目由于保密原因,无法公开发表学术论文,但同学们任劳任怨,默默无闻地为祖国的国防科研作出了自己的贡献。

　　党团班共同开展丰富多彩的文体娱乐和感情建设活动,班级生活其乐融融。集体成员在紧张的科研工作之余,身心得到调整和放松,以更充沛的精力投入到科研学习当中去。在学校、院系和班级的各种文体比赛中,都能看到航博 05 班班体育健将和文艺骨干活跃的身影。

　　航博 05 班集体还特别重视集体成员服务意识的培养,强调国家荣誉感和集体意识,积极引导和组织大家投入到志愿服务工作之中。在国庆 60 周年庆祝活动中,李振海、毕研强、李艳杰、王庆华、范立佳、廖剑晖和郭少冬 7 名同学积极响应学校号召,参加了群众游行活动,成为科技发展方阵的一员。作为即将毕业的博士研究生，他们克服了时间紧张、课题任务重、毕业压力大的困难，训练过程中，本班同学从不请假，从不缺勤，不怕日晒雨淋，起早贪黑，带动周围老师和同学，起到重要的模范作用，体现出很强的凝聚力，充分展现了当代大学生、尤其是博士毕业生的精神面貌和时代风采。其中李振海和毕研强两名同学获"首都国庆60周年庆祝活动群众游行积极贡献奖"荣誉称号，体现了大师兄、大师姐在游行队伍中难能可贵的作用和价值。

就业引导，成绩斐然

由于是毕业班，大部分集体成员都面临着毕业就业问题。航博05班级干部针对这一具体情况，形成集体成员就业意向及时调研机制，打造就业集体引导体系，建立就业信息及时发布渠道，通过开展形式多样的引导服务、搭建畅通无阻的信息平台、搜集完整准确的岗位需求、发布及时有效的招聘信息，积极引导同学们投身中西部建设和"三航"事业，成效显著，集体就业成绩斐然。

2009年10月至2010年3月是择业签约的黄金时段。党团班干部根据这一具体情况，积极开展了一系列就业引导服务，组织同学踊跃参加学校院系的就业动员会、航天航空特邀报告会、国防重点单位大型招聘会、职业辅导月相关活动等。通过参加这些就业引导相关活动，班上的同学们对我国航天航空事业有了进一步的了解，明确了个人发展方向，对职业生涯规划有了较为清晰的认识，坚定了毕业后投身国家重点行业的决心。还有一些同学报名参加了"coach职业生涯教练计划"及各种短期社会实践活动，就业实践成果显著，其中值得一提的是，党支部书记陈莹同学带领赴中国船舶重工集团719研究所实践支队获得了"2008—2009学年度清华大学研究生暑期就业实践铜奖"。赵晓利、唐刚、王庆华、李艳杰4名同学报名参加挂职锻炼。

在对班级成员就业意向进行调研摸底时，班委了解到虞磊同学对航空发动机有着浓厚的兴趣，便同虞磊聊天了解其就业的意愿，他说"为中国自己造的大飞机装上'中国心'，一直是我的兴趣和梦想"，班委们立即行动起来，帮助其搜集相关信息。在得知中航商用飞机发动机有限责任公司要来清华招聘的消息时，班委们第一时间通知了他。在招聘会现场，虞磊毫不犹豫地当场签约，并说"能把自己的兴趣、理想和国家的需要结合起来，是件多么庆幸的事情。"他的言行也深深影响到了班集体其他成员，从事发动机专业相关课题研究的陈美宁同学也欣然签约了中航商发，共同为打造中国人自己的发动机而努力。

航博05班十分注重投身中西部建设和"三航"事业发展方面的教育引导。班长侯泉文同学出生于陕西西安，对家乡有着深厚的感情，一直把为家乡服务作为自己的择业目标。在了解到这个情况后，航博05班积极鼓励并帮助他与西北工业大学多次联系并实地参观，之后他毅然选择了为家乡发展做贡献，并获得"启航奖励金"个人铜奖。在班集体的引导和帮助下，通过在航天科技集团大型校园招聘会上"结缘"和院系推荐，不少同学即将加入"航天人"的行列，例如：高波等三名同学与中国运载火箭研究院签约，范立佳等两名同学与中国空间技术研究院签约。除了北京、上海的重点单位之外，还有些同学选择了到其他城市发展自己的事业，例如：夏热同学将武汉大学的青年教师作为了自己的事业起点。

三大经验，展现风采

对于集体成员而言，科研工作任务重、时间紧，如何以人为本，深入、系统、细致地开展就业引导工作，是党团班干部一直在思考和探索的问题。就业引导是项长期而艰巨的任务，只有把工夫花在平时，注重长期积累，才能让同学们在较短的时间里掌握最有效的信息，从而为下一步的选择提供有力支持。为此，航博05总结了三条经验，体现了集体就业工作的风采。

● 充分利用航院优势，立足"三航"，营造爱国奉献集体氛围

党团班齐心协力，有效利用航院这个与"三航"密切相关的大舞台，开展了形式多样的就业引导工作。举办了"中国大飞机—鲲鹏展翅正当时"学术报告会等交流活动，鼓励大家踊跃参加国防重点单位大型招聘会、职业辅导月等活动，为同学们"立大志、入主流、上大舞台、成大事业"奠定了坚实的基础。尤其是在党支部组织的"深入学习杨帆精神"特色活动中，同学们深受鼓舞和启发。正如先后八次获得清华大学良师益友奖、班级成员杨攀的导师朱克勤教授所教导的那样："一个人要既能'顶天'，又能'立地'，才能成为国家的栋梁。"在

这种氛围的熏陶下，同学们的思想在不知不觉中得到了锻炼和升华。

● 注重就业实践，建立有针对性的引导机制

"实践出真知"，党团班干部还注重发挥就业实践对个人职业生涯规划所起到的重要引导作用。受集体氛围的影响，大部分集体成员都曾到"三航"重点单位实习锻炼过，回校后纷纷表示要努力进行科研攻关，为国防事业发展贡献力量。陈美宁同学参加了由校职业发展协会举办的"coach 职业生涯教练计划"，与"三航"单位有了近距离的接触，对"飞机的心脏"发动机的研究和发展现状有了清晰的认识，切身体会到提高发动机研究水平的重要性和紧迫性，于是在现场招聘会上，下定了与中航商用飞机发动机有限责任公司签约的决心。

● 渠道通达顺畅，保障信息及时传达

航博 05 是横向班集体，成员专业各异，实验室分散，容易出现消息闭塞、沟通不畅的局面。针对这种情况，党团班干部勇于探索，做出了积极的努力。去年下半年进入招聘高峰期后，航博 05 班随时关注就业中心发布的通知和各种网络上的求职信息，并与已毕业同学取得联系获得人才需求的第一手消息，还利用邮件、短信、班级消息群等各种渠道及时提供各类就业招聘信息。由于信息及时有效、渠道畅通无阻，绝大部分同学找到了心仪的工作，最大程度地实现了祖国需要与个人意愿的统一。

回首过去，航博 05 集体成员自强不息，众志成城，既经历了风雨，又收获了荣誉，有力地印证了航博 05 班的班训：航博 05，风雨无阻！这一切的一切都昭示着一个具有强大凝聚力的集体的存在，那就是航博 05！即使有一天同学们毕业，告别航博 05，同学们也将在三航的大舞台上挥洒青春，展现清华人的风采！

第二集体

个性发展的青春舞台

——记清华大学社团协会

2010 年 5 月 25 日晚,清华大学大礼堂内座无虚席,学生跆拳道协会的《跆影清华》、口琴协会的经典曲目《吉卜赛晚餐》、舞蹈爱好者协会表演的阿拉伯风情舞等精彩节目引得场内阵阵的掌声;在这里,"七彩青春,才艺社团"清华大学第七届学生社团文化节闭幕式文艺晚会正在精彩上演,青春的激情与梦想在这里绽放。

自 2004 年起,学生社团协会俱乐部和各社团协会共同发起举办了首届清华大学学生社团文化节,每年一次的社团文化节成为展示学生社团风采的舞台,成为校园中最亮丽的风景。如今,青春的校园里,社团活动中,到处都活跃着同学们发展个性、快乐成长的身影。缤纷社团,百花齐放,百家争鸣,学生社团已经成为学生素质教育和校园文化建设的重要组成部分,成为青年学子践行"自我服务、自我管理、自我教育"的重要阵地。

学生社团是学生根据自身的兴趣爱好和发展需求自发推动形成的学生组织。我校学生社团发展的历史悠久,早在 20 世纪二三十年代,我校的社团累计已达几十个,其中比较著名的有:清华周刊社、美术社、得而他社、戏剧社、文学社等等,这些社团的创始人中,不乏闻一多、梁实秋、顾毓琇等名人。改革开放后,特别是 20 世纪九十年代以来,我校的学生社团出现了大规模繁荣的景象。截至 2010 年 10 月,我校共有注册的学生社团 121 家,涵盖人文社科、科技、公益、文艺、体育五大类别,注册会员总数超过两万人次。

时代的青年创造了时代的社团

进入新世纪以来,我校的学生社团无论从数量还是质量上都快速发展,在校园内呈现出了五彩缤纷、百花齐放的繁荣局面,一大批特色鲜明、组织完善、活动丰富、影响广泛的优秀社团协会涌现出来：学生马克思主义理论研究协会（TMS协会）、求是学会、职业发展协会、心理协会、绿色协会、国际文化交流协会、对外交流协会、山野协会等一批优秀的学生社团活跃在我校学生活动的舞台上，社团活动涵盖了我校学生的思想政治教育、文化知识普及、实践教育、就业引导、和谐校园建设、志愿服务开展、社会工作岗位锻炼计划实施等诸多方面的工作。学生社团协会在服务学生的兴趣爱好，提高学生的身体素质、塑造学生的健全人格、培养学生的公益精神、提升学生的人文素养、促进学生的成才就业等方面发挥了重要的作用。

学生社团协会的产生和发展紧密结合国家、社会、时代的发展和学生需求，体现出两个突出特点：

一、时代性。学生社团协会产生、发展的全过程都紧密地结合时代的特点和学生的需求。

近年来，随着经济全球化的发展，全球竞争日趋激烈、世界合作日趋紧密，国家的发展建设需要一批具备国际视野的高素质青年人才。同时，随着我校世界一流大学建设的不断推进，对培养学生国际视野和国际竞争力的要求也不断提高。因此，国际文化交流协会、对外交流协会等一批涉外类学生社团协会应运而生并快速发展，充分反映了国家和时代发展对大学生的要求，反映了大学生自身的成才需求。这些社团虽然成立时间不长，但很快就在学生中产生了很强的影响力，成为了学生拓展视野和获得国际交流机会的重要窗口。一年一度的"国际文化节"、"地球村"、"瑞典日"等活动让清华学生在校园里感悟到异域文化。"IMUSE中美大学生论坛"等活动提供给了学生们同外国同龄人面对面交流的机会，让同学们在沟通与交流中了解世界。与此同时，由校内留学生申请成立全校性学生社团等新情况也不断出现。

二、社会化。学生社团活动的开展与国家和社会的热点问题结合紧密，在面对国家重大事件的过程中，社团反应迅速，站在引领同学思想和行动的第一线。

2002年，"三农问题"成为国家和社会关注的热点问题，学生三农问题学习研究会迅速成立，同学利用课余时间共同学习、讨论，利用周末和假期到农村实地考察。清华大学新闻与传播学院学生李强，寒假期间利用回山西老家的机会，

8 天之内对山西东南部 2 个县、4 个乡和 3 个村的农村现状进行了调查,以札记的方式写成了 4 万字的调查报告《乡村八记》,该报告受到了温家宝总理的高度评价。2009 年,面对"512"汶川大地震,学生红十字会第一时间做出反应,5 月 13 日中午组织学生开展了为地震灾区献血活动,学生爱心公益协会组织学生捐款捐物,学生心理协会组织学生赴地震灾区进行震后心理辅导。今年上半年,面对西南五省市百年不遇的大旱,我校学生红十字会、学生爱心公益协会等学生组织再次及时站了出来,组织学生为受灾地区捐款捐物。学生社团协会的各项工作在校内外引起了很好的反响,充分展现了当代大学生关注国家民族的命运,积极投身建设国家、服务人民的实践的精神,展现出了清华学子强烈的爱国精神和时代责任感。

时代的社团肩负着时代的责任

随着我校学生社团的蓬勃发展,社团在我校第二课堂学生培养中的重要作用日益凸显,具体体现在承担了三项重要职能:

第一,学生社团作为学生"第一课堂"学习的有效补充,推进学生"第二课堂"教育,促进学生全面素质的提高和学校拔尖创新型人才的培养。

生态协会、英语辩论协会、互联网协会、合成生物学协会、航模协会等学生科技类社团,既满足学生的兴趣爱好,激发了学生的求知欲望和创新意识,同时又有效地配合了学校的"第一课堂"教育教学,为培养具有钻研意识和创新精神的未来科技创新人才贡献了力量。在培养学生全面素质方面,学生马克思主义理论研究协会(TMS 协会)、求是学会、"三农"问题学习研究会等理论学习型社团,带领学生学习、传播党的理论知识,引导学生关注国计民生、研究时事热点;学生职业发展协会举办"职业辅导月"、"职业生涯教练计划"等活动,促进同学成才就业;学生心理协会的心理辅导月、清新热线心理咨询服务等活动,为同学排解心理的困惑;学生山野协会、马拉松爱好者协会、健美协会等,组织大量的体育活动,提高学生的身体素质。

第二,学生社团是学生学习的"第二集体",是学生扩大社会交往范围,提高表达能力,塑造健全人格,培养参与精神、责任意识和服务意识的重要平台。

　　我校百余家学生社团协会覆盖了我校绝大部分本科生,是学生"第一集体"即班集体以外,源于学生共同兴趣爱好和发展目标而自发组成的学生的第二个集体,而这个学生的"第二集体"可以作为班团"第一集体"的有益地补充。有一位带班辅导员曾经向我们反映的这样一个案例:该院系有一名学生,由于学习成绩不理想,意志消沉,也不参加集体活动,成为了俗称的班集体中的"个别人",但是后来一个偶然的机会,这位同学参加了某学生协会,在活动的过程中,认识了一批有同样兴趣爱好的朋友,在协会中感受到了集体的温暖,也找到了与人交往的自信。之后,这名同学在班集体中也变得活跃了起来,后来还担任了班级的团支书。这个案例可以充分说明社团作为学生"第二集体"在学生培养的过程中所发挥的重要作用。

　　第三,学生社团活动为活跃校园文化氛围、丰富学生课余生活、服务学生兴趣爱好做出了重要贡献。

　　2009年春季学期,校团委社团协会部对当时我校学生社团工作情况开展了调研,调研结果显示,这些社团每年的内部常规活动,平均每周41次,每学期近600次,每学期覆盖同学约为25000人次。而这些学生社团每学期组织的全校性大型活动平均每周10次,每学期近150次,共覆盖同学约21000人次。这丰富多彩的学生社团活动极大的活跃了校园文化氛围,丰富了学生的课余生活。校团委社团部也通过一年一度的学生社团文化节,为各学生社团搭建平台,集中展示清华百家学生社团风采,还通过学生素质拓展项目、社团协会基金基金会项目等方式,大力支持社团协会开展健康有益的活动。

时代的社团培养了时代的青年

　　进入新世纪以来,我校的学生社团已经成为我校学生"第二课堂"教育的重要载体和学生实现个性充分发展的重要舞台。我校学生社团的特点和职能决定了我校学生社团发挥育人功能包含以下的四种主要方式,即活动育人、集体育人、氛围育人和工作育人。

　　活动育人是指社团丰富的活动本身就能够让学生在参与活动过程中得到收获和成长。比如:社团的文体活动可以陶冶学生情操、提升学生的艺术修养、锻炼学生的体魄、培养学生的文体特长；社团科技活动可以激发学生的创新热情、充分发挥学生的创造力、培养学生独立思考、团队合作的能力；社团的公益活动课以培养学生的社会责任感、奉献服务精神，并能够带领学生在实践中认识社会、关注民生；社团的文化类活动可以普及学生的人文知识、提升学生的文化素养和品味、养成学生良好的阅读习惯，等等。

集体育人是指加入一个学生社团除了参加活动之外，感受社团这个大家庭的温暖，与这个集体中来自不同院系、不同年级的、有着相同兴趣爱好的同学和谐相处，不断进步。在社团协会这个快乐的"第二集体"中成长，成为很多学生选择加入社团最强大的动力。

氛围育人主要载体是社团文化，社团文化是校园文化鲜明的代表和重要的组成部分，是学生对于大学生活憧憬与向往的代表。校园文化是学校培养人的"软实力"，良好的社团文化氛围，有助于学校人文和艺术氛围的营造，对于学生在大学中健康、自由、快乐的成长起到了重要的作用，也是大学校园里培育学生"自由之精神，独立之思想"的途径之一。

工作育人则是指社团工作对学生干部的锻炼和培养。与团委、学生会组织不同的是，社团工作没有固定的经费、没有特定的工作范围、工作对象来自不同的院系和年级，这对社团干部工作水平和能力提出了很高的要求，对社团干部也是一种很大的锻炼。我校的学生社团干部总数超过 2000 人，超过了校、系学生会的规模，是学校里最大的学生干部群体，其中也培养出了一大批贴近同学、视野开阔、兴趣广泛的优秀干部，有效的促进了"社工岗位锻炼计划"的开展。学校里许多优秀的学生干部代表，包括特等奖学金获得者、政治辅导员、研究生德育工作助理、校学生会主席团成员等，都曾经或正在学生社团的工作岗位上受到锻炼和培养。

在 2010 年的社团文化节开幕式上，党委副书记韩景阳老师在致辞中提出："面对不断变化的新形势和不断涌现的新问题，我们要以改革创新的精神和求真务实的态度，努力探索新时期学生社团发展的新规律，总结学生社团管理的新方法，从加强学生思想政治教育，全面推进素质教育，培养拔尖创新人才的高度进一步加强和改进大学生的社团协会工作。"团市委副书记沈千帆同志也指出，"非常重要的一项工作就是引导高校学生社团规范、有序的健康发展，充分发挥学生社团在组织青年、引导青年、团结青年、凝聚青年和教育青年方面的重要作用。"

　　"百年校庆"即将到来,清华正朝着建设世界一流大学目标不断迈进。在社团文化深深地融入到了校园文化之中的今天,学生社团已经成为我校学生"第二课堂"教育的重要组成部分和新的增长点。共青团要抓住机遇、与时俱进,不断发现学生社团中涌现出的新情况和新问题,创新社团工作的新方法,引领学生社团科学发展,服务清华学子成长成才,为学校培养"高素质、高层次、多样化、创造性"的"拔尖创新型"人才做出贡献!

在心里播下思源的种子

——记"饮水思源，回报社会"优秀学生培养计划

自 2001 年起，清华大学先后开展了以"培养具有强烈社会责任感和服务精神的中国未来领军人物"为宗旨的"饮水思源，服务社会"优秀学生培养计划（以下简称思源计划），和以培养科技创新人才为目标的"星火计划"等第二课堂骨干人才培养项目。其中又以思源计划历时最久，项目运作最为完善，培养成果比较突出，成为清华大学拔尖创新人才培养的典范模式。

2001 年，在硅谷的华人投资家朱伟人先生出资在清华大学设立奖学金，但他希望给予学生的不只是金钱的资助，于是他便邀请了一批在硅谷创业有成的清华校友，包括王熙（80 级自动化）、李军（80 级自动化）、李峰（85 级力学系）等人，他们经过多次聚会讨论后，提出将这项奖学金作为一项培养计划来设立，而这项计划的宗旨为"受助、自助、助人"。

讨论决定之后，朱伟人先生和硅谷的创业校友带着他们的助人梦想回到清华大学。学校不仅接受了他们的建议，并且进一步匹配资源建立了一个以培养拔尖创新人才为目标的因材施教培养计划——思源计划应运而生。时任校学生部长，后任校党委副书记的杨振斌老师在当时提出了"饮水思源、服务社会"的名称，表达了对思源计划的期望：希望这些能够享受计划的培养与支持的优秀同学，能够在未来的人生中将他人的幸福、社会的进步、国家的富强作为对自身价值的实现，并将这种"受助，自助，助人"的精神不断传递。

在日后的讨论中，参与思源计划的教育者们不断凝聚各方共识，陆续形成了一系列思源计划发展的基本理念。思源计划的使命（Mission）是为未来中国培养具有强烈社会责任感和服务精神的各个领域的领军人物（To develop new leaders with strong social responsibility and service spirit for future China）。思源计划的精神（Spirit）是饮水思源，服务社会。思源计划的教育目标

(Training Objective)是培养学生的领导力(Leadership),包括爱心与同情心、洞察力与人际沟通能力、独立深入的思考能力、服务社会的精神、对中国社会的了解和情怀、国际视野与全球意识等方面。

目前思源计划每年春季学期面向大一新生选拔 36 人左右学习成绩优异、综合素质突出,并且具有培养潜力的学员,学员来自全校的28 个院系,即所有设有本科专业的院系,开展贯穿本科全程的培养计划。

回顾近十年的发展,思源计划正逐步走向成熟,思源计划每一期集体都成长为学校第二课堂中的优秀集体。

通过实践内化理想信念

什么样的力量能够把学校各院系众多优秀的学生凝聚在一起? 一个简单的数字或许能够回答这个问题:90%。在 2010 年面向全校公开选拔思源计划第九期时,思源计划针对思源计划一期至思源计划八期学员进行了一项调查,其中超过 90%的学员认为思源计划对自己影响最大、吸引力最大的因素是思源计划的核心价值观,即强烈的社会责任感以及服务奉献精神。

2009 年暑期,思源八期辅导员和学员在接到学校通知后,立即提前结束暑期实践活动返京,除去当时在国外交换的 4 名学员,32 名学员全部参加到清华大学国庆群众游行方阵训练中。由于同学们前期没有参与到方阵训练中,不少学员长期在院系做替补队员。其中有一位思源学员,每每有同学生病,她都代其训练却不因此争取成为正式队员,就这样坚持做"备胎"到最后,在国庆当天很多同学表示惋惜,但她说:"这就是替补的意义"。在后来的实践总结会上,思源八期的同学纷纷表示,这是他们度过的最有意义的假期,是思源计划让大家有机会体会这种服务奉献带来的满足感。

志同则道合,在思源这个大集体中,每个同学的心中都有一粒成才报国的种子,相互之间彼此激发,共同成长。而理想的种子只有在实践的沃土上才能开花结果。通过开展实践活动,尤其是暑期实践这一类高强度、密集化的活动,对学员进行理想信念教育是思源计划开展近十年时间内总结的骨干人才核心价值观培养的主要方式。

思源计划每一年都会为学员提供一次暑期实践的机会,让同学有机会深入基层,体察国情,开拓眼界。大一暑假期间,思源计划将组织学生到中西部艰苦地区的中小学支教,与淳朴的中小学生建立深厚的感情,认识自己的能力,了解中国国情,形成社会责任感,培养"本土情怀"。大二暑假的实践活动是赴环渤海、珠三角或长三角等中国经济发展领先的地区考察。通过走访国防科技基地、优秀国企、民族企业,与校友座谈,让思源学生了解中国未来发展的方向,增强民族自信心和自豪感,理解"中国力量",认识到个人的成长要与国家前途相结合,才能得到长远的发展。大三暑假,学员们会到香港地区考察政府、高校、企业以及 NGO 组织,开拓"国际视野"。香港原为英国殖民地,现在是中国最发达的地区之一,是东西方文化碰撞、交融的典范,也是政府管理、社会建设较为领先的地方之一。通过在香港的考察,思源学生可以接触到更新的理念,开拓视野,感受中国现代化发展可供借鉴的经验。

通过实践的方式进行理想信念教育在思源计划开展的近十年时间内同样取得了令人瞩目的成果。在 2010 年毕业的 40 多名思源计划受益学生中(包括博士生、硕士生和本科生),有两名博士毕业生选择到京外的地方政府担任公务员;有 1 名博士生和 4 名硕士生进入交通银行总行、中国电信集团总部等主流行业工作,其他学员选择留校或者赴知名高校深造,为日后回报社会,服务祖国人民打好基础。同时,思源学员还创立了一些协会和公益组织,如思源一期学员陈澜杰等创立了学生科技教育交流协会、思源二期林玲和三期林正航同学等创立了海峡两岸交流协会、思源五期蒋抒洁等创立了东西部大学生联合教育志愿计划等。

整合优质教育资源,全过程因材匹配

思源计划的一大特色就是其教育资源的优质化和多元化。学校每年为思源匹配了大量教育资源,使得思源计划每年都能顺利开展包括暑期社会实践活动、学期中领导力培养、综合素质提升的各类素质拓展、培训活动,同时校领导老师高度重视,杨振斌、陈旭、史宗恺等学校领导多次参加思源活动,与思源学生座谈,为培养工作提出了很多真知灼见。

2009 年暑期,思源七期前往环渤海地区唐山、大连等地开展了为期半个月的"感悟中国力量"暑期实践。通过与地方领导、校友会老学长的联系,此次暑期实践活动得到了地方政府的全力支持,不仅安排专人全程陪同学员对当地党政机关、大型装备制造业企业和其他支柱企业进行参观访问,而且精心准备了地方领导与思源学员的座谈会。校党委副书记史宗恺亲自前往大连,参加地方领导与思源学员的座谈会,并和同学们一起进行了部分参观活动,给同学们极大的鼓舞。

同时,思源计划每一年赴香港实践又为培养同学国际化视野,提升同学跨文化交流能力而专门匹配了相应的资源,美国 PESI 基金会(Professional & Educational Services International)的主席钱秉毅先生主要负责组织香港地区的考察活动。经他的安排,思源学生有机会接触到香港各机构的高层人士,如终审法院的法官、大学的院长教授和企业总裁等,并且有机会走入香港社会最基层,了解香港社会民主化建设和社会保障制度。这些资源让同学们获得了跳出固有思维框框去审视中国发展的机会,正如 2009 年暑期思源六期赴香港实践中某同学说的那样:"与内地相比,香港的制度有其优越性,但更要看到其特殊性,香港的制度不可能完全照搬到内地,但是香港的发展却为我们提供了一种新的思路去思考内地的发展,通过这次实践,增强了对社会主义理想信念的追求"。

在整合了大量优质教育资源的同时,思源计划通过科学化的顶层设计和精细化的项目运作,实现了全过程匹配各类教育资源因材施教的教育理念。在顶层设计方面,思源计划行成了以三次暑期实践为核心、以学期内的领导力培养和综合素质提高类素质拓展、培训活动为辅助,配合导师团计划以及思源各期特色培训活动为补充的培养环节设置。以三次社会实践为例,实践项目围绕全面增强学员强烈社会责任感和奉献精神,培养其成为新时代青年马克思主义者的明确培养目标,在项目内容和目的上循序渐进,相互连接,相互补充,真正实现了优秀学生骨干有目的、有规划的实践性培养。

同时,为保证思源计划具有自我运作、自我管理的能力,强化思源学员自我学习、自我成长的能力,思源计划这个大集体的内部还设立若干项目组,学员根据个人特长兴趣参与项目组,进行自我管理和自我服务;每一期思源班均委派了 2 名学生辅导员负责日常管理,很多早期的思源学生都成为了后期思源班的辅导员。这样的制度保障了思源计划的造血能力,使得思源计划得以持续发展。

在项目运作方面,思源计划强调精品活动的精细化的运作。一般的学生活动侧重活动中的组织,忽略活动前的准备和活动后的总结,与这样纺锤形的活动模式相比,思源的培养环节构成了闭环了学习过程,使教育资源能够发挥最大效用。

以 2010 年暑期思源九期赴甘肃武威社会实践为例,在实践前期,辅导员组织学员一起学习了社会学研究方法,并邀请了学校内曾经在甘肃地区工作过的老师为学员具体介绍当地情况。在此基础上,整个实践设计了以支教活动和社会调查为两个基本点的活动方案,学员分为四组,分别对具有中国西部社会发展特色的主题进行调研,如土地荒漠化、节水农业发展、文化产业发展以及留守儿童心理现状调研。在实践活动中,通过组织每天的班会,学员们分享了当天的所见所思,使得一个人的思想在 36 人的集体中扩散为所有人的思想。而在返京前,组织了对实践成果的调研,调查发现当地学校同学对思源学员的支教满意度达 96% 以上,并且对调研中反映的问题在思源九期内部开展了大量讨论。实践环节之后,带队老师、辅导员带领同学不断总结实践成果,将实践所得升华为同学内在的习惯品质。通过这样精细化的组织,学员能够最大程度的利用现有教育资源,并且把暑期实践的成果进一步巩固。

让每个人的优秀在集体中发生共鸣

在学校的班级和其他学生组织中,或许很难见到如同思源这样所有学员人人优秀的集体。在思源计划成立之初,思源的创始者们就希望通过把全校各个院系优秀的同学聚到一起,加强这个集体的交流和建设,使得每一个优秀的同学都能受到其他优秀同学的积极影响。

思源计划各期也通过加强集体建设使朋辈间相互的正向影响达到最大化。从近十年思源的发展可以看出,优秀同学之间的相互影响包括思想上的影响以及思维方式和行为习惯的相互影响。在思源的集体中,学员们除了能感受到家一般情感的依靠,更加能够感受到思想的依靠。思源这个集体是可以讲真话、谈理想的组织。在思源这个集体中,有一群志同道合的朋友,可以畅谈理想,广结真心朋友。通过这种同辈之间思想上的影响,每个人的思想都得到了升华,并且逐渐趋同,共同体现了思源计划强调的那种强烈社会责任感和服务奉献精神。

另一方面,置身优秀同学组成的集体中,每一位思源学员都会接触到其他优秀学员各有特色的思维方式和行为习惯。优秀的品质往往具有简单的共性,思源计划就是一个提炼所有学员优秀共性的平台,在这样的平台中,每个人都能受他人优秀品质的影响,于是每一个人的优秀在这里发生了共鸣,共同造就了思源集体的优秀。

正是因此,思源计划成为了学员们思想的港湾和充电器,虽然思源学员往往担任学校、院系和班级学生组织中的重要岗位,加上专业学习的压力,在学期中彼此之间集体团聚的机会有限,但是长时间不见了学员内部会自发聚在一起,说说心里话,谈谈理想,释放压力,继续轻装上阵。一旦有集体活动时,学员们就像回到家里见到亲人一样分外亲切,同时看到身边同学的优秀,就会产生见贤思齐的行动力。久而久之,思源这个大的集体逐渐形成了"聚是一团火,散是满天星"的组织文化。通过思源计划的培养,思源学员可以成为一个有着共同的理念和价值取向,能够真诚交流、彼此扶持和关心的群体,而这个群体在思源理念的号召下,可以一起去完成更多的事业,所谓"聚是一团火"。但同时,思源计划也无时无刻不在提醒每位学员,他们是一颗种子,需要在自己的班级、院系以及将来的工作单位中发挥自己的才智和能力,充分实现自我价值,成为各个领域的领军人物,所谓"散是满天星"。从思源计划走出的学员,几乎都会记得这句话"聚是一团火,散是满天星"。

"十年树木,百年树人",思源计划开展了近十年,但是思源精神对学员的影响却是一辈子的。经过三年思源计划的培养,每一位学员年轻的时候都在心里播下了思源的种子,相信在若干年后,这颗小小的种子必将长成参天大树!

第二集体的成长之道
——记清华大学体育代表队

纵使受过伤、流过泪，他们仍旧坚持；即便被嘲笑、被误解，他们从未放弃。炎炎烈日下常有他们挥汗如雨的身姿，昏暗路灯旁不乏他们刻苦训练的背影。一个动作，千次重复，他们从不厌倦；千次训练，一场比赛，他们无所畏惧。

对于入学成绩相对较低的他们，大学里不仅要参加专业训练，还要坚持文化学习，二者都不能落下。身在竞争激烈、学业压力大的清华大学，他们面临着更多学习、训练和生活上的压力。

他们来自体育代表队，他们既在自己的班级，也在体育代表队这个特殊的第二集体中品尝别样的滋味，收获无悔的青春。

顽强拼搏共同奋起

体育是在一个相对公平的竞争环境中比拼自身的真正实力，然而即使处在最佳身体状态下，失败也无法完全避免。作为体育特长生，代表队的同学们经历过大大小小无数次失败，难免会出现情绪低落、状态不佳等各种情况。但大家互相鼓励、互相依靠，形成一个坚强的、不败的集体。所有人都坚信，失败和成功一样有其价值。正是依靠这种力量，使得清华体育代表队不仅能够"打顺风球"、做"常胜将军"，而且能够在失利的时候总结经验、顽强拼搏，共同奋起。

清华田径队一直是令人称道的一面旗帜，曾经连续十四次夺得首都高校田径锦标赛冠军。但是 2009 年，由于种种原因，田径队痛失了十五连冠的机会。这之后，大家都没有气馁，而是变得更加团结和强大。田径队全体队员们都憋着一股劲，互相激励、互相督促，老师和教练们也更加用心、更加细致地做工作，所有人都用更加认真刻苦的态度对待之后每一天的训练，立誓夺回高校冠军。

仅仅过了一年，田径队的队员们又一次站在了首都高校田径锦标赛的赛场上，几乎所有参赛队员的成绩都进入前八，个别队员在优势项目上表现得非常突出。女子七项全能的俞宵轩等三人不负众望包揽了该项目的前三；三级跳远的赛场上，马乐、孙妍力压群雄，分别以 16.55m、14.00m 的成绩打破男女赛会纪录并夺得冠军；在中长跑项目中，老将新人携手比拼，勇夺男子 800m、1500m 冠军；短跑项目更是捷报频传。在胡凯、李翔宇等领军人物的带领下，队员们斗志昂扬、奋勇拼搏，为清华荣誉而战，许多项目上大一大二的同学已经担当主力，并且发挥得十分出色。有志者事竟成，破釜沉舟，百二秦关终属楚；苦心人天不负，卧薪尝胆，三千越甲可吞吴！清华田径队在失利后没有气馁，有了团结与集体的力量，他们以顽强的意志和不懈的努力，迎来了属于他们的荣誉。这不仅是队员们实力和汗水的最好见证，也是田径队这一集体的巨大能量的验证。

这只是体育代表队集体力量的一个典型范例。在这样的集体中，同学们以运动之名不断成长，在团结拼搏中学到了很多课堂上学不到的经验与精神。

体育的另一种魅力：群众体育

体育不仅仅属于职业运动员，不仅仅属于体育明星，它是整个人类共有的精神财富。竞技不是体育的全部，比赛不仅是力量的较量与速度的交锋，它还浓缩着人生的跌宕与顽强、生命的梦想与追逐。体育代表队队员除了为校争光外，还肩负着营造校园群众体育氛围的使命。体育代表队的第二集体不仅把这当成一项任务，也当成一个锻炼同学能力的机会。通过代表队的集体组织，队员们充分发挥特长，积极发挥核心作用，不仅为各自院系夺得了荣誉，也提高了自己的组织能力，树立了信心。

体育代表队开展了针对全校"马约翰"杯群众运动会的"马杯教练团"活动，促进代表队队员发挥自身特长，帮助全校师生提高体育水平，成为校园体育的星星之火。2004 级田径队的张昭源同学，连续三年担任水利系的田径总教练，为水利系马杯田径成绩的突飞猛进做出了极大的贡献。在开展校园全民体育活动的过程中，学生运动员发挥自身专项优势，为学校体育工作做出了贡献。

2006 级女子篮球队的汪奥同学积极组织队员训练，在带动群众体育活动中起到了不可忽视的作用。"马杯女篮决赛中，全场我们拿下 40 多分，其中汪奥一人就得了 30 多分,当时感觉她有如神助一般,特崇拜她。"汪奥的队友曾这样描述她:"汪奥是一个特别认真的人,无论是在学习还是训练方面。我们系队训练时,只要她一去我们训练就特别的严格,训练结束后她总给我们讲特别深奥的战术,还经常在场上指挥我们打球。在她的带领下,我们训练也更加积极,各种比赛经常赢球,这极大地增强了我们的积极性和自信心。"

2006 级健美操队的吴丽妍不仅在健美操项目上出类拔萃,还时时刻刻用她对体育的热情去感染、影响身边的人。化学系学习压力比较大,但她依然能够在合理安排自己时间的基础上开展院系体育工作。她组建了化学系健美操队,兼任化学系排球队队长,还参加了院系游泳队、田径队、篮球队、足球队的训练。功夫不负有心人,她带领健美操队在校马杯健美操比赛中夺得第三名,所在院系排球首次在马杯排球比赛中出线。另外,吴丽妍还曾在田径 100 米和 400 米的比赛中获得冠军,她创下的 400 米校纪录保持至今。

这些同学都在体育代表队这个平台上积极参与活动,努力发挥作用,他们是一个个典型的个体,更是校园群众体育中一道别样的风景线,用共同的努力,发挥了集体性的作用。

两个集体两个收获

作为行政班级以外的第二集体,体育代表队不仅从运动训练的角度、而且更加从全面成长的角度来发挥集体的作用。

在党建方面,体育代表队党支部多次组织活动,对同学们进行思想引导和教育。代表队各支部先后组织了内蒙风力发电厂实践、文化古迹调研、民工子弟学校支教、爱心捐衣和时事专题讲座等一系列活动,在实践中提高了思想认识。

2008 年,代表队成立了 B 类队党课学习小组。在某次党课学习小组活动的讨论中,组员们针对奥运精神、科教兴国和美国次贷危机畅所欲言。组长王钧毅(健美操队)就次贷危机的发源问题数次发问,将原本略显沉闷的氛围一下子"点燃",大家积极思考讨论,深化了认识,取得了良好的效果。

在社会实践方面,代表队组织来自不同院系的同学一起实践、共同提高。

2009 年,15 名代表队成员参加了内蒙风力发电厂实践。因为院系不同,大家对风力发电的原理及操作了解程度不一。为了提高实践成效,支队长王丹薇每天晚上都会组织大家一起学习,力图用最简洁通俗的语言让大家听懂。她无微不至的关心,深深地打动了每一名成员,在短短的 8 天里,成员们建立了深厚的友谊。

在感情建设方面,体育代表队共建立了包括 B 类队横向班在内的 7 个班级。各班以辅导员为领队,针对各自的实际情况,积极组织特色活动。在活动中同学们增进了感情,增强了班级凝聚力。

2008 年的十一假期,体育代表队的部分同学赴北京郊外的山区进行班级素拓活动。当时恰逢秋雨,虽然有雨披,同学们的衣服还是湿透了,鞋子、裤管上也沾满了淤泥。尽管大家都是专业的运动员,但第一次体验这种恶劣的环境,不少女生还是被不时滚落的石头、突然出现的虫子吓得不浅。此时,男生们义不容辞地承担了"护花使者"的责任,主动背上女生的行李包,帮助她们翻山越岭。虽有寒风冷雨,大家却感到了家一般的温馨。晚上,辅导员王翔总结说:"只要我们互相帮助,团结一致,就没有跨不过的坎、翻不过的山。"

在志愿服务方面,体育代表队经常组织各类志愿活动。2009 年春,2007 级同学开展了赴"千禾敬老院"慰问老年人的活动。同学们自发给老人们买营养品,像朋友、儿女一样与他们聊家长里短,听他们讲述过去的故事,让他们体会到了亲人般的温暖。最后,同学们与老人们合唱《东方红》,其中一位百岁老人的眼角都湿润了,那场景让人感动不已。俗话说"予人玫瑰,手留余香",同学们在给予老人关爱的同时,也体验到了助人、爱人的幸福,履行了社会责任与义务,提高了道德素养。

"我们想证明给其他人看"

体育代表队是一个温暖的集体、坚强的集体,但这个集体不仅能够发挥团体的力量,也更加促成了一个个优秀的个体。在大学校园里,体育特长生是个特殊的群体。有些人固执地认为他们"头脑简单,四肢发达",其实这是十分错误的。体育代表队开展各项工作、组织各类活动,一个重要的目的,就是希望用不懈努力来改变少数人的偏见,让大家知道体育特长生一样可以优秀。

2007级男子篮球队的吴添就用自己的经历书写了平淡中的不平凡。因为经常外出参加比赛,他落下了不少课程。好学的吴添便让同学帮他做课程录音,并虚心向老师请教,以便弥补落下的课程进度。平时,如有同学需要帮助,他一定会倾尽全力。刻苦学习、与人为善,这让吴添收获了骄人的成绩,更得到了院系老师、同学的一致认可。

2008级女子篮球队的向瑛颖一踏进清华园,就感受到了浓厚的学习氛围。"我的成绩跟其他学生比还是有差距的。"认清了状况,要强的向瑛颖不甘落后。她在床头贴上一张便条,上面写着"每天听力30分钟,阅读20分钟,词汇10分钟",每天6点多起床,抽一个小时学英语。她说:"很多人对体育特长生都有一种刻板印象,觉得他们不好好学习。但我所认识的体特生,99%都不是混日子的。我也不想混日子,我要证明给其他人看。"

体育代表队工作组组长牛犇老师经常和体特生打交道,他在接受媒体采访时对这个特殊群体给予了很高的评价:"他们心胸开阔,心理承受能力强,抗挫折能力强。在竞技体育中有所追求,因此他们始终保持着一种积极向上的精神面貌。"一个个体育代表队队员的积极与努力,也形成了一组奋发向上的群像,个人的成长反馈到集体的发展中,改变了不少人的看法,建立了体育代表队的形象与威信。

清华体育代表队作为学校的第二集体,以自强不息的信念和厚德载物的胸怀塑造了一批批又红又专、全面发展、体育优秀的学生运动员。大家都相信,在体教结合模式的支持和清华精神的感召下,通过代表队第二集体的建设,同学们身兼大学生和运动员双重身份,一定能够传承清华体育精神,战胜各种困难,在此过程中练就成熟的心态和过硬的本领,成长为热爱祖国、追求卓越、扎实奋斗、全面发展的骨干人才!

温暖的团队，共同奋进的集体

——记清华大学学生科协

校科协是一个战斗力高，凝聚力强的集体。科协的同学们来自全校各个不同的院系、不同的年级，但是他们都十分可爱而执着地热爱着所从事的工作，怀着同样的信念与追求。他们在科协所提供的平台上锻炼成长，科协也因他们而丰润羽毛，茁壮成长。他们勇于承担起自己身上的重担，在这个温暖的第二集体中共同收获了累累硕果。校科协这个集体如同一团炽热的火照亮着每个成员的心田，让他们未来的道路走得更远。

培养人才——共同奋进的目标

集体是人发展所需的社会环境，成长所需的客观平台。集体在充当个体情感归宿的同时，也能够为人才培养提供学习锻炼的途径，这也是集体建设的重要意义之一。

学生科协充实的社会工作就给同学提供了充分的锻炼机会。如果说每一个成员都是一块未被雕琢的玉石，学生科协就是这样一片让玉石璀璨的舞台。外联部同学从没有接触过商家到熟练地联系各个企业；内联部同学从不善于与人打交道到高效地沟通大主席团组织各种会议；活动部的同学从没参与过活动组织工作到组织一届成功的科创文化展；宣策部的同学从不会编辑图片到熟练地使用 PS；论坛部的同学从一开口就怯场到与邀请嘉宾侃侃而谈；学术部的同学从不了解学术活动到带领完成学术课题实践；资讯部的同学从不了解报纸到自己撰稿、编辑专刊；挑战杯部的同学从不了解挑战杯到彻夜为之奋斗；赛事部的同学从不熟悉学校的赛事到能够详细地说明赛事分级情况；综合部的同学从参与迎新会到组织迎新会会；学报部的同学从自己没有发表过文章到独立出版一起学术刊物；研发中心的同学从没接触过科技活动到自己摸索科技创新之路。

每个部门的同学都在工作中得到锻炼,在集体中收获成长。

在挑战杯部里工作了一年的孟艳、郑睿两位女生,平常显得比较内向。然而她们工作很认真细致,工作成果完美无瑕,但苦于很少有展示自我的机会,她们的自信心一直得不到提高。为了解决这一问题,挑战杯部特地让这些部员们做了二轮评审、选手交流会等现场活动的主持人。这些活动都是面对十几位老师、几十人的现场,规模虽然不大,但要求良好的细节掌控,很符合两位女生的性格。第一次做主持人,难免遇到一些小困难,郑睿就遇到了电脑无显示的问题,孟艳就遇到了现场资料没有及时运达的问题。最后两位女生细心沉着,很顺利地把问题解决了。经过几次这样的锻炼,孟艳、郑睿等部员都显得更加自信,平常工作中也更加活泼。

在科展的筹备过程中,执行组的同学们为了让科展不受任何阻碍地顺利进行,几乎与学校每一个部门进行了沟通联系,包括学校电管科、保卫处、交通科、派出所的民警、体育组、环卫处、园林科、三教事务组、校综治办、电教中心等。在科展结束后,他们仍然要同学校电教中心和提供展棚的经理联系,处理诸多繁杂的科展收尾工作。组员乔明在一篇校内日志中这样写道,"又忍不住去想科展,我不想让它再出现其他的什么瑕疵。科展成功了,但是后续还是有很多事情的,只有把所有的事情都解决才能真正安心"。科展活动不仅仅培养了成员与人沟通协商的能力,也让小组每一个成员体会到了工作顺利结束后胜利的喜悦,感受到了自己在集体中的重要。

个体成员的发展推动着集体的发展。经过科协和个人的共同努力,近几年里,科协内部走出了很多优秀的课外学术人才,在挑战杯部工作了一年半的宫恩浩同学获得了 27、28 两届挑战杯二等奖,挑战杯部的姚远同学获得了挑战杯三等奖。其他部门中,25 届科协常务副主席胡淏获得了挑战杯特等奖、二等奖和三等奖;25 届竞赛副主席,前汽车系科协主席陈涛获得了挑战杯特等奖,竞赛副主席马宏博获得了挑战杯一等奖和二等奖。

个体与集体之间的接口是制度,集体的制度需要与个体的发展要求相符。校科协以科学管理为目标大胆地进行制度创新,在现有的集体平台上给人的发展提供了更优越的条件。比如项目管理制度,鼓励低年级的骨干同学作为项目负责人,高年级同学作为监督指导协助他们开展工作。每一个项目都要经历讨论,立项,执行,总结等全过程,在过程中调动同学的主观能动性和骨干同学的责任意识。这样不仅有助于培养干部,同时也能提高科协的工作效率,把学生科协打造成一个培养优秀人才的平台。

承担责任——共同奋进的动力

如果说集体中一个人肩负起责任,就会燃起一个小小的烛光;集体中所有的人承担起责任,烛光便会汇聚成灿烂的太阳。在校科协成立之后的无数日日夜夜中,正是每一位成员心中崇高的责任感,推动着集体共同向前奋进,永不停息。这一份份责任感,是成员讨论方案时迸发的思想火花,是紧张工作时的一丝不苟,是为了完成工作而一起渡过的无数个不眠之夜;这一份份责任感,感染着来到学生科协的每一个人,使他们懂得了承担责任,并在过程中不断成长。

方建同学是科展活动总统筹。为了把科展办好,方建同学深感责任在肩。科展之前两三周,正是筹备活动紧张进行的时候,他累得病倒了。但由于科展筹备的各种大事小事还未完工,时间紧任务重,他总顶着咳嗽来到C楼311熬夜,从展区图的设计、科展初步的策划、部内任务分工,一直到与各个部门的沟通、与展区联系人的协调、解决筹备过程中种种问题,没有一处看不到他拖着病躯的身影。责任在身,让他忘记了自我;为了科协这个大集体,他的付出最终得到了大家的赞许。这里摘引一段科协副主席胡晨对方建的评价,"我想,在筹备科展的整个过程中,你也学到了如何领导一个团队,如何处理'人'和'事'的关系。从你最开始只想一心画出展区图,到后来统领全局,将事情放手交给别人,明白何为leader,这是你在成长。"

在距离科展开始一周前的周末,活动现场策划出现了一些问题。这让负责人员安排的活动部彭汐婷同学感到压力很大,由于事情紧急,她当天下午4点来到C楼311开始写现场策划。那天,在311里还有胡晨、方建、乔明、蒋科强等几位忙于科展筹备工作的同学,在此过程中部长方建一直进行着指导。同学们化压力为动力,完全投入到了工作之中,忘记了吃晚饭,更没有时间做片刻的休息。最终,彭汐婷凌晨1点从C楼311出来时,9页的现场策划初稿终于完成,其中涵盖了一千多平方米的展棚内每一块地方要安排几个人,放置哪些东西,大到电视投影设备小到透明胶、铅笔。抱着最后的成果，她感慨道，"这辈子都没有这么细腻过"。

在 2009 年秋季学期谈吴晨同学具体负责了相关项目的策划工作。他带领挑战杯部的同学们起草了四份文件，每个文件都改了五六版。为了 SRT 启动工作，他还到教务处咨询老师了四五次。这段时间部里干部们熬夜的时间更是记不清了。不过辛苦不是白费的，这一年里学校累进支持体系成功地建立起来了，初步受益面就包含了 200 多个项目、数百人次。认真细致的工作，以及他们强烈的责任心最终得到了大家的认可。

在校科协这个集体中，重要的不是个人能力，而在于每一个成员能不能承担起自己的一份责任。有责任感在心，是校科协这个平台给每一个人的最大的财富。

增进感情——共同奋进的保障

"在科协，我们都是共同奋战的战友。"是啊，虽然成员们都来自不同的院系，共同奋斗的目标却把每一个人的心连在了一起。科协的友谊是最朴实的，也是最炽热的，因为它是大家一起奋斗之后最甜美的果实。一起完成艰巨的工作，一起熬夜，人与人之间情同战友；工作之后那胜利的喜悦，更是如同甘霖，让成员之间的感情茁壮成长。

对刚入科协新成员来说，熟悉自己的工作，熟悉这个集体是最为紧要的。增进感情的前提在于消除成员心中陌生的感觉。胡晨同学是活动部团队中年级最高的，为了让新成员尽快融入科协这个大集体，她一直像个大姐姐一样，指导和支持着成员们的各种工作，在任何一个人的工作中遇到任何困难时，她总帮着解决问题、出出主意。

正如前面所述，科协成员的情感是在工作之中建立起来的。在科展特别赛事区的承办过程中，成员们充分体会到了集体协作，共同完成一个艰巨的任务的快乐。这是个由活动部完全独立设立和承担，工作压力较大。部内最后决定由彭汐婷、夏婧玉、李侁瑞三位同学负责策划、设计和筹备工作。从四处收集游戏区设计的想法，到最终完成游戏区策划；从到 9003 楼调查学校是否具备完成我们某个预设游戏的客观器材,到我们调查后对游戏进行调整,再到我准备游戏区的物资,包括搜集游戏题目,制作游戏的提卡,到商场找积木、到超市买魔方、制作科协特色的魔方;从与团委志愿中心联系人的沟通,到科展开幕前的晚上仍在反复与承担游戏区工作人员任务的志愿者们反复联系……辛苦归辛苦,但每个成员乐在其中,因为身边总会有其他成员的陪伴。每一项任务的完成都凝结着大家的创意与汗水,大家的努力终于使自己承担的游戏区成为科展中各个区域中最火爆的地方。分享着成功的喜悦,回望一起奋斗过的日子,成员之间的感情更加紧密了。

给你一片属于自己的天空

——记清华大学学生会

　　阶梯教室内座无虚席，每个同学都在为自己院系的学生会加油呐喊，脸上洋溢着幸福自豪的笑容。一年一度的优秀院系学生会评比活动即将开始，场下气氛热烈，观众们的欢呼声此起彼伏，而后台的校学生会内联部的同学们正在做着最后的准备。他们再一次检查活动程序和评分表格，与各个院系进行最后一次的顺序核对，神情严肃认真，工作有条不紊。

　　内联部已经负责过多次的院系学生会评比活动，但是对于每一次评比，他们都视其为第一次的尝试。曾经，内联部也是一个很年轻的集体，曾经，内联部的成员面对繁琐而细致的工作手忙脚乱，但是，经过多年的历练和成长，内联部已经蜕变为一个气氛积极向上，办事细致高效的优秀团队。大到校会和院系之间的交流活动，小到新生夜访，内联部都全程接管，并且交上令人满意的答卷。

　　在校学生会这个集体中，所有的团队都如此，办事高效，团结和谐。校学生会无时无刻不散发着积极向上，温暖清新的气息，吸引着全校优秀的学生涌入校学生会这个大家庭中，浸润在这奋发的氛围中。每个人都感受到在这个第二集体中，不仅得到了素质和能力的提升，更感受到了家的温馨，集体的温暖。学生会，是每个成员心中永不解散的集体，是他们心中永远的家。

锻炼成长的宽广舞台

　　学生会系统包括校学生会以及 28 个下属院系学生会分支机构。校学生会共设 12 个部门，分别是办公室、内联部、女生部、生活权益部、时代论坛、体育部、外联部、文化交流部、文艺部、宣传部、学习部和港澳台组。部门各有分工，相处融洽，和谐发展。学生会致力于建设一个积极向上，团结友爱的集体，用丰富的社工岗位锻炼资源培养同学，用细致全面的生活权益工作服务同学,用积极健康的校园文化与主流的思想去引领同学,达到"服务广大同学"的根本目的。

学生会组织开展各具特色的学生活动,丰富校园生活,引领校园文化。马约翰杯,是操场上的飒爽英姿;校园歌手大赛,是舞台上的歌喉婉转;男生节、女生节,是紫荆内外的温馨浪漫;更有辩论文化节、服饰文化节、国际文化节等活动为校园生活增添亮丽的色彩。而在每一个活动的背后,总有一群学生会同学辛勤的付出和忙碌的身影。

学生会给每一位同学以充分锻炼的机会。在优秀人才集中的清华校园里,学生会已经成为吸引同学从事社会工作、服务他人的最重要的学生组织。同学们在这里施展才华,奉献青春,不仅锻炼了自我,也服务了同学。同学怀着满腔的热情和过人的才华来到学生会,希望一展身手,那么学生会正是大家实现自身价值的绝好平台。这里不会埋没人的价值,而会让每个人在自己擅长的领域大放异彩。

文艺部的李昂扬同学就抱着这种希望来到了学生会,他创造力极强,对大型文艺活动的组织和主持有着浓厚的兴趣和丰富的经验,做视频也非常拿手。因为他过人的才华,他得到了主持歌手大赛初赛的机会。结果他不仅出色地完成了主持的任务,还对整个大赛的组织工作提出了非常好的建议,为活动画上了精彩的一笔。

是的,学生会给予每个人充分的肯定,并用这种鼓励的方式充分调动成员们的积极性。同时,她也让同学们在不擅长的领域得到锻炼。

石大雨同学在刚刚进入校学生会的时候性格腼腆,不善言谈,面试时,他表示希望多多锻炼自己的人际交往能力。于是,在工作中,他的组长就经常把与其他院系联系的任务交给他。起初,他还犹豫不决,不知所措,同学们就经常看见他在斟酌邮件中的字句是否恰当,思考如何礼貌而清晰地表达自己的意思。而经过半年的锻炼,他对于如何与其他部门接洽已经得心应手了。回首前后的对比,不得不说这是一种飞跃。

这就是学生会的魄力,她坚持以培养同学为根本宗旨。正是每个人都在集体中不断进行着自我实现和能力的提高,才使得校学生会日新月异,蒸蒸日上。

团结高效的战斗集体

学生会的同学来自清华不同的院系和专业。他们每个人都是"一本书",可以说个个"身怀绝技"。由这样的群体组成的团队,凝聚了很高的创意与智慧,彼此思想的碰撞将会产生无限的火花,蕴含着无限的想象力和创造力。

在学生会一年一度的迎新大会上,文艺部可爱的舞蹈别具一格,作为第一个出场的团队,他们让整个晚会立刻升温。而这是大家齐心协力编舞的结果。他们充分发挥了内联部男女比例相当的优势,编排了独特的集体舞蹈,并且利用每天晚上组织排练。大家充分展现了内联部的个性,为晚会奉献了一场精彩的演出。有同学们讲到,看着伙伴们献计献策,最终呈现出这样美好的结果,她被深深地感动,也忘我地投入。当大家齐心协力地向一个目标前进的时候,每个人都很幸福。

这样的齐心协力不仅发生在每个部门内,也体现在校会的各个部门之间。服饰风采大赛就很好地体现了这一点。这样校级的比赛不仅需要女生部的全程统领和参与,更需要其他部门的配合。比如,宣传部为了比赛能得到良好的宣传,为了号召全校同学的积极参与,他们制作了很多精致的海报,并和女生部进行一次一次的讨论和修改。那段时间,学生会的成员们经常工作到深夜。每个同学都说出自己的建议和创意,而往往一个建议就需要进行很大的调整。就这样,他们为比赛的宣传工作奉献出全部的力量,为女生部免去后顾之忧,使其全力进行比赛的组织和参赛者的培训工作。可以说,宣传部的工作量和压力很大,但是他们却毫无怨言。而外联部更是用尽浑身解数去校外拉赞助,为服饰大赛争取到了资金和礼品的支持。正是众多部门的密切配合和齐心协力才奉献出了组织有序,内容精彩的服饰大赛。

这就是学生会,一个可爱的集体。在学生会中,这样的场景几乎每天都在发生。她就像大海汇聚每一条江河和溪流,激发每一个人奉献自己的力量。同学们深深感觉到这种积极地氛围,同时也为自己所营造的氛围而自豪。

又红又专的第二课堂

学生会坚持自我服务、自我教育、自我管理的"三自"理念,通过组织大型活动,完善内部建设,强化干部培养等方式培养和锻炼了一大批骨干同学。学生会的各个部门之间以及各院系学生会都有较为完善的制度建设,为同学们的成长成才创造了有利条件。

校学生会的各个部门由部长,副部长及干事组成,实行纵向管项目与横向管人事结合的组织制度。工作一般以小组形式完成,通过部门内部一周一次的例会跟进各项工作进展,同时也为骨干同学提供交流学习的平台。学生会的各个部门面向全校同学举办丰富多彩的活动,大型活动往往需要多个部门分工协作,各个部门各司其职,各尽其能。通过沟通与交流加深了解加强合作,在保障活动顺利完成的同时为骨干们提供锻炼的机会,达到培养与使用相结合的目的。

学生会历来注重骨干同学的系统培养与资源匹配,学生会系统的干部培训体系按照同学的社工经验和个人能力素质分成三个层次。依托于团委的社工课体系,校学生会面向干事层面开办了两个社工课基础专班,面向副部长以及院系学生会部长层面开办了两个社工课提高专班。依托于思源骨干计划,面向大主席团和校会主席团成员开展了包括暑期实践在内的系列培训活动。校学生会还针对各个职能部门开办了一系列的讲座和沙龙,讲解工作技巧和工作规范,使学生会干部对将要承担的工作有清楚的认识。

此外,学生会还积极推动“校、系、班”一体化建设工作。每个学期初,校学生会都会面向各院系学生会提供优秀干部挂职锻炼的名额,鼓励院系学生会优秀干部到校学生会承担一部分工作,沟通学习,开拓视野;同时,校学生会也鼓励校学生会干部回院系学生会承担工作。通过联合培养,突破了学生会自身的组织局限性,使学生会的干部全面地了解学生会系统的工作,增强了校系互动,加强了一体化进程的建设。学生会还鼓励干部学习与实践相结合,通过组织活动积累工作经验,通过工作研讨提高理论水平,通过交流学习提升个人能力。同时,在一届学生会工作结束之际,对于学生会骨干同学的轮岗、挂职及推荐等工作也不遗余力地开展。

根植同学的温暖家园

很多同学都在大一就来到了学生会,对学生会的工作还不甚了解,抱着尝试的态度加入学生会体验社会工作。正因如此,很多同学一开始并没有以主人翁的心态来融入集体。而学生会完全了解新干事的心理,将新干事的培养视为学生会人事工作的重点。在他们进入的初期,各个部门就以集体的力量温暖新成员,在生活上,校会组织全体新干事的联欢活动和集体出游,促进新成员快速认识和新老交流;在工作上,将新队员分组,老队员带领新队员,立即开展学校工作。这样,不仅促使他们立即感受到自身存在的价值,树立主人翁意识,也让新干事快速融入团队中,将整体的效率提升到最高。

在学生会中,到处都充满着真挚的友谊。每个成员都来自不同的院系,带着各异的新鲜气息。每当到了学生会新成员面试的时候,很多同学都表达出想结交更多的朋友的意愿。是的,学生会就是这样一个大集体。她提供了彼此接触和交流的机会,并且,温馨的气息感染着每一个人,让大家冲破专业和宿舍的界限,充分投入到这个集体中来。每个人都能在这里找到知心朋友,在默默工作、无私奉献的同时,收获到更多人的关怀和鼓励。同学们不仅交流专业知识,增长见识,更在其他同学有困难的时候相互支持。

女生部是学生会大家庭中一个非常温馨的集体。他们每周都给最近过生日的同学写卡片,并且实现这位同学的一个愿望,这虽然是一个非常小的举动,但是却带动了整个部门的感情建设,让每个成员都深深感受到集体对他的关爱,行动胜过千言万语。不仅如此,在工作中,他们也互相关心。建筑学院的吉亚君同学学习很忙,经常熬夜。得知她的情况后,她的组长就经常询问她有没有按时睡觉,最近学习忙不忙等。并且在安排部门工作的时候,如果她学业压力较大,组长就主动替她分担一些工作,让她以学习为重。这一点一滴的关怀让吉亚君非常感动,她说,能在女生部工作很幸福也很幸运。同样,在内联部,其乐融融的气氛经常会消隐部长和普通干事之间的差异,大家在会上积极表达自己的看法,共同商议工作;在生活中,大家互相关心,甚至部员会经常开部长的玩笑。而这种气氛可不是一蹴而就的,它需要大家的精心培养。为了让大家感受到集体的温馨,内联部会定期组织出游和聚餐。出去郊游时,他们会先派两名同学前去布置游戏,在各个地方布下“机关”,让同学们去寻宝。无论是新干事还是校会主席,都会暂时忘记学习和工作,让心情得到尽情的释放。也正是这些精心设计的小游戏,让大家消除一切烦恼,投入到集体的活动中来。

学生会这个集体,让成员们有了家的感觉,在脱离了班级这个小家后,融入了大家庭,体会到集体的温暖。这份力量让团队更加和谐团结,成果更加辉煌。

这就是学生会,一个以服务同学为宗旨的温馨集体。在学生会中,每个人都全情地投入,通过工作的锻炼与学习,学生会的同学们不仅服务了广大同学,也提升了个人能力,开阔了视野,树立了责任意识。这个集体让大家在相互的学习中快速成长,在自我教育的过程中砥砺青春。

这就是学生会,一个特殊的集体,由各个院系的优秀同学所组成,散发着积极进取的气息。这就是学生会,一个普通的集体,她就像温馨的大家庭一样,给予她怀抱中每个人家庭一样的温暖,让他们在班级之外,也能找到一种浓浓的归属感。

正如校党委副书记史宗恺老师所说,"希望清华今天培养的学生能够自信地在二三十年后与成长于世界其他优秀文化中的人才进行交流对话",学生会这个第二集体也正是以其特有的传统文化和开放进取精神,切实提高每一位同学的领导力,服务于清华学子的成长成才。

学生会是每个清华同学心中永远的家!

特别能吃苦、特别能战斗
特别能奉献、特别能创造

——学生艺术团集中班的集体建设与育人理念

学生艺术团集中班,对于刚刚加入艺术团的同学来讲是一个略带"神秘"的组织,无论是刚刚入队的特长生,还是通过招新选拔上来的艺术骨干,都会听到老队员绘声绘色地描述集中班里的"辉煌战绩"和奇闻趣事。艺术团集中班——这个由艺术团十一支队伍组成的大家庭,给人的第一印象就是这样一个别具吸引力的地方。那么,究竟是什么,让清华园中这样一个独特的集体,具有如此大的凝聚力和吸引力呢?一提到这个话题,总会让每位班员振奋不已、滔滔不绝。

温馨的集体、战斗的航船
——集中班的集体建设

集中班每学期都会吸纳新鲜血液入班,而刚入班的新班员则会面临一系列的考验,同时也会从中不断感悟、不断成长。每一位集中班员都不会忘记,刚刚入班的时候与老班员的谈话,总会听到这样一句话:"进集中班就是给自己找'不自在',要在集中班中塑造一个新的自我。"

这句话在外人看来似乎有点冷峻、有点残酷,但是往往别人难以理解的事——这些看似"不自在"的残酷工作,恰恰是班员们怀着对于艺术、对于集体无私的爱,不断奉献与奋斗的过程。如果有人问我:一个忙碌的清华学生,怎么又会有那么大的动力,去加入集中班,去进行如此高强度的社会工作中呢?我想,再多的言语都是难以描述集中班这个集体的。因此,无论怎么回答这个问题,都不如带着他去参观集中班,四处走走看看。

这里就是集中班——每天晚上下课之后,都能看到来自本、硕、博不同年级的新老班员聚在一起,或者是认真探讨队伍的排练计划、队员状况,或者是一起钻研学习上的难题、一起在集中班内别具特色的小自习室里读书做题,或者东家串串、西家串串,一起聊聊感兴趣的艺术话题……

这里就是集中班——每逢男、女生节,集中班员过节就好像一个小规模的艺术沙龙,不同的队伍各显神通。一次女生节,男生们办的烛光演出,不仅仅感动了所有的女班员,而且还吸引了整个宿舍楼(女生集中班位于老 36 号楼)女生的目光,楼上楼下一片欢呼之声……这里就是集中班——大赛之前的备战,全体集中班员鏖战通宵、不放过每一个工作环节。

这里就是集中班——大赛当天的凌晨,参赛的集中班员都整装待发,而其他班员也早早起来,忙这忙那,为自己的兄弟扛行李、举校旗,直到把战友们送上了大巴车。

这里就是集中班——当艺术团的演出获得观众们的阵阵掌声时,集中班员们还在后台挥汗如雨地搬运乐器,心底里一起为舞台上的同学加油。

这里就是集中班——每当艺术团工作出现问题和漏洞时,他们勇于承担责任、勇于自我批评,怀着真诚和使命,为艺术团的发展无私奉献着……

这就是集中班,我们只是普普通通的一群清华学生,一样执着于自己的专业学习,一样耕耘着自己的人生理想。

这就是集中班,我们不仅仅是一名普普通通的清华学生,同时我们还有一个共同的身份——艺术团集中班员。对于艺术的热爱、对于集中的热爱让我们走到了一起,我们也乐于为集中班奉献,为她的光荣去战斗!

当然,集中班的发展也不是一帆风顺的。当集中班搬入老 1 号楼时,由于房间床位的限制和楼层的限制,很多集中班员都感到,彼此之间的交流越来越少了,集中班的集体活动一时间似乎也不像以前那么容易开展了,集中班的凝聚力在下降……这不仅急坏了当届的班委,也急坏了很多老班员。但此时,大家都有一种默契和共识:百年校庆在即,集中班不能垮!从工作组的老师们,到每位集中班员,都为重塑一个有凝聚力和战斗力的集中班忙碌了起来。终于集中班每晚的西操长跑恢复起来了、寒暑训的全团早训和集中就餐也搞起来了。

有的老班员带着脚伤、强忍病痛每晚坚持长跑,还有一位当届的队干部发着高烧坚持早起参加集体早餐,还帮很多队员打好了热气腾腾的豆浆……更多的班员在长跑活动中、集体就餐的活动中又开始畅聊起了学习、工作、艺术和生活,新班员们增进了相互了解和相互信任,老班员们也消除了楼层之间的空间隔阂,还有部分由于这样那样"客观原因"不经常参加集体活动的同学,也纷纷出现了,这些"陌生面孔"也渐渐地在集中班活跃了起来。集中班,终于再次昂扬起生机和活力!

纪律的集体、人才的摇篮
——集中班的制度建设与人才培养

集中班,不仅仅依靠着全体班员的责任感和激情,筑起了一个坚强有力的集体,同时在她五十年的发展历程中,也逐渐地形成了自身的制度观念和育人理念。让集中班这个集体,在提供给每位班员温馨与温暖的同时,也使得班员们以主人翁的意识,自我管理、自我塑造、自我磨炼、自我成才。

俗话说,无规矩不成方圆。集中班将自身定位为艺术团的"战斗堡垒",通过加强制度建设,来确保集体的组织性、纪律性及战斗力。集中班每届班委会,都会根据实际情况,在充分征集班员意见的基础上,对《清华大学学生艺术团集中班管理制度》(简称"集中班班规")进行修订。集班规包括了集中班组织、生活、学习、工作等方方面面,是集中班员们权利与义务的体现。为了确保集中班班员在忙碌的社会工作和业务排练之余,能够保持他们的学习成绩,近几年从制度层面对集中班员的学习成绩进行了严格的规定,与班员的进、出班标准直接挂钩。同时,班委会也依据班规,在班内开展了独具特色的学风建设活动。从集中班学习传统来讲,除了集体自习一项之外,为了在集中班内形成浓厚的学习氛围,同时能够帮助更多特长生同学在学习上"不掉队",集中班专门设立了两间班内自习室,经过美社同学的精心布置,让班员们有一个舒适、安静的环境专心自习,同时,集中班班委会还会联系课程助教或者邀请团内学习成绩较好的同学,为学习基础较为薄弱的同学做课程辅导和答疑,并在各队内形成一帮一学习互助伙伴。这些学风建设的措施,让很多艺术团同学们受益匪浅:集中班员虽然承担了大量工作,但他们中很多同学在入班后,学习成绩却得到显著提高,而艺术特长生同学进入清华后学习成绩有显著进步的同学超过80%。

有了丰富多彩的集体建设和不断完善的制度保障,这便使得集中班的人才培养水到渠成。每每提到集中班,班里班外的同学都会竞相说道:集中班是个"大牛"云集的地方!每位新班员刚入班都会发现,集中班与院系的行政班最大的区别,可以说集中班是一个庞大的"纵向班"。这里最年长的有工作组的老师们、辅导员们,还有团部团工委的工作核心,各队队长支书以及队委等,跨度近乎十个年级。在这样一个大跨度的集体中,最主要的一个共性就是:所有班员都是艺术团的一名干部——艺术团的服务先锋与奉献先锋。而从工作内容来看,每个学期每位班员至少要承担多场校内外大型活动,每周还要进行大量的常规队伍建设工作,同时接受艺术团干部培训和考核。就是在这样一个工作环境和生活环境中,每位班员从刚入班的不适应开始,逐渐成长,最终对各项工作都能驾轻就熟,同时培养了自己不断思考、不断总结、不断提高的能力。

集中班员们的成长,其原因不仅仅在于良好的氛围和制度,更重要的是,每位班员心中都充满着一种荣誉感:无论是有着辉煌事迹的老班员,还是身边"三肩挑"的典型,还是自身作为一名班员的责任与使命,这些都铸就了"集中班"三个字在班员们心中的分量。甚至很多毕业多年的老集中班员,每每提到集中班,首先想到的就是集中班的育人模式,而且都不会忘记,集中班的培养对于他们今后人生道路所产生的巨大影响。

还记得在校友访谈中,一位五十年代老集中班员深情回忆道,"我们在电视银幕上看到胡锦涛总书记,富有青年人的朝气,拿起拍子能打球,拉起圈子会跳舞,走入人群指挥歌唱,走到灾区扛大包……那么自然娴熟在行,非常亲切。这不是某个人的特殊形象,而是千千万万普通清华人的形象,清华人就是这个样的。"抚今追昔,一位五十年代的老班员回想起他们的青春时代依然激动不已,生动的讲述似乎把集中班员们又带到了那个"又红又专,全面发展"的火红年代。

榜样的力量是无穷的,集中班里所涌现出的一代又一代的"榜样",激励着班员们不断前行,也塑造了集中班的核心价值和文化氛围。通过多年的积累和实践,集中班逐步形成了科研学业、社会工作、艺术实践——"三肩挑"的育人模式,这也为艺术团培育出大量优秀的学生骨干提供了平台。

光荣的集体、奋进的誓言——展望集中班

每当班员们回到集中班,在老1号楼的四层,赫然映入眼帘的便是那四行大

字："特别能吃苦、特别能战斗、特别能奉献、特别能创造。"每每看到这四句话，总会让人激情澎湃，让每位班员因身为这个集体中的一员而感到骄傲、自豪。"吃苦、战斗、奉献、创造"，凝结着一代又一代集中班员的汗水与心血，也体现着集中班员的价值认同。

我们集中班员，通过"三肩挑"的历练与成长，日益深刻地认识到，集中班作为一个特殊着集体，承载着与院系班集体不同的使命与责任。集中班作为艺术团的核心工作团队，始终发挥着"从同学中来，到同学中去"的种子作用，对全团起到思想上和艺术上的引领和辐射作用，最终通过全团的共同努力，来带动整个校园文化建设。

我们集中班员，欣喜地回顾近年来的成就，看到了集中班在团庆五十周年、四川抗震、国庆六十周年、访美演出、百年校庆筹备等多项重大活动中，始终冲锋在前，带领艺术团各支队伍出色地完成了多项重要任务，让"又红又专、全面发展"、"为党宣传、永远战斗"的文艺代表队传统深入到了每一位班员的心中。

我们集中班员，始终满怀信心，相信在即将到来的百年校庆活动中，集中班会继续发挥艺术团的战斗堡垒作用，并在新百年的征途上，一代又一代的集中班员一定会在这个光荣的集体中不断地成长、成才！

个人在集体中的成长与收获篇

永远的力 23

——谈集体对我个人成长的帮助

谷振丰①

转眼间,在清华已经度过了六年的时光。六年里,我从一个初入清华园的新生成长为一名博士研究生,从一个怀着军营梦的国防生成长为一名解放军军官,从一个不及弱冠的少年成长为一名共产党员。

我深知,我的每一个进步,我的每一步成长,都是因为清华这片沃土,都是因为我能够处在一个个让我感动的优秀集体当中。回顾我的大学生活,我对母校充满感激,对能够在力 23 班学习、成长感到幸运和自豪。

2002 年,我以一名国防生的身份来到了梦寐以求的清华园,开始了大学生活。我所在的班级是航天航空学院(原工程力学系)第一个国防班——力 23 班。不管是在本科期间,还是现在,或是毕业后很多年,我都以能处在这样一个班集体而自豪。在这个班级里,有"鑫、森、淼、焱、垚",可谓五行齐全,似乎从一开始就预示着我们的国防事业将会兴旺发达。而且,我们还有王维、魏巍,更是为这个集体添了几分神韵。

四年里,集体给予我最多的是在思想方面的提升。我三位舍友中的两位是新生党员(我们班一共三位),先于我们报到,对学校自然比较熟悉。所以,一进入宿舍,就得到了他们的帮助。第一次去银行存取款,买第一辆自行车,第一次用 IP 电话,都是在他们的帮助下完成的。然而,令我感激的绝不仅仅是这些。记得在第一次卧谈时,他们二位讲起了新生党员培训的事情,讲起了对于入党的思考,这对于我还是那么新鲜。后来,正是在他们的启发下,我提交了入党申请

① 谷振丰,清华大学航天航空学院 2002 级本科生,毕业后赴酒泉卫星发射中心工作,曾被评为"2006 年全国大学生年度人物"。

书并成为了积极分子；正是在他们的介绍下，我成为了一名党员；正是在他们的鼓励下，我担任了党支部书记。我很庆幸能在自己成长的关键时刻得到他们的帮助和启发。

我的第三位舍友就是我床铺相连的兄弟，对我的影响也很深。在大四上学期，我们国防生要落实工作岗位。我的这位舍友家境富裕，本可以过着舒适生活，可他却做出了一个令所有同学吃惊的决定：到海军舰船上工作！要知道，他的身体并不强壮，每年的 3000 米测试都很吃力，甚至经常会晕车。但是，"中国必须成为海洋强国"，"海军强大必自我辈起"，打消了我们所有的疑问和不解。而当时的我，也正在为是否要到西北戈壁的酒泉卫星发射中心而犹豫。不就是条件艰苦吗？既然选择了从军报国，就不要为那一点个人利益患得患失，而要为强大我国国防而努力，要服从祖国和军队的需要！彼此的交流和鼓励，使我不再犹豫。如今，他已经成长为分队长，乘着军舰斩波踏浪，守我海防。将来，我们一个在东南海疆，一个在西北大漠，虽身处天南地北，但我们是肝胆相照的良友，会永远互相激励！不管是汹涌的海浪，还是肆虐的风沙，都只能增添我们的豪情壮志！

这就是我人生中遇到的几位良友！大学四年，生活在这样一个集体中，让我少了一些庸俗，多了几分追求。

作为大学生，首要任务仍然是业务学习。在我们的班级里，学习气氛相当浓厚。中间的客厅，是我们"论道"之地。专业知识中的问题，课外学习中的问题，都能在这里得到讨论，哪怕争得面红耳赤也不亦乐乎。而图书馆一层的阅览室，更是我们集体自习常去之处。在这种氛围下，我也十分努力地学习，而且，不会独学而寡闻。直到现在，每次去图书馆，我都要到我们当年的"专属区"去看看，给自己增添几分动力。

在大学期间，我还有一个明显的进步，那就是体育运动。还清楚地记得，第一次班级篮球赛，身高一米八的我洋相百出。然而，同学们没有耻笑，没有讥讽，而是十分认真地开始了对我的"培训"。从那以后，每次打球，大伙都会叫上我，为我讲解篮球知识和技巧。在同学们的关心和帮助下，我也十分认真地去学习，篮球水平得到了大幅提高，成为了班队的主力。更重要的是，他们让我从中得到了快乐，让我感受到了集体的温暖，也让我更加热爱体育锻炼。

　　大四上学期,在学院的推荐下,我参与了学校特等奖学金的评选。到了答辩环节,大家一起帮我做PPT,帮我练习表达能力。答辩当天中午,到隔壁宿舍借书,看到几个同学在摆弄桌上的纸片。仔细一看,让我很感动,他们在为我制作口号牌。当天下午的答辩会上,全班同学都来到现场做我的亲友团。当时我想,哪怕今天没有得到特等奖学金,我的兄弟们也已经给予了我最大的奖励。所以,在回答评委老师的提问时,我满怀感激地说:"我是代表我们国防生这个群体,代表我们志同道合的21位兄弟来争取这个荣誉"。

　　在大四最后的日子里,大家将要分别,奔赴不同的地区、不同的部队,但是我们没有伤感;我们将要成为战友,我们将要同属于人民解放军这个大集体!

理想与青春的岁月

周倍良 [1]

转眼间,毕业离开母校已经近三年了。每当回首在学校度过的那段青春岁月,总会泛起无穷的美好回忆。那是一段理想与青春激情燃烧的岁月。在那段时光里,我们放飞理想,与志同道合的朋友指点江山、激扬文字,立下青年的宏伟理想;我们如饥似渴地学习文化知识,为建设国家、实现人生梦想打下坚实基础。

同窗情,扬起理想之帆

我所在的法23班是个转系班级。大家虽然来自不同的院系,但在这个新的大家庭里,同学们互相支持、相亲相爱,就像是一家人。每当班里有同学过生日,大家都会送上礼物,在烛光中送去温馨的祝福。春秋来临,大家又会聚在一起远足郊游,在美丽的野外增进友谊、陶冶情操。节假日,大家会共同欢聚,消除离家同学的孤独与伤感。在大四即将毕业之际,虽然大家面临着工作、考研等人生关口,但还是有很多同学主动站出来担任班委,承担起查找就业信息、班级建设的重任,服务大家。毕业离校后,大家虽然各处不同岗位,而且离多聚少,但只要一有时间和机会,同学们都会纷纷相互联络、结伴而聚,交流生活点滴,互相鼓励,永铸友情。

在我的宿舍601A,有着三位与我亲如兄弟的好哥们。在朝夕相处中,我们都有了各自的外号,比如"男模"(该君曾获校园服饰风采大赛冠军)、"JUNG哥"(取自某南方同学的发音)、"小猛男"(该君颇具后现代主义色彩,言辞犀利、作风彪悍),我则被冠以"BL哥"之称(取名字头字母)。大学四年的宿舍生活,在这

① 周倍良,清华大学法学院2002级本科生,毕业后赴北京市门头沟区永定镇坝房子村任村官,现任党支部书记助理兼团支部书记,2008年当选首届"中国十佳大学生村官"。

几个哥们的陪伴下,其乐融融,颇为生动与活泼。后来,我选择投身基层,担任大学生"村官"。当时可谓是头一个吃螃蟹的人,颇有几分冒险性。宿舍同学既为我担心,帮我分析风险利弊,又积极鼓励我,让我坚定信心,到基层大干一番、建功立业。话语可谓情真意切,让我大为感动。而在我刚到基层时,曾面临着对农村工作的不适应,兄弟们又亲自前来门头沟小乡村看望我,为我鼓劲加油,使我最终挺过了最艰难的时期,坚持了自己的选择。

我所在的法21班,也是一个温馨、快乐的集体。我们与邻班经常一起开展文体活动,在大家庭中增进友谊。尤其是与法22班,两班的男生经常在激烈的"争吵"中挑起熊熊战火,赛完篮球,又拼足球,经常是全民皆兵、全员出动……最后总在令人捧腹的大笑中,欢乐收场。这些愉快的经历,也成了那段青春岁月的永恒话题。

法学院集合了一群思想活跃、关注社会的同学。因而我们只要有时间聚在一起,总会指点江山、激扬文字、天南海北、唾沫飞扬,也就是在这神侃中,每个人张扬了个性,也大大加深了彼此间的了解,赢得了兄弟们的支持。

在我们每一名同学的背后,还有一个总后方——法学院。这更是一个温暖的大集体,她给予了每一名成员母亲般的关怀与爱护。

当我选择投身基层,参加新农村建设时,法学院给予了特别的支持与鼓励。就业办公室张燕老师专门为我和其他下基层的同学们送来了祝福的话语和礼物,祝愿我们在基层一切顺利。原党委书记李树勤老师在听到我在农村的工作情况后,还亲自带着同学们到我所在的村子看望我。

后来,我的工作更是得到了法学院的倾力支持与帮助。首先是在我所在的村设立了清华大学法学院学生志愿者法律援助站,大大支援了我的工作,丰富了我普法的形式。为此,法学院院长王晨光老师、学生工作组廖莹老师亲自到村里为援助站揭牌,给予我特别的支持。现在每周都会有2名同学从清华园来到我所在的村子开展法律援助工作。在这来来往往中,同学们克服路途遥远、农村条件艰苦的困难,为农民群众送上热忱的服务,更是给我送上一份实心实意的工作支持与精神上的支撑。其次,法学院积极地为基层的法制宣传提供帮助,为我们建立了长效性的法律宣传机制。现在,我们每个月都会定期走上门头沟街头,为农民群众提供全方位的法律服务。为了惠及北京市更多的农民,我们的脚步还走出门头沟,来到平谷等地开展法律宣传服务。同学们热心的服务和对农民的赤诚之心,赢得了门头沟区老百姓的交口称赞。在当地农民群众心中,我们的法律服务已成为他们维护权益的一块响亮招牌。

在刚刚结束的"中国十佳大学生村官"评选中,法学院从老师到同学都给予了高度关注,院团委专门制作宣传海报,将投票信息发送给其他院系,积极地为我拉票鼓劲。在同学们的支持下,我最终顺利当选为首届中国"十佳大学生村官"。

大学是一首激扬的青春之歌,是人生最美好的青春时光。在法学院、在清华学习生活的点点滴滴,将如同温润的泉水,永远暖动在我心中。

Ever Forever，我和我的新闻 4

——献给那些带给我们笑容眼泪感动悲伤的人

袁丽萍①

诗人常说,人生中最让人感慨的就是岁月的流逝,而在这流逝中,某些人某些事总在我们的心中留下闪光的记忆。

新闻 4 对我来说,就是这样的记忆。

日子过得真快,从来没感觉到四个月会过得如此迅速又带给我如此大的变化。四个月前,我们还在争论新闻 4 的人是否坚持了又红又专,四个月后,工作的人却经常在 msn 上怀疑单位是否真的讲求马克思主义新闻观;四个月前我们还热火朝天地讨论毕业旅行去什么地方,四个月后,我们在各大媒体上看到了当年稚嫩的人如今专业的出镜主持。

四个月前,我是新闻 4 的班委顾问,紫荆 5♯506A 宿舍的舍长,毕业旅行的组织者,班费的管理者,毕业纪念品的发放人。四个月后,我是新闻与传播学院分团委的书记,文科国防班的辅导员,在安静的研究生老楼里看着我的书,过着我的学术女的生活,向着独立敬业的记者而努力,向着有理想有追求有品位的生活状态而努力,向着个性自由却又红又专的人格而努力。

不得不说,没有新闻 4,就没有现在的我。

在新闻 4 的四年,是我过得最充实最快乐的四年。这个班级,多元而富有包容性,崇尚个性于是能尊重每个人的选择,团结所以每个人都知道新闻 4 这个班级在背后支持自己。

刚来清华,自己对学业不是很有信心,毕竟是贴着山东高考录取的边进来的

---

① 袁丽萍,清华大学新闻学院 2004 级本科生,毕业后免试攻读新闻学院研究生,作为政治辅导员,承担培养清华第一届文科国防班重任,后携笔从戎,2010 年被评选为"北京市十佳辅导员"。

人，没法太过骄傲自信。但在新闻4这个特殊的班级里，我们一起在班主任的带领下从事学术研究，初登学术之门。我们一起做了《农民工媒介素养调研》，穿梭在北京城八区发放调查问卷，采访调研样样都得上；我们在十一假期组织集体自习，撰写论文，彼此评估，利用假期充电；大家一起练口语，一起复习水平一考试。我的学习热情就这样被班级同学一点点带动了起来，成绩越来越好。

在新闻4的这四年，是我人生最美好的四年，也是成长最快的四年。我开始热爱新闻这个行业，向往记者这个职业，开始体会到一种职业荣誉感。我开始关注国计民生，开始关注时事新闻，开始思考社会的发展国家的前途。这四年，我从一个懵懂的高中生成熟起来，建立了对新闻专业的认同，也养成了一种正确的人生价值观。

写文怀念新闻4，很俗套地必然要感谢一堆人。的确，如果没有他们的辛苦付出，我们的班级不会对我产生这么大的影响，也不会如此地让我怀念。

新闻4的班委最难做，但却是最光荣的班委。他们克服了重重难关，建设了一个团结友爱的新闻4。在这样的一个班级里，让我有一种其他地方所没有的归属感。我们这帮人顶着清华男女比例倒数第一的荣誉称号进入了大学，头一次在如此阴盛阳衰的班级里生活学习，按说这样的班级是最难管理的，女生的小圈子往往难以扩展到全班，但没想到新闻4却建成了新闻学院最团结向上的班级。关键就是因为我们有一帮帮一届届很好的班委。大一的时候接受同学们的任命，我在班里担任了团支书。对这样一个女生占绝大多数一不小心就忽略了男生的班集体，作为团支书的我肩上的压力真不小。但第一代班委都很负责任，大家一起讨论男生节策划，一起组织春游，一起去联系联谊，一起帮助学习有困难的同学，关键时候都是班委在前面，重点难关都是班委来克服。至今我仍清楚地记得元旦跟电子系的联谊饺子宴、春游植物园，还有每个人过生日的生日贺卡和集体生日。感谢新闻4的班委们，让我们四年过得温馨甜蜜，让我们四年时刻都体会到集体的关心和爱护。

新闻4的辅导员最难做，但却是最容易有成就感的辅导员。面对着三十几个女生，辅导员在班级建设中起到了无可取代的作用。每次春游秋游班级聚会，辅导员能参加的都参加，因为他说，我们班男生少没人帮忙搬东西，这样的理由往往让我们感动半天。作为一个男辅导员，史导却总是细心地让我们觉得像是个姐姐，会关心每个人的生活状态，会询问大家的休息情况，会贴心地陪着失恋的女生喝酒，会在我们人生迷茫的时候指明方向。这样的辅导员，让我们每个人都觉得生活得很阳光。三年的日子，史导带给我们的是清醒的思考，对人生意义的执着追求，对理想的从不放弃。

感谢我的 506 宿舍。还记得一起在中厅背科技史、新闻史、世界古典史的日子，一堆 A4 文档，几天不眠不休，一起复习的结果就是共进退；还记得宿舍一次次的聚会，桃三火锅是我们的根据地；还记得在我艰难时候挺身而出帮我带新生"一二·九"合唱的舍友；还记得舍友们在我面临巨大困难的时候坚定地支持我。

能够深处这样的宿舍，这样的集体，是我的荣幸。可以说从新闻 4 出来的我们是独立自由坚强自主有追求的新时代女性。从 2004 到 2008，新闻 4 的人一起哭一起笑，一起经历这段青春岁月。这段青春岁月，是我人生记忆最彩色的一笔。

电 74: 让我骄傲一生的标签

叶聪琪[①]

夏末秋初,又是一年新生报到,整个清华园繁忙而热闹,仿佛是一年中最隆重的节日。我不禁又想起自己拖着行李第一次踏入清华校园时的情形,那令我"震惊"的迎新场面,仿佛就在眼前;转眼间,这出"戏"我换了个角度又看了一遍。这时我才意识到,自己已经在清华、在电 74 这个集体中生活学习一年了。

回顾过去一年,我惊奇地发现自己已经成长了不少,从一个不太爱说话的男生,成长为勇于承担社会工作的"热心"人;从一个课余时间无所事事的人,变成了把学习、工作、娱乐安排得井井有条的时间的主人。这些积极的转变,与我所在的集体、与这个集体中的每一位成员都密不可分,因为在这个集体中每一个成员都是相互帮助、共同进步的。可以说,是电 74 这个集体帮助我融入了大学生活,完善了自我。

相互关心,快速适应大学生活

和大多数同学一样,我也是第一次离开家乡,面对完全陌生的环境,首先遇到的是如何适应新的生活的问题。

由于高中毕业前加入了中国共产党,我提早了四天报到,参加新生党员培训。培训期间,我们同一个系的新生党员都互相熟悉了。这时我发现,我与其他五位新生党员被分在电 74 班,于是,我们六个人首先成为了一个集体。当时大家都是初来清华,对校园环境还不熟悉,所以我们最主要的任务就是熟悉校园环境。每天中午,我们拿着地图,"探索"学校各个食堂的伙食情况;每天晚上,我们端着脸盆,一边聊天,一边"摸索"着去澡堂洗澡。

---

① 叶聪琪,清华大学电机工程与应用电子技术系 2007 级本科生。

正式开学了,我们有了正式的寝室,于是我又多了三个室友。有两个室友性格比较外向,在他俩的带动下,我们四个见面不到两小时就聊开了。通过交谈,我们彼此熟悉了。由于他们都没有住宿经验,而我初中和高中时都在学校住宿,所以他们有时会问一些住宿方面的问题,我都很诚恳地回答。这也算是我大学阶段第一次服务同学,并且发现,帮助别人也是一种与人交流的方式,而且还很有效。紧接着就是艰苦的军训。虽说班上大多数同学都在高中时经历过军训,可强度与严格要求程度都远远不及大学的军训,有几个同学明显不太适应,难免会有几句牢骚。但我听到的更多的是安慰,是鼓励,不管这些话是不是说给我听的,至少让我感受到:我们班就是一个集体,一个温暖的集体,为了这个集体我要坚持下去,完成军训任务。

这些小小的生活片段,让我这个刚刚离开熟悉的环境、走入一个新的集体的大学生忘记了失落与担忧,开始积极迎接新的生活。

相互帮助,重新找回学习状态

对于大一新生来说,回忆中最轻松愉快的日子莫过于高考结束后的那个暑假了,两个多月的时间都被聚会、宴请、旅游、游戏占满。进入大学以后,虽说生活中有很多和高中不一样的内容,但是作为学生,学习还是首要任务。对于刚刚经历了那样一个暑假的我们,如何重新找回学习状态,成为摆在我们面前的又一大难题。

在大学里,课外学习时间要大于课上的时间。我一开始很不适应,课外总是无所事事,不知道该怎样学习。也是在班上几个学习成绩较突出的同学带动下,我也来到自习室,和他们一起学习。当我请教问题时,他们除了耐心讲解外,还将他们平时总结的学习方法和经验传授给我,让我很快适应了清华的学习节奏。

在集体中,学习上的互相帮助还体现在学习资料的共享上。班内有同学获得了较好的学习资料,例如课程相关的参考资料、学长保存的经典题目等,一定会在第一时间分享给全班同学,大家都希望班上所有人都能获得满意的成绩。

可能由于学习方法的问题,班上有个别同学成绩不理想,其他同学会经常过去和他(她)交流学习经验,解答问题。看到这样的场景,不仅那个获得帮助的同学,我们每一个人都会感同身受,心理特别温暖。

就是在这样一种学习氛围中,我渐渐找回了学习状态,适应了大学的学习,第二学期的成绩有了明显的进步。

相互鼓励,做好班级工作

军训结束后,正常的大学生活开始了。在学期初的班委选举中,出乎意料地,我也被选为班委。能得到班上那么多同学的信任,对我来说真是莫大的荣幸。来自集体的信任给了我很大的动力,我告诉自己:要真诚地为这个集体服务,不辜负同学们的信任。

有了承担工作的决心还远远不够,还必须具备一定的方法,而我正是在积极参加集体活动的过程中,得到了很多来自同学的鼓励和珍贵的建议,逐渐初步掌握了一些做好社会工作的方法。

大一学年我担任班级生活委员,在管理班费的过程中,我经常发现自己前一阶段工作的漏洞,导致班费在运作过程中增加了不必要的开支。我向班长与其他班委反映这一情况,他们没有指责我,反而安慰我,同时向我提了不少改进的建议,帮助我不断完善班费的管理,逐步形成了一套行之有效的制度,渐渐避免了班费使用过程中不必要的开支。

素质拓展活动是清华各班级一项有特色的工作。由于我们班申报了一项调研类的素拓活动,需要大量人力参与走访调研。但并不是所有人一开始就了解调研的方法,大家又没有参加系统培训的时间和条件。所以我们都是在实践中总结经验教训,通过定期的交流分享经验,互相借鉴。通过全程参与班级的素拓活动,我也掌握了一些调研的基本方法,对今后的工作大有帮助。

虽然我在工作中还是会出现这样那样的失误,但是经过这一年的磨炼,特别是平时从同学那里得到的建议,我的信心和工作能力都有了很大的提高。

集体在帮助成员成长的同时,集体本身也在不断成长。通过电74班同学的一致努力,我们在电机系优秀团支部评比中脱颖而出,而且还拿到了学校"甲级团支部"的光荣称号。这一荣誉是对班级的巨大鼓励,我们每一位同学都激动不已,为自己是这个优秀集体的一员而感到自豪。

　　集体培养了我，我也该回报集体。在新学年班委换届时，我决定竞选班长，而同学们也又一次支持了我。与上次不同，这次我要开始承担更多更全面的工作，可以说是一个全新的起点。在压力面前，我对自己充满信心，我相信在这样一个优秀的集体中生活，为这样一群优秀的同学服务，我会感到更加快乐和骄傲！

　　我想，将来我们电 74 班的同学可能分布在祖国各地，但是每当回想起自己的大学生活，每个人都会像我一样，为自己曾是班级的一员感到自豪。

生龙活虎，化雨春风

——化工研二，我们的家

如果有人问我如何总结在这个集体中几年来的感受，我会用我们研二的班级口号："生龙活虎、化雨春风"来回答。其中的"生"和"化"组合在一起成为"生化"，就是指"生化所研二班"。在这个集体里，我感受到她的活跃、激情、责任与温暖，感受到我个人在集体影响下的不断成长。

2002年因为SRT的原因来到生物化工研究所进行一些实验研究。那个时候无论遇到什么困难，都会有热心的师兄师姐来帮助我；在实验的间隙，会和师兄师姐们聊一些生活上、学习上的话题，让我感受到这个集体的温暖。这是我对化工研二的第一印象。

2003年北京国际马拉松，化工系报名参加10公里赛程的本科生和研究生都坐在一辆车上，生化所的师兄师姐们并没有因为起床早而显得疲倦。他们每人头上都绑着一个头带，上面写着"加油"，还做了一张很大的横幅，贴在车窗上，上面写着"祝祖国繁荣昌盛！"。正式开跑后，许多班很快就因为人多跑散了，但生化所的师兄师姐们却一直手持着横幅，整齐地排成两排坚持着一起跑到最后，他们脸上开心的笑容也让我不由自主地跟在后面一起跑向目的地。这次的经历让我感受到这个集体的激情和团结。这是我对化工研二的第二印象。

2004年，我成为生物化工研究所的直博生，也正式成为研二班的一分子，并且担任了一年级新生的联系人和研二班的学术委员。这也使得我第一次对研二班有一个深入全面的了解。当我翻开往年的班集体材料，一项项荣誉让人深受

---

① 卢元，清华大学化学工程系2000级本科生，毕业后免试攻读化学工程系博士研究生。

鼓舞："清华大学优秀党支部"、"清华大学先进班集体"……同时也让我们新一届班委感到了压力：我们该怎样延续班级的荣誉，又如何在前人的基础上更进一步。在接下来的一年中我们也在不断地前进和摸索。在组织建设方面，我们在各个实验室设立联系人，形成了快速的信息传达网络；学术方面，新学期伊始就开展了面向新生的学术交流活动，并举办了班内的学术创新论坛；体育方面，无论什么时候，无论什么地方，只要有研二人参赛的地方，就有声势浩大的研二班拉拉队！系运会上，我们也一直是冠军。在整体的班级建设中，许多同学都会积极参与活动并提出建议，这也激励着我们这一届的党团班干部努力工作。

2005年10月，我担任了班长的职务，这让我感到从未有过的压力和责任！我们这一任党团班干部，在坚持班级传统的同时，也根据新的形势和同学需求创造性地开展工作，如开展形式新颖有趣的思想教育、学术和体育活动等。一年后我们的工作得到了认可，也延续了班级的荣誉：获得了"清华大学研究生红旗团支部"、"清华大学先进班集体"、"化工系优秀班集体"等称号。当我回忆这一年的时候，深知如果没有研二班各位老师和同学一直以来的支持和帮助，就不会有那些荣誉。

2006年9月卸任后，我担任了系里的研究生德育工作助理，曾经的班级工作经历让我积累了很多经验，让我能够以负责的、积极热情的、包容的心态做好学术助理的工作。我们研二班也一直支持着系里的学术工作：如积极承办系里的学术活动，坚持举办生化所一年一度的学术创新论坛等。研二班为整个化工系的建设贡献了积极有效的力量。

因为毕业的关系，最后一年我没有担任班级的工作，但我始终坚持以一名党员和班级一份子的身份为集体贡献力量。每当看到刚刚进入化工研二的师弟师妹，我都会衷心地希望他们能在这个积极温暖的集体里健康快乐地成长！

我常在想：当我们10年、20年、30年后再聚首时，我们一定要一起再喊一次："生龙活虎、化雨春风；化工研二、我们的家！"

后　　记

　　清华百年风雨,与国同行;集体主义精神,历久弥新。集体生活始终是清华学子难忘的一段经历,集体主义教育始终是清华育人实践不可或缺的组成部分,集体主义精神始终是清华师生身上深深的烙印。1977级化工系化72、1993级土木系结33、2004级人文学院英41、2006级汽车系兵六……这些优秀集体的名字和事迹依旧耳熟能详。一批又一批的清华人在集体中成长,从集体中走出,奔赴祖国各地,为社会主义建设贡献自己的力量。

　　追忆往昔,我们看到了集体主义教育在清华教育实践中所呈现出的丰富内涵,也看到了清华师生在建设优秀集体上的孜孜探寻。从班集体教育的目标与内涵,到基层团支部成长规律;从团支部怎样服务青年的成长成才,到班集体如何对个体心理机制产生影响;从"不让每一个人掉队",到"党员是永不换届的班委"。有关集体建设的宝贵经验源源不断地被总结,也源源不断地被实践。这本书的编写是清华集体主义教育的一个里程碑,它为我们展示清华集体建设强大生命力的同时,也为今后更广范围意义的集体主义教育提供理论依据和经验支持。在当前基层团组织和团员中深入开展创先争优活动的背景下,如何积极发挥先进集体的典型作用、挖掘典型案例和典型经验、让更多的集体能吸收和利用这些成果,是我们在今后一个阶段需要认真思考和解决的问题。

　　当今的社会正处于大发展时期,市场经济深入发展,对外开放持续扩大,各种社会思潮交融交锋日趋激烈。与此同时,青年群体也呈现出新的特点:多元化的思想认识与生活追求,突出的个性色彩与表达欲望,理性的人生态度与目标设计等。这些校园外部与内部环境深刻的变化,导致集体主义教育的形势出现了新动向,面临着新问题。例如:独生子女的心理弱点会影响到集体的融合;以兴趣爱好为纽带的小团体会影响整个班级大团队的融合;信息获取渠道的多元化导致同学易受社会各种思潮的影响等。特别是由于计算机网络的普及,青年学生的沟通交流方式也出现了较大的变化,更倾向于利用网络平台获取信息,表达想法,导致集体成员之间面对面交流时间的减少。这些为我们开展集体主义教育,建设优秀班团集体带来了巨大的挑战。在新时期如何抓住机遇、应对挑战,从学校"培养人"的教育目标出发,准确把握新时代青年的特点,将班团集体建设与新时代青年成长成才有机结合在一起,将是今后集体主义教育的重点。

本书的编撰,离不开学校领导的大力支持,离不开广大从事集体教育研究、关注集体建设与同学成长的清华教师的悉心协助,也离不开许多处于集体建设第一线的同学带给我们一个又一个鲜活的集体建设故事;很多老师和同学都为我们的书籍提供了宝贵的意见和建议。在此,本书编委会向所有关心、帮助本书编撰工作的各位领导、老师和同学表示最诚挚的感谢!

就在这本书的编撰过程中,集体建设的经验仍在不断地被总结和实践,优秀的集体仍在不断的涌现,清华学子仍在集体中不断成长成才,集体主义精神的生命力仍熠熠生辉。展望未来,我们有充分的理由相信,清华的班团集体建设必将能跨上新的台阶,集体主义教育会继续引领新一代的青年学生,集体主义精神仍将在每一个清华人的身上打下烙印,伴随他们在祖国的各地耕耘奉献、建功立业!

编　者